교회의 리더십은 매우 중요합니다. 기독교에 적대적인 문화의 압력이 가해지는 시대나 교회와 교단이 고통스러운 분열을 겪는 시기, 혹은 충격적인 사역 스캔들이 발생했을 때 우리는 그 중요성을 더욱 절감합니다. 머리 캐필의 이 책은 성경적이고 놀랍도록 포괄적이며, 평생의 목회 경험을 바탕으로 한 진지한 연구의 결실입니다. 따라서 성경을 교회 생활의 구체적 현실에 어떻게 적용해야 하는지를 실제적이면서도 아름답게 보여 줍니다. 이 훌륭한 책은 교회 지도자뿐 아니라 교인 모두에게 귀중한 자료가 될 것입니다.

크리스토퍼 애시(Christopher Ash)
케임브리지 틴들 하우스 상주 작가

교회는 지금 리더십의 위기에 직면해 있습니다. 어떤 교회는 지도자들이 권위를 남용해 돌보아야 할 이들에게 상처를 주고, 어떤 교회는 최소한의 리더십만으로 평등한 공간을 추구하는 것을 발전의 방향으로 여깁니다. 더 많은 교회는 아예 리더를 세우는 일 자체에 어려움을 겪고 있습니다. 머리 캐필은 이 책에서 성경적 주해, 목회적 통찰, 실제적인 도움을 풍성하게 담아 교회에 귀한 유익을 제공합니다. 그는 교회 리더들에 관한 성경의 비전을 벗어나지 않으면서, 장로들이 지역 교회에 유익한 이유와 그 구체적 방법을 제시합니다. 이 책은 리더십을 고민하며 하나님의 백성을 사랑하고 섬기고자 하는 장로 그룹 모두에게 큰 도움이 될 것입니다.

머리 캠벨(Murray Campbell)
멜버른 멘턴 침례교회 담임 목사

머리 캐필의 『교회를 섬기는 장로 리더십』은 장로들이 팀으로 함께 사역하는 방식에 대해 건전하고 꼭 필요한 강조점을 제시합니다. 신뢰할 만하고 복음에 깊이 뿌리내린 저자가 제시하는 그 통찰은 단순한 이론적 사고에 그치지 않습니다. 지역 교회에서 섬기는 지도자들의 실제 사역에 귀한 축복이 될 것입니다.

브라이언 채플(Bryan Chapell)
『그리스도 중심 설교』(Christ-Centered Preaching) 저자, 미국 장로교(PCA) 총회 서기

장로들이 팀으로 교회를 이끌어 가려면 교회의 방향에 대한 명확하고 공유된 이해가 필요합니다. 동시에 리더십의 의미에 대해서도 분명하고 함께 나눈 이해가 있어야 합니다. 그러지 않으면 장로들은 자신의 역할과 사역 방식을 둘러싼 숨겨진 가정들 때문에 종종 서로 엇나가게 됩니다. 이 책은 장로들이 성경에 기초하면서도 실제적인 방식으로 교회를 함께 이끌어 가는 길을 보여 줍니다. 내가 목회하던 시절에 이 책이 있었다면 얼마나 좋았을까 하는 아쉬움이 남습니다.

칼 디닉(Karl Deenick)
시드니 선교 및 성경 대학 신학 강사, 호주 론서스턴의 브랜치 교회 전 담임 목사

장로직에 관한 캐필의 이 책은 명확하고 성경적이며, 실제적이고 몰입감이 있습니다. 장로님들께 직접 이 책을 읽어 보실 것을 권하고, 목사님들께 모든 장로님을 위해 꼭 구비해 주시기를 권합니다. 만약 여러분의 교회에 아직 장로가 세워져 있지 않다면, 이 책은 왜 장로가 필요한지를 분명하고 설득력 있게 보여 줄 것입니다.

이언 두기드(Iain Duguid)
웨스트민스터 신학교 구약학 교수

이 책은 목사와 장로들이 리더십의 우선순위와 실제를 재점검하고, 그리스도의 양 무리를 어떻게 하면 더 신실하고 효과적으로 목양할 수 있을지 함께 고민하도록 도전합니다. 이 책은 견고한 성경적 토대 위에 복음 중심의 의도와 실제적인 지혜를 균형 있게 담아냅니다. 신약 성경이 강조하듯, 저자는 장로들에게 요구되는 영적 성숙을 무엇보다 중요하게 다룹니다. 이런 의도와 지혜는 교인들과의 의미 있는 소통과 돌봄, 장로회의 계획과 진행, 다양한 은사의 활용, 예배와 제자 훈련, 그리고 선교와 전도의 우선순위 같은 교회의 필수 사안들에 영향을 미칩니다. 목회자, 당회, 교회 리더들, 신학생들은 이 책에 담긴 지혜와 함께 사려 깊고 기도하는 마음으로 더 나은 목자로 성장할 것입니다.

데니스 E. 존슨(Dennis E. Johnson)
웨스트민스터 신학교 캘리포니아 실천신학 명예교수

하나님의 백성인 우리가 직면하는 도전 중 하나는 사명과 교회론을 성경적으로 사고하는 법을 배우는 일입니다. 우리는 종종 하나를 희생시키며 다른 하나를 우선시하다가 고통스럽고 해로운 결과를 맞곤 합니다. 이 신중하고 풍성한 책을 통해 저자는 우리의 상황 속에서 역동적이고 유연하면서도 성경에 신실한 개혁교회가 되는 길을 제시합니다. 이런 책은 지금까지 본 적이 없습니다. 이 책을 쓴 저자에게 감사드리며, 모든 교회 지도자가 꼭 읽기를 권합니다.

게리 밀러(Gary Millar)
브리즈번 퀸즐랜드 신학대학 학장

장로직에 관한 놀라운 성취이자, 교회를 위한 진정한 선물입니다! 이 책은 그리스도 중심적이고 복음 지향적이며, 성경에 충실하고 신학적으로 명확하며, 주해적으로 철저하고 깊이 있는 연구 위에 세워진 동시에 매우 실제적입니다. 모든 교회와 신학교 도서관에 반드시 비치되어야 하며, 하나님의 교회를 이끌고 감독하고 목양하고 보호하며 가르치도록 부름받은 모든 이의 손에 꼭 들려야 합니다.

더글러스 숀 오도널(Douglas Sean O'Donnell)
크로스웨이 성경출판 수석 부사장

최근 몇 년 사이, 회중을 목양하는 장로팀에 대한 성경적 비전이 새롭게 주목받고 있습니다. 그러나 여전히 수많은 실제적인 질문이 남아 있습니다. 장로팀은 어떻게 신학적 명확성, 복음 비전, 바른 가르침, 신실한 감독, 개인적 돌봄, 제자 훈련을 효과적으로 제공할 수 있을까요? 장로들이 어떻게 개인으로서, 또 팀으로서 작은 교회나 큰 교회에서 함께 사역할 수 있을까요? 유급 장로와 자원봉사 장로는 어떻게 관계 맺어야 하며, 장로들은 복음 사명을 위해 어떻게 교회를 온전히 참여시킬 수 있을까요? 저자는 오래 가르치고 실제 목회를 해 온 경험을 토대로, 이런 질문들에 답할 수 있는 성경적 지혜를 제시합니다.

머리 스미스(Murray Smith)
호주 시드니 크라이스트 칼리지 성경신학 및 주해 강사

이 책은 장로교회와 개혁교회가 오랫동안 기다려 왔고, 지금도 절실히 필요로 하는 책입니다. 성경은 장로들이 지역 교회를 인도하고 다스려야 함을 가르치지만, 정작 장로들은 이 어려운 사명을 어떻게 감당해야 할까요? 그들의 목표와 우선순위는 무엇이어야 하며, 끊임없이 변하는 상황 속에서 어떻게 리더십을 발휘해야 할까요? 이 책은 이런 질문들을 설득력 있게 다루며 성경적 기초에서 시작해 목표, 열망, 리더십의 일상적인 실제에 이르기까지 차근히 안내합니다. 캐필의 글은 읽는 모든 이가 매력적으로 느낄 만큼 명료하고, 내용은 잘 구성되어 있으며 논리적입니다. 각 장은 적절하고 깊이 있는 연구 질문으로 마무리되어 독자가 성찰하며 적용할 수 있게 합니다. 노련한 목회자, 교사, 설교자인 저자가 쓴 이 책은 신선하고 시의적절하며, 어떤 교회든 갖추어야 할 필독서입니다. 강력히 추천합니다.

스티븐 보르윈더(Stephen Voorwinde)
호주 개혁신학대학 신약학 강사(1985-2011)

교회를 섬기는 장로 리더십

The Elder-Led Church: How an Eldership Team Shepherds a Healthy Flock
by Murray Capill

ⓒ 2024 by Murray Capill
Originally published by P&R Publishing, Phillipsburg, NJ, USA.

Korean edition ⓒ 2025 by Word of Life Press, Seoul, Korea.
Translated and published by permission. All rights reserved.

교회를 섬기는 장로 리더십

ⓒ 생명의말씀사 2025

2025년 11월 24일 1판 1쇄 발행

펴낸이 | 김창영
펴낸곳 | 생명의말씀사

등록 | 1962. 1. 10. No.300-1962-1
주소 | 서울시 종로구 경희궁1길 6 (03176)
전화 | 02)738-6555(본사) · 02)3159-7979(영업)
팩스 | 02)739-3824(본사) · 080-022-8585(영업)

기획편집 | 박경순
디자인 | 최종혜
인쇄 | 예원프린팅
제본 | 보경문화사

ISBN 978-89-04-19003-4 (03230)

THE ELDER-LED CHURCH

교회를
섬기는
장　로
리더십

머리 캐필 지음　　황을호 옮김

생명의말씀사

CONTENTS

추천 서문

젊은 목사 대부분이 신학대학원을 나오자마자 리더십을 맡는 것처럼, 나 역시 처음 섬기게 된 교회에서 주님을 위해 큰 변화를 일으키겠다는 열망으로 사역을 시작했다. 나는 목사들과 교수들로부터 설교 훈련을 잘 받았다. 영혼을 돌보는 일에도 깊은 관심을 가졌고, 양 무리를 돌보는 특권과 기쁨을 누렸다. 하지만 장로들은 어떻게 대해야 할지 몰랐다. 나보다 나이 많고 지혜로운 분들이 내게 리더십을 기대했다. 이런 팀은 도대체 어떤 리더십이 이끌어야 할까? 나는 큰 이상을 품었지만, 이에 대해 아는 것이 없었다. 나는 리더십으로 부름받았지만 이 일을 잘하는 방법에 대해서는 아무것도 모르는 상태였다.

이 선하고 경건한 분들은 나의 최신 최고 아이디어에 거부권을 행사할 권한을 가지고 있었고, 그들의 주된 임무는 젊은 목사의 기발한 아이디어로부터 교인들을 보호하는 것이라고 여기는 듯했다. 얼마 지나지 않아 나는 장로들이 내 계획을 가로막는 장애물처럼 보이기 시작했고, 장로들은 반대로 내 비전을 불안과 불신의 눈길로 바라보았다. 대립 관계가 조성될 상황이었다. 하지만 그들이 경력이 부족한 신임 목사에게 보여 준 온유함과 인내심 덕분에 내 경험 부족과 리더십 부족이 재앙으로 끝나지 않게 되었다. 하지만 지난 20여 년을 돌아보며 초창기 시절을 떠올리니, 효과적인 팀을 구축히는 데 필요한 도구들을 더 확실히 파악하고 장로팀과 함께, 장로팀을 통해 교회를 이끌었더라면 우리 모두 스트레스를 훨씬 덜 받을 수 있었고, 사역은 훨씬 더 많은 열매를 맺었을 것이라는 생각이 든다.

오랜 세월이 지난 지금도 나는 여전히 배우고 있다. 머리 캐필이 탁월하게 보여 주었고, 내가 저지른 많은 실수가 증명하듯이, 건강한 장로팀은 '성경적 장로직, 신실한 리더십, 팀 구성원', 이 세 가지 축이 교차하는 지점에서 운영된다.

첫째, 우리는 **성경적 장로직**의 본질을 이해해야 한다. 회중이 택하고 부르심을 받아 자격을 갖춘 사람들에게 맡겨진 이 임무는 백성을 이끌고 양 무리를 돌보며 그들의 필요를 위해 기도하고 하나님의 말씀을 전하는 것이다. 그들은 길 건너와 전 세계에 있는 잃어버린 자들을 구원하는 교회의 사명 관리자다. 신약 시대에 장로들의 중요한 기능 중 하나가 청지기직(관리라고 부를 수도 있다)이기는 하지만, 교회는 장로들이 단순한 의사 결정자라는 생각을 떨치려고 노력해야 한다. 그들이 교회 조직의 행정 바퀴에 "예"나 "아니오" 투표로 기름 치는 일로 책임을 다했다고 여겨서는 안 되는 것이다. 아니다. 장로들은 목사이자 교사이며, 감독이자 하나님의 양 무리를 돌보는 목자다. 성경이 장로들에게 맡긴 사역을 확고히 파악하는 것은 장로 회의가 본래 사명을 잃어 순종하는 사역 대신 단순한 조직 관리로 돌아가는 것을 방지하는 데 필수적이다.

둘째, 우리는 **신실한 리더십**의 본질을 이해해야 한다. 좋은 장로가 되려면 성경은 물론 사람에 대해 공부해야 한다. 우리는 사람들이 어떻게 생각하고 의사 결정을 하는지 이해하려고 노력해야 한다. 좋은 리더십은 동기부여, 원활한 의사소통, 적절한 책임이 장로 회의에서 어떤 역할을 해야 하는지 점점 더 이해해 가는 것을 포함한다.

셋째, **팀 구성원** 간의 역동을 깊이 다루어야 한다. 성경의 다스림을 받는 교회에서 장로직은 복수로 구성된다. 성경에서 바울이 가르치는 장로와 다스리는 징로를 중요하게 구분했듯이(딤전 5:17), 대부분의 교회 전통에서는 신학 훈련을 받은 가르치는 장로에게 자연히 리더십 역할을 부여해 비전을 형성하고 진리를 충실히 지키도록 한다. 그럼에도 가르치는 장로와 다스리는 장로는 공동으로 다스린다. '담임 목사'가 결과를 좌우하지 않는다. 전체 장로팀이 그리스도의 통치 아래, 그분의 말씀과 성령으로 함께 이끌어 간다. 이는 건강한 장로팀은 그룹 역동 관계와 의사 결정 패턴을 이해하고, 그들에게 맡겨진 주된 사역인 목양, 기도, 말씀 사역을 방해하지 않고 돕는 구조를 개발해야 함을 의미한다. 우리는 서로 이해하고, 비전을 설정하고, 그 비전을 실행하는 최선의 방법을 함께 찾기 위해 열심히 노력해야 한다.

팀의 일원으로서 팀을 이끄는 법을 배우기 위해서는 겸손, 용기, 인내, 형제를 사랑하는 마음이 필요하다. 이는 기꺼이 용서를 구하고 신속하게 용서하는 자세를 요구한다. 또한 활발하게 토론에 참여하고, 강력하게 주장하며, 섭섭함 없이 패배를 받아들이고, 성공을 자랑하지 않는 능력을 필요로 한다. 팀의 결정은 내가 찬성했든 반대했든 우리의 결정이 된다. 담임 목사가 의심 많은 장로회의 장벽을 통과하기 위해 자신의 아이디어를 밀어붙이는 대결적인 입장 대신, 건강한 리더십 팀은 그룹의 지혜를 소중히 여기고, 성공을 축하하며, 실패를 애도하고, 실수를 인정하고, 하나님의 자비를 함께 기뻐한다.

이 모든 것(그리고 훨씬 더 많은 것)을 내가 현재 섬기는 교회의 탁월한 장로들(가르치는 장로 및 다스리는 장로)과 함께 일하면서 지금도 배우고 있다. 이 책과 통찰을 받아들일 지혜가 20년 전에 있었으면 좋았을 텐데! 이 책을 통해 복수 장로직에 대한 성경적 기초를 상기하게 될 것이다. 리더십의 역동을 배우게 될 것이다. 미래의 장로를 찾아내는 지혜와 리더로서 사역 철학을 생각하며 교회 내 '복음 문화'를 개발하는 방법에 대한 통찰을 발견할 수 있을 것이다. 사역, 예배, 목양에 대한 질문들이 능숙하게 다루어지고, 다양한 규모와 빈도와 목표를 가진 장로 회의에 대한 심도 있는 논의는 은사를 활용하고 사람과 사역에 대한 공동의 초점을 심화하는 데 유익할 것이다.

이 책은 건강한 장로직을 **함께** 구축하기 위한 안내서다. 하나님의 영광과 그의 교회의 유익을 위해 이 책이 가르치는 바를 실행하도록 하나님이 도와주시기 바란다!

데이비드 스트레인(David Strain)
잭슨 퍼스트 장로교회 담임 목사

감사의 말

나는 "감사의 말" 페이지를 즐겨 읽는 (아마도 이상한) 사람 중 하나로, 새 책을 만나면 먼저 이 부분으로 가서 어떤 사람을 언급하는지 확인한다. 이 부분은 로마서 16장을 떠올리게 하는데, 그 장에서 바울은 자신의 동역자, 협력자, 전우를 기린다. 비록 대부분의 작업은 마무리되었지만, 여전히 감사하고 인사드려야 할 사람들이 있다.

그렇다면 내가 감사 표시를 해야 할 협력자는 누구일까? 첫째로, 뉴질랜드 오클랜드의 버클랜즈비치 개혁장로교회와 호주 질롱의 사우스바원 개혁교회에서 함께 일한 장로님들께 감사드리고 싶다. 하나님이 기쁘게 역사하시는 곳의 전형인 그 평범한 교회를 이끄는 일에 그 좋은 분들과 함께 일하는 것은 특권이었다.

또한 멜버른의 개혁신학대학(RTC)에서 함께한 많은 분께 감사드린다. 나는 이곳에서 20년 넘게 일하는 특권을 누렸다. 과거와 현재의 학생들이 내 생각을 현장에서 테스트하고 다듬을 기회를 주었고, 이사회는 내게 멋진 리더십 기회를 제공했으며, 독서와 집필을 위한 연구 휴가를 주었다. 교수진과 직원들은 탁월한 능력을 갖춘 다양한 팀과 일할 수 있는 축복을 제공해 주었다.

이 책을 쓰는 과정에서 도움을 준 분들께 특별히 감사드린다. 신중하게 원고를 읽고 수많은 오류를 수정하며 광범위하고 사려 깊은 피드백을 해 준 스티브 보르윈더에게 깊은 감사를 드린다. 이 책의 여러 부분을 크게 개선해 준 칼 디닉, 뛰어난 격려자 게리 밀러, 그리고 이 작품이 출판되도록 도와준 데이브 앨맥, 존 휴스 등 P&R 출판사의 훌륭한 팀에게도 감사드린다. 또한 매우 지혜롭고 관대한 멘토이자 친구인 피터 애덤에게도 깊은 감사를 전한다. 그의 생각은 이제 내 생각의 많은 부분에 스며들어 있다.

이 책을 존 더 호그에게 바친다. 그는 이 책이 저술 초기 단계에 있을 때, 신실한 장로들에게 주시는 "시들지 아니하는 영광의 관"(벧전 5:4)을 받으러 갔다. 존은 경건하고 온유하고 친절한 가르치는 장로이자 학자로서, 30년이 넘는 친구였다. 처음에는 학우로, 다음에는 나의 목사로, 마지막으로는 개혁신학대학의 동료 교수로 함께했다. 그가 내 삶에 끼친 지혜롭고 겸손한 영향에 감사드린다.

웬디에게 진심 어린 감사의 마음을 전한다. 전혀 편파적이지 않은 내 판단으로, 그녀는 장로가 바랄 수 있는 가장 훌륭한 아내다. 그녀의 하나님과 교회를 향한 사랑, 사람들과의 유대와 환대, 그리고 기도와 진실한 신앙은 자주 내게 도전을 줄 뿐 아니라 끊임없이 나를 풍요롭게 한다. 그녀와 늘 함께 사역할 수 있었던 것에 정말 감사드린다.

이 모든 사람에 대한 나의 감사는 궁극적으로 그들을 내 삶에 두신 하나님께 드리는 감사다. 그보다 더한 것은, 하나님이 나를 그리스도 안에 두셨고 그리스도를 내 안에 두셨다는 것이다. 나는 결코 자격이 없지만 예수님을 내 구주이자 친구로 알고, 하나님의 교회에서 목자로 그분을 섬기는 특권을 누리게 된 것에 깊이 감사드린다. 그러므로 바울이 로마서 16장에서 동역자들에게 감사의 말을 건넨 후에 한 말로 끝내는 것이 적절할 것이다. "하나님께서는 내가 전하는 복음 곧 예수 그리스도에 관한 선포로 여러분을 능히 튼튼히 세워주십니다. 오직 한 분이신 지혜로우신 하나님께, 예수 그리스도로 말미암아 영광이 영원무궁 하도록 있기를 빕니다. 아멘."(롬 16:25, 27, 새번역 성경)

들어가며

모든 교회에는 명확한 리더십이 필요하며, 성경이 제시하는 리더십 모델은 한 사람이 아니라, 경건한 리더들로 이루어진 팀으로 제공된다. 그러나 이 원리는 즉시 지역 교회의 팀 리더십이 실제로 어떻게 작용하는지 많은 질문을 하게 한다. 서론에서는 이런 주요 질문의 일부를 살펴보고 장로들이 리더십 과업에서 직면하는 여러 위험과 도전을 찾아볼 것이다. 그런 다음 이 책의 나머지 부분에서 이런 중대한 문제를 어떻게 다루어야 하는지 살필 것이다.

안개 자욱한 풍경

며칠 전 짙은 안개 속에서 깨어났다. 밖을 보니 근처의 나무들이 온통 회색이었고 그 끝들이 흐릿한 하늘로 사라지고 있었다. 더 멀리 있는 집들과 도로 표지판은 전혀 보이지 않았다. 모든 것이 제자리에 있었지만, 가장 가까운 지형지물도 간신히 알아볼 수 있을 정도였다. 물론 안개는 꽤 매력적인 면이 있지만, 모든 명확함이 사라졌다.

너무 많은 교회에 익숙한 장면이다. 교회를 구성하는 모든 것(사람, 리더, 사역, 물리적 자원, 계획, 이상)이 제자리에 있지만, 뭐 하나도 명확하지 않다. 일어나는 일이 눈앞에 가까이 있다면 상황이 어떻게 돌아가는지 식별할 수 있을지 모르지만, 좀 멀리 있으면 아무것도 이해하기 어렵다. 왜 우리는 이 모든 일을 하는가? 왜 우리는 이렇게 하는가? 왜 이런 구조가 필요한가, 그리고 무엇이 그 사역을 이끌어 가는가? 그 사역을 누가 진정으로 이끌고 있으며, 실제 계획은 무엇인가? 모두 안개 속이다.

어떤 이들은 안개를 좋아한다. 신비롭고 매력적이기 때문이다. 하지만 명확함을 사랑한다면 태양이 빛을 비추고 안개가 사라지는 것보다 더 좋은 일은 없다. 지역 교회의 좋은 리더십은 바로 그런 일을 한다. 그 리더십은 빛을 비추어 교회의 삶과 사역에 명확함을 가져다준다.

그런데 비추는 빛은 하나님 말씀의 빛이어야 한다. 안개 낀 아침에 우리가 원하는 것은 가로등이나 자동차 불빛이 아니라 햇빛이 비치는 것이다. 교회 생활에서도 우리는 리더십 이론, 문화적 실용주의, 사역 성공 전략과 같은 희미한 빛이 우리 길을 비추기를 원하지 않는다. 우리에게 필요한 것은 복음의 광채가 교회 생활, 사역, 문화의 모든 부분을 밝히는 것이다.

그렇다면 누가 이 복음의 빛을 비추어 명확성을 제공하는가? 누가 지역 교회를 이끄는가? 이 책에서는 성경에서 일반적으로 **장로**라고 부르는 리더들로 이루어진 팀의 책임이라고 주장할 것이다. 그들은 다른 명칭으로 불릴 수도 있고, 앞으로 보겠지만 성경은 다른 용어를 사용하기도 한다. 그러나 장로는 가장 일반적이고 유용한 용어다. 그러나 이 책의 주된 목적은 장로직의 중요성을 논하거나 장로의 자격 요건을 검토하거나 각 장로가 하는 일을 살펴보는 것이 아니다. 그런 문제는 다른 책들이 잘 다루고 있고, 여러 교단의 많은 교회가 '다스리는 장로' 개념을 깊이 연구하고 있다.[1] 그러나 장로가 있는 교회를 위해 내가 다루고 싶은 질문은 다음과 같다. 장로팀이 어떻게 교회를 이끌어야 교회의 전체 생활과 사역에 큰 명확성을 가져올 수 있을까?

나의 지난날

지난 30년 동안 나는 지역 교회 리더십 역할을 맡으면서 기쁨과 고

뇌를 모두 경험했다. 그것은 내가 26세의 새파란 나이에 처음으로 목사로 부름받으면서 시작되었다. 하나님의 배려로, 나는 경험이 풍부한 장로님들과 함께 섬겼다. 그중 두 분은 나보다 거의 50세가 많았고, 또 한 분은 여러 해 동안 목회를 한 분이었다. 그분들의 지혜에 크게 의지하며 내 초보티를 극복할 수 있었다. 나는 단독 리더가 아닌, 장로들과 팀을 이룬 리더십이 얼마나 소중한지를 깨달았다. 나는 장로 중 한 명일 뿐이며, 결코 가장 나이가 많은 장로가 아님에 안도했다. 나는 설교자로는 가장 눈에 띄는 리더였지만 교회의 주된 리더는 아니었다. 우리는 함께 교회를 이끌었다.

10년 후, 나는 다른 나라의 다른 교회로 옮겨 신학대학에서 강의를 하는 동시에 파트타임 목사로 일하게 되었다. 그 교회는 고통과 분열의 시기를 거친 후 다시 세워져야 하는 작은 교회였다. 나는 교회를 위해 매주 이틀만 일했기에 교회가 성장함에 따라 사역팀을 개발하는 일이 절실해졌다. 소규모 장로팀과 함께 우리는 파트타임 사역자팀을 구성하기 시작했다. 점차 우리는 전도 사역자, 청소년 사역자, 제자훈련 사역자 및 목회 돌봄 사역자를 추가했다. 이 파트타임 사역자 중 일부는 장로였고 일부는 아니었다. 나는 사역자팀이 장로팀과 함께 섬기는 모습이 어떤 것인지 배웠다.

5년 후, 교회는 충분히 성장하여 전임 목사를 청빙할 수 있게 되었다. 나는 교인으로 계속 남아 있었지만, 신학교 전임 강의를 위해 목회 사역에서 물러났다. 그러나 얼마 후 다시 교회 장로로 섬겨 달라는 요청을 받았다. 이제는 목사가 아니라 다른 전임 직업을 가진 자원봉사 장로로 섬기게 되었다. 장로에 대한 내 기대가 이내 변했고, 주 50시간 이상 다른 일에 종사하는 장로가 현실적으로 할 수 있는 일을 놓고 씨름하게 되었다. 나는 이전에 품었던 자원봉사 장로에 대한 기대의 일부가 현실적이 아니라 이상적이었음을 인정해야 했다.

시간이 흘러 나는 신학교 학장이 되어 전혀 다른 유형의 리더십 위치에 서게 되었다. 학장이란 사실상 CEO와 같은 사람으로 경영진, 교직원, 운영을 총괄하면서 이사회에 보고하고 전략 계획을 실행할 책임을 지는 더 기업적인 모델이었다. 이것은 지역 교회와 비교가 되었다. 장로들은 어느 정도 이사회와 유사한가? 목사는 CEO인가? 장로들은 '운영'이나 현장 사역과 어떻게 관계 맺는가?

질문

이런 다양한 사역 환경은 수많은 질문을 하게 만든다.

- 팀은 교회를 어떻게 이끌어야 하는가?
- 목사와 장로는 어떤 관계인가?
- 교회 밖에서 전임(풀타임)으로 일하는 장로에게는 어떤 현실적인 기대를 품을 수 있는가?
- 장로들 사이에 핵심 리더가 있어야 하는가? 평등한 관계이면 부적절한가?

- 교회를 이끄는 데 장로는 어떤 역할을 하는가? 그들은 목회자인 가, 행정가인가, 경영 이사인가 아니면 무엇인가?
- 큰 교회에서 교회의 최고 리더는 누구인가, 장로들인가 아니면 사역 직원인가?
- 담임 목사와 다른 직원들은 어떤 관계인가? 장로직 모델에 위계 질서가 존재할 수 있는가?
- 교회의 크기에 따라 역할과 구조는 어떻게 달라지는가? 아니면 모든 교회에 다 들어맞는 모델이 있는가?

이런 것은 장로팀이 고려해야 할 핵심 질문이지만, 이를 다루는 책은 거의 없다. '리더십'에 관한 책은 수없이 많고 '장로직'에 관한 책도 수십 권 있지만, 이 둘의 교차점은 좀처럼 탐구되지 않는다. 교회 리더십에 관한 책들은 일반적으로 '단독' 리더인 목사, 담임 목사, 사역 리더를 대상으로 한 것이다. 장로직이 고려된다면 그것은 단독 리더를 위한 책임 구조의 관점에서이지, 전체 리더십이 공동 책임을 지는 모델로서는 아니다. 반면 장로직에 관한 책들은 리더십을 제외한 거의 모든 것을 다루는 경향이 있다. 많은 책이 장로의 인격, 자격, 역할, 돌봄에 초점을 맞춘다. 또 다른 책들은 장로직의 복수성이나 상호 보완주의 같은 특정한 성경적 이슈를 다룬다.[2] 장로들이 팀으로 교회를 이끌도록 준비시키기 원하는 교회를 위한 책은 놀랍도록 드물다.

이 책의 목적은 그 간격을 좁히는 데 도움을 주는 것이다. 이 책은 지역 교회의 효과적인 리더가 되기 원하는 지역 교회 장로팀을 훈련하기 위해 설계된, 장로들을 위한 리더십 책이다. 장로 개인보다 장로 팀을 대상으로 하는데 그 이유는 리더십 임무는 공동의 책임이기 때문이다. 이 책은 장로들이 어떤 존재가 되어야 하는가(물론 이런 이해는 다른 모든 것의 기초다)보다는, 장로들이 한 집단으로서 무엇을 해야 하는지를 다룬다. 특별히 지역 교회 내 장로들의 리더십 역할에 초점이 맞춰져 있다. 그들이 교파별로 가질 수 있는 더 넓은 책임에 대한 논의는 이 책의 범위 밖이다.

위험

장로직과 리더십 사이의 영역은 여러 방면에서 위험이 도사리고 있는 지뢰밭과 같다. 그중 한 가지 위험은 너무 쉽게 성경의 가르침을 건너뛰고 실용적인 해결책을 찾아가는 것이다. 현재의 리더십 원칙들 가운데 가장 좋은 것을 모아 교회에서 사용하는 방법을 찾을 수 있다. 또는 쉽게 기업의 모델을 받아들여서 용어만 조금 바꾸어 교회적으로 들리게 할 수도 있다. 세속 리더십에 성경의 옷을 입혀서 교회와 교회 지도자들이 커지고 성공해야 한다는 데 집착하게 할 수 있다. 그러나 잭 에스와인(Zack Eswine)이 목회자들에게 한 경고를 잘 들어야 한다. "사역을 시작할 때, 거대한 일을 할 수 있는 한 유명한 방법으로 빠르고 효율적으로 하는 쪽으로 향하도록 유혹을 받을 것이다."[3] 목회자뿐 아니라 장로팀을 유혹할 수 있는 이 열망은 그러나 '위대함은 섬기는 것(servanthood)'이라는 예수님의 정의에 어긋나며, 대부분의 사역이 "평범한 사람들과 장소에서"⁴ 이루어지는 현실에도 어긋난다.

이와 대조적인 위험은 성경이 우리에게 필요한 모든 세부 정보를 제공할 것이라고 기대해 리더십 원칙을 경시하는 것이다. 우리는 모든 것에 대해 성경의 장과 절을 원하며, 사도행전이나 바울 서신을 마치 리더십 매뉴얼인 것처럼 여긴다. 모든 원칙을 처방으로 만들어 하나님이 실제로는 구조와 사역 형태에 대해 놀라울 정도로 적게 처방하신 것을 잊는다. 지역 교회 리더들은 성경에서 상세히 다루지 않은 문제에 대해 선택을 해야 한다. 크레이그 해밀턴(Craig Hamilton)이 언급하듯이, "성경이 가르치는 모든 것은 진리이지만, 성경이 모든 진리를 가르치지는 않는다."⁵ 장로들은 많은 사람에게서 지혜를 구해야 하며, 여기에는 다양한 상황에서 리더십 원칙과 실천을 연구한 사람들도 포함된다.

세 번째 위험은 철저히 성경적이 되려고 애쓰면서도 이상에만 머물러 버릴 수 있다는 것이다. 장로직과 교회 생활에 대해 바른 개념을 가지고 있어도, 실제 현장에서 무엇을 해야 할지 모를 수 있다. 이론은 훌륭할 수 있지만 현실은 장로 회의가 비효율적이고, 교회는 특히 복음 중심적이지 않으며, 의사소통 경로가 불분명할 수 있다는 것이다. 나아가 장로들이 평가와 검토를 거부하며 이를 단순히 세속 리더십 기법으로 치부해 버릴 수도 있다.

마지막으로, 비현실적이 될 위험이 있다. 목사와 장로에 대한 명확한 기대가 있을 수 있지만, 그 기대를 충족할 수 있는 사람은 거의 없다. 장로의 직무, 목자의 보살핌, 영적 권위, 가르침의 재능을 소중히 여겨 장로직을 엘리트의 영역으로 만들 수 있다. 그것은 대부분의 사람이 열망하기보다는 두려워하는 것이 된다. 선발에 통과한 사람들이 탈진까지는 아니더라도 곧 고갈될 수 있다.

이 책에서 다룰 내용

이 위험한 지형을 안전하게 통과하기 위해, 장로가 이끄는 교회의 모습을 기초부터 다룰 필요가 있다. 따라서 1부에서는 성경적 기초를 놓는다. 1장은 장로직에 관한 성경 자체의 이야기로 시작할 것이다. 이 이야기는 모세 시대부터 신약 성경의 끝까지 약 1,500년에 걸쳐 펼쳐진다. 이 이야기는 교회 공동체 지도자인 장로에 대해 매우 명확한 그림을 제공하며, 2장에서 탐구할 다섯 가지 중요한 성경 용어를 소개한다. 이 두 장은 장로들이 지역 교회의 주요 지도자일 뿐 아니라 장로들이 집단, 즉 팀으로 교회를 이끈다는 것을 보여 준다. 3장에서는 성경의 리더십과 팀에 대한 가르침을 탐구하면서 교회 리더십 팀의 구조가 기업 조직의 구조와 어떻게 대비되는지를 살피고, 4장에서는 교회가 장로직에 필요한 유형의 리더를 어떻게 기를 수 있는지 질문한다.

장로들이 교회의 리더가 된다는 것이 어떤 의미인지 정리한 후, 2부에서는 교회를 이끄는 실제 사역으로 들어가 건강한 교회를 만드는 데 필수적인 세 가지 최고 리더십 영역을 살펴볼 것이다. 5장에서는 '신학적 명료성'을 가지고 이끌어야 하는 장로들의 책임을 탐구할 것이다. 장로들은 교회의 신학적 입장을 명확히 정립하고, 교회를 오류로부터 지키며, 신실한 가르침과 설교를 장려하고, 복음이 항상 존재하도록 하며, 본질적 문제와 비본질적 문제를 정리해야 한다. 이런 것은 교회의 우선순위, 교회 멤버십, 교회의 권징 및 임명에 큰 도움이 된다.

장로들의 최고 리더십 과업 중 두 번째는 사역을 위한 명확한 '복음 비전'을 수립하는 일이다. 신학적 신념을 바탕으로 우리는 교회의 사명과 교회를 이끌어 갈 성경적 원칙 및 가치를 명확히 해야 한다. 사역을 위한 이 복음 비전은 교회의 삶과 사역에 강력한 영향을 미치기에, 이를 명확히 하는 일은 장기적으로 많은 시간을 절약하게 한다. 따라서 6장에서는 명확한 복음 비전을 개발하는 데 필요한 사항을 고려할 것이다.

강한 신학적 신념과 명확한 복음 비전을 확보한 후, 장로들은 교회의 '일상생활의 조직을 감독'해야 한다. 7장에서는 형식과 기능, 유기체와 조직 그리고 교회의 인력 배치, 규모, 생애 주기, 구조와 같은 실용적인 면을 논의할 것이다. 이 모든 요소는 교회의 건강에 중요한 영향을 미친다.

이 세 가지 주요 리더십 영역에서 장로들은 교회를 위한 명확한 방향을 설정해야 하며, 이는 실제 사역에서 실현된다. 3부에서는 교회 생활 전체를 형성하는 데 중요한 세 가지 구체적 사역 영역에 초점을 맞출 것이다. 교회에는 일반적으로 어린이 및 청소년 사역에서 소그룹, 제자 훈련, 남성 및 여성 사역, 집사 사역, 지역 사회 사역에 이르는 다양한 사역이 있지만, 세 가지 사역 분야가 다른 모든 것에 영향을 미친다. 지역 및 세계 선교(8장), 말씀과 예배(9장), 돌봄과 제자 훈련(10장)은 교회 생활에서 중요한 사역이다. 장로들은 이런 사역을 세부까지 관리해서는 안 되지만, 각 사역이 교회 생활에서 어떤 역할과 기능을 하는지 교회가 명확하게 이해하도록 해야 한다.

마지막으로 4부에서는, 교회 생활의 실제에서 장로팀이 하는 역할을 생각할 것이다. 그들은 실제로 교회 사역과 교회 구성원과 소통할 때 현장에서 어떻게 이끌어 가야 하는가?(11장) 그리고 그들이 함께 모일 때 건강하고 복음 중심적인 교회를 세우는 데 가장 중요한 일에 집중하도록 하는 방법은 무엇일까?(12장)

교회는 명료함이 있어야 성장한다. 분명한 성경 교육, 분명한 신학적 신념, 분명한 복음 중점, 분명한 목적과 사명 의식, 분명한 의사소통 라인, 역할과 책임에 대한 분명한 이해, 무엇보다도 예수 그리스도와 그분의 백성에 대한 분명한 사랑이다. 안개를 걷어 내고 이런 명료성을 확보하는 일은 장로들의 독특한 사역이다. 이것이 장로들이 양 무리를 돌보고 건강한 교회를 세우는 방법이다.

팀 토의 ─────────────────────────────────

Q1 우리 교회 교인 대다수의 교회 생활 이해도는 얼마나 명확하다고 생각하는가?

(1점에서 10점으로 표시함. 1 = 여러 면에서 매우 흐릿하고 불분명함, 10 = 교회 생활, 신학, 복음 비전, 사역 전략 등 모든 측면이 매우 명확함)

Q2 우리 교회 장로팀의 리더십 접근 방식에는 다음 중 어떤 위험이 있는가?

• 지나치게 실용적이다(효과적인 실천을 위해 리더십 책과 전략을 찾는 경향이 있으며, 무엇이 성경적인지는 충분히 생각하지 않는다).

• 순진하게 성경 만능주의적이다(교회 리더십에 대해 알아야 할 모든 것을 성경에서 찾고, 다른 자료는 거의 참고하지 않는다).

• 대체로 비현실적이다(교회 생활에 대한 이상은 훌륭하지만, 실제 이 이상을 실천하는 데 어려움을 겪는다).

• 다소 비현실적이다(목사와 장로에게 요구되는 기준이 매우 높아서 그것을 충족할 수 있다고 생각하는 사람이 별로 없으며, 이런 직분을 원하는 사람도 적다).

PART 1

장로는
리더다

성경이 말하는 장로직

'장로직'이라는 주제는 성경 전체에 흐르고 있다. 구약 성경에서는 장로가 100회 이상 언급되며, 신약 성경에서는 60여 회 언급된다. 출애굽기에서 요한계시록까지의 전체 이야기는 하나님의 백성을 이끄는 데 장로가 맡은 중심적인 역할에 대한 설득력 있는 성경의 그림을 제공한다. 성경의 그림에서 시작하는 것이 중요한 이유는 장로직에 대한 우리의 관점을 기초부터 세우기 위해서다.

나는 뉴질랜드에서 자랐는데, 그곳 원주민인 마오리족은 오랫동안 장로들을 최고로 존경해 오고 있다. '카우마투아'로 알려진 이 장로들은 공동체의 임명을 받아 공동체를 대표해 행동하고 말한다.[1] 장로들은 태도, 자세, 공동체에 대한 헌신, 마오리 역사와 전통에 대한 깊은 지식으로 인해 공동체의 신뢰와 믿음을 얻어 선발된다. 크게 존경받는 지도자인 그들은 공동체의 필요와 문제 그리고 리더십에 폭넓게 관여한다.

이런 장로 제도는 많은 나라, 부족, 공동체에서 찾아볼 수 있다. 이 것은 독특하게 성경적인 개념이 아니라 널리 인정받는 공동체 리더십 모델이다. 성경에서 신약의 교회뿐 아니라 구약의 이스라엘 전체 및 주변 국가들에서도 발견된다. 그러나 성경의 장로 역할은 매우 독특하다. 그들은 공동체의 리더일 뿐 아니라 영적 지도자로, 예수 그리스도의 교회를 인도하고 먹이고 보호한다. 그들의 책임은 최고 수준까지 올라가, 그리스도의 보혈로 사신 하나님의 백성을 돌보고 동시에 자신들의 리더십의 질에 대해 하나님께 보고해야 한다.

성경에서는 약 1,500년의 기간에 걸쳐 장로직의 이야기가 펼쳐진다. 구약 성경에서는 장로에 대한 언급이 100회가 넘는다(신약 성경보다 훨씬 많다). '장로'를 의미하는 일반적인 히브리어 단어인 '자켄'(zāqēn)은 '수염'을 의미하는 '자칸'(zāqān)에서 유래한 것으로 보인다. 따라서 장로들은 성숙함을 나타내는 수염을 기른 사람이다. 이 단어는 종종 나이 많은 사람, 즉 노인(남성 및 여성)을 가리킬 때 사용된다. 그러나 100여 군데에서 이 단어는 통치하거나 인도하는 위치에 있는 일단의 사람을 언급할 때 좀 더 기술적으로 사용된다.

구약 성경의 장로직을 조사하면 신약 성경의 장로를 이해하는 데 필요한 풍부한 성경적 배경을 알 수 있다. 성경 이야기 전체는 여섯 가지 주요 단계로 전개된다.

1단계: 모세와 이스라엘 장로들

이야기는 불붙은 떨기나무 앞에 선 모세에게서 시작된다. 그곳에서 주님이 나타나셔서 자신의 백성을 이집트에서 인도해 내라고 부르셨다. 주님은 신적 언약의 이름인 '여호와'로 자신을 나타내신 다음 모세에게 이렇게 명령하셨다.

> 너는 가서 이스라엘의 장로들을 모으고 그들에게 이르기를 여호와 너희 조상의 하나님 곧 아브라함과 이삭과 야곱의 하나님이 내게 나타나 이르시되 내가 너희를 돌보아 너희가 애굽에서 당한 일을 확실히 보았노라(출 3:16)

모세가 모은 이 장로들은 누구인가? 간단히 말해 우리는 모른다. 그들을 더 전문적인 의미의 지도자 집단으로 여겨야 하는지, 아니면 모세가 단순히 '이스라엘의 노인들'을 모으도록 지시받은 것인지 명확하지 않다. 그러나 그들의 민족 역사에서 이 새로운 전환의 중요성을 감안할 때, 단순히 나이 많은 사람이 아니라 공동체의 지도자들을 불렀을 가능성이 높다. 그러나 그들이 기존의 리더십 그룹이었다면, 그들은 어디에서 왔고, 어떻게 선택되었으며, 얼마나 오랫동안 존재했을까? 다시 말하지만 우리는 알 수 없다. 그들은 이집트 시절 가문의 수장이었을 수도 있지만, 출애굽 이야기가 계속 진행됨에 따라 "이스라엘의 장로들"이 리더십 책임을 가진 독특한 그룹임이 분명해진다. 배경이 어떻든, 그들은 이스라엘 사회에서 제도적 존재가 될 것이었다. 사실, 알렉산더 스트러크(Alexander Strauch)가 말했듯 "장로회는 이스라엘에서 가장 오래되고 기본적인 제도 중 하나였다. 그것은 가족만큼이나 기본적이었다. 이스라엘의 장로들은 백성의 공식 대표였다. … 장로들은 백성의 눈이요, 귀요, 목소리였다."[2]

이스라엘 백성이 이집트에서 구출된 후, 장로들은 여러 차례 두드러진 역할을 했다. "그들의 중요한 리더십 역할은 이스라엘 역사의 모든 중요한 사건에 그들이 적극적으로 관여한 것으로 드러난다."[3] 예를 들어, 그들은 유월절 의식을 인도한다(출 12:21). 모세가 바위를 쳐서 물이 나오게 할 때 증인이 되었다(출 17:5-6). 모세가 그의 장인 이드로와 만날 때도 그 자리에 있었다(출 18:12). 그들이 이드로의 조언을 따라 모세를 돕기 위해 선택된 경건한 리더였는지는 분명하지 않다.[4]

장로들은 다시 시내산에서 진행되는 일의 일선에 선다. "모세가 내려와서 백성의 장로들을 불러 여호와께서 자기에게 명령하신 그 모든 말씀을 그들 앞에 진술하니"(출 19:7). 그들은 모세, 아론, 나답, 아비후와 함께 여호와의 앞에 서도록 소환된다(출 24:1). 주목할 것은 여기서 '칠십 장로'가 처음 언급된다는 점이다(출 24:1, 9). 그러나 여기서도 세부 사항은 거의 드러나지 않는다. 칠십 장로가 더 광범위한 장로단 내의 하위 그룹인지, 아니면 민족 전체의 리더십 조직인지 불분명하며, 칠십 명이 어떻게 구성되었는지 그 배경도 제공되지 않는다. 앞서 언급했듯 그들은 모세가 이드로의 조언에 따라 임명한 사람들이었을 수 있지만(참조. 출 18:17-23), 이는 명시적으로 언급되어 있지 않다. 이드로의 조언에 따라 임명된 자들을 행정 보조자로 보고, 칠십 장로는 영적 리더십을 제공했다고 주장할 수도 있다.[5]

　그들의 배경이 어떻든, 칠십 장로들에 대한 가장 중요한 구절은 민수기 11장 16절 이하에 나온다. 여기서 여호와는 모세에게 "이스라엘 노인 중에 네가 알기로 백성의 장로와 지도자가 될 만한 자 칠십 명을 모아 내게 데리고 와 회막에 이르러 거기서 너와 함께 서게 하라"고 명령하신다. 이 사건은 광야 생활 중 가장 암울한 에피소드 중 하나의 여파로 일어났다. 이스라엘 백성 사이에 깊은 불평과 투덜거림의 기운이 퍼졌다. 그들은 만나에 질렸고, 이집트 요리의 고기, 부추, 오이, 멜론, 마늘을 그리워하고 있었다. 그들이 장막 문에서 울면서 불평이 진영 전체로 퍼졌다. 주님은 노하셨고, 모세는 괴로워했다. 누구도 행복하지 않았다. 슬픔과 좌절 속에서 모세는 고통스러운 마음을 토로했다.

모세가 여호와께 여짜오되 어찌하여 주께서 종을 괴롭게 하시나이까 어찌하여 내게 주의 목전에서 은혜를 입게 아니하시고 이 모든 백성을 내게 맡기사 내가 그 짐을 지게 하시나이까 이 모든 백성을 내가 배었나이까 내가 그들을 낳았나이까 어찌 주께서 내게 양육하는 아버지가 젖 먹는 아이를 품듯 그들을 품에 품고 주께서 그들의 열조에게 맹세하신 땅으로 가라 하시나이까 이 모든 백성에게 줄 고기를 내가 어디서 얻으리이까 그들이 나를 향하여 울며 이르되 우리에게 고기를 주어 먹게 하라 하온즉 책임이 심히 중하여 나 혼자는 이 모든 백성을 감당할 수 없나이다 주께서 내게 이같이 행하실진대 구하옵나니 내게 은혜를 베푸사 즉시 나를 죽여 내가 고난 당함을 내가 보지 않게 하옵소서(민 11:11-15)

교회 리더들이 공감할 수 있는 절망의 지점이다. "지금 저를 죽여 주십시오. 이건 너무합니다." 그 짐은 모세가 감당할 수 없을 정도로 무거웠지만, 주님의 치유는 그가 생각할 수 없을 정도로 풍성했다. "하나님은 이제 모세에게 주셨던 영의 일부를 칠십 장로에게 옮기셨다(민 11:)17, 24, 25)."[6] 주님은 놀라운 은혜로 이렇게 하시며 "그들이 너와 함께 백성의 짐을 담당하고 너 혼자 담당하지 아니하리라"고 모세를 위로하셨다(민 11:17). 주님이 장로들에게 영을 주신 즉시 그들은 하나님의 영의 임재를 나타내는 징표로 예언을 했다. 그때 그곳에 없었던 장로 두 명도 진에서 예언하며 "영의 역사가 모세를 완전히 배제할 수 있음을 보여 주었다. 하나님은 하나님이 원하시는 장소에서 원하시는 때에 누구에게든 자신의 영을 부어 주실 수 있다."[7] 그 이후로 장로들이 계속 예언하지는 않았지만 하나님은 영이 그들에게 임했다는 반박할 수 없는 증거를 주셨다. 주님은 자신의 은혜로, 언약의 중재자인 모세 아래에서 하나님의 백성을 인도할, 영이 충만한 중요한 집단을 세우셨다.

신명기로 넘어가면 장로들이 약속의 땅에서 사는 민족의 삶에 중심적인 역할을 했음이 분명해진다. 그들은 도피성(신 19:11-12)에 관여했고, "장로들과 재판장들"로 언급되며(신 21:2 이하), 이스라엘의 마을과

성에서 사법적 역할을 수행하며 사형을 집행했고(신 21:19-20), 성적 부도덕 사건을 처리했으며(신 22:15-18), 결혼 분쟁을 다루었다(신 25:7-8). 그들은 국가 및 지역 차원에서 기능했다. "이스라엘의 장로들" 외에도 성의 장로들과 지파의 장로들이 있었다(예. 신 31:28). 이들도 백성의 대표, 재판관, 관료, 지도자로 활동했다. 코르넬리스 반담(Cornelis Van Dam)은 이스라엘의 장로직이 세 가지 친족 수준, 즉 지파, 종족(clan), 가문을 반영했음을 주목한다. 국가 수준에서 이스라엘의 장로들이 있었고, 지파 수준(예. 신 31:28; 삼하 19:11; 왕하 23:1)과 지역 종족 수준(예. 길르앗의 장로들[삿 11:5]이나 야베스, 숙곳, 베들레헴의 장로들[삼상 11:3; 삿 8:14, 16; 삼상 16:4]과 같은 도시의 장로들)에도 장로들이 있었다. 이 모든 장로는 가족의 가장들 가운데서 선택되었을 것이다.[8] 그들은 모세의 지도하에 이렇게 여러 차원에서 재판장, 관료, 제사장과 함께 하나님의 백성을 인도하는 책임에 참여했다. 그들은 국가의 리더십에 필수적이었기 때문에 "이스라엘의 장로들에게 이야기하는 것은 곧 백성에게 이야기하는 것이었다(출 4:29, 31; 12:3, 21, 27; 19:7-8; 레 4:13-15; 신 21:3-8; 삼하 5:1, 3; 17:4, 14; 대상 15:25, 28)."[9]

2단계: 여호수아, 사사기, 사무엘

모세의 사역 전반에 두드러진 역할을 했던 장로들이 여호수아의 리더십 초기에도 함께했음은 놀라운 일이 아니다. 가나안 정복 초기 시절, 그들은 민족의 영적 건강을 유지하는 데 중요한 역할을 했다. 사사기 초반의 가슴 아픈 구절에서는 "백성이 여호수아가 사는 날 동안과 여호수아 뒤에 생존한 장로들 곧 여호와께서 이스라엘을 위하여 행하신 모든 큰 일을 본 자들이 사는 날 동안에 여호와를 섬겼더라"(삿 2:7)고 말한다.

여호수아의 지도 아래 이들은 요단강을 건너는 일, 여리고성에서의 놀라운 승리, 아간의 극적인 범죄, 해가 멈추는 기적, 약속의 땅을 정복하는 과정 중에 보인 주님의 여러 기적적인 역사를 목격했다. 여호수아와 함께 그들은 아이성의 패배를 슬퍼하고(수 7:6), 백성을 이끌고(수 8:10), 에발산에서 이루어진 언약 갱신 의식에 참여했으며(수 8:33; 참조. 신 27:1-10), 다양한 공식적인 역할을 수행했다(참조. 수 20:4; 23:2; 24:1, 31). 여호수아는 경건하고 신실한 장로들과 함께하는 축복을 누렸던 것 같다. 분명 그들은 여호와를 두려워하는 법을 배웠고, 적어도 한동안은 그들의 리더십 아래 이스라엘도 그러했다.

그러나 사사 시대에 오면 이야기가 달라진다. 우리는 이스라엘 전체뿐 아니라 숙곳(삿 8:14)과 길르앗(삿 11:5)과 같은 성의 장로들에 대해서도 계속해서 읽는다. 이보다 앞서서, 이스라엘에 속하지 않은 성과 백성 사이에도 장로들에 대한 언급이 있었다. 여호수아 9장 11절은 기브온의 장로들이 여호수아에게 와서 화친을 맺으려 했다고 말하고, 민수기에서는 미디안의 장로와 모압의 장로에 대해 언급한다. 앞서 언급했듯이, 장로직은 성경에만 있는 리더십 구조가 아니며, 고대 근동의 마을과 부족에서도 널리 채택되었다. 오늘날에도 그렇다.

사사기의 이야기로 돌아가면, 장로직에서 모든 일이 다 잘되지는 않았음을 알 수 있다. 앞서 보았듯이 여호수아 이후 한 세대의 장로들은 주님에 대한 신실함으로 민족을 이끌었지만, "그 후에 일어난 다른 세대는 여호와를 알지 못하며 여호와께서 이스라엘을 위하여 행하신 일도 알지 못하였[다]"(삿 2:10). 이런 쇠퇴에 그들이 어떤 역할을 했는지 알려지지 않지만, 그들은 사사 시대의 악명 높은 불경건의 일부였다.

사사기 이후, 우리는 보아스가 룻의 기업 무를 자로서 행할 때 공식적인 거래에서 성문의 장로들이 활동하는 것을 발견한다(룻 4:2, 4, 11). 또한 사무엘서에는 이스라엘의 장로들뿐 아니라 유다의 장로들(삼상 30:26)과 야베스의 장로들(삼상 11:3)을 포함해 장로들에 대해 총 열두 번 언급된다.[10] 이 책들에는 두드러진 사건이 없지만, 장로들은 국가의 리더십에 시속적으로 참여했으며, 다음에 보게 될 것처럼 왕들의 핵심 고문이 되었음이 분명하다.

3단계: 장로, 왕, 예언자

다윗의 통치 초기부터 장로들은 리더십에 참여했으며 심지어 다윗을 왕으로 삼을 때 그에게 기름 붓기까지 했다. "이에 이스라엘 모든 장로가 헤브론에 이르러 왕에게 나아오매 다윗 왕이 헤브론에서 여호와 앞에 그들과 언약을 맺으매 그들이 다윗에게 기름을 부어 이스라엘 왕으로 삼으니라"(삼하 5:3). 그 이후로 장로들은 왕정 체제에서 정부의 중심적인 역할을 했다. 열왕기와 역대기에는 이들에 대한 언급이 17회 있는데, 그들은 백성의 대표이자 왕에게 조언하는 집단이었다.[11]

특별한 경우에 왕이 장로들을 소환하거나 그들이 왕에게 조언하는 것은 일반적이었다. 여호와의 언약궤를 오벧에돔의 집에서 가져온 이들도 "다윗과 이스라엘 장로들과 천부장들"(대상 15:25)이었다. 다윗이 분별력 없이 싸움에 나갈 사람들을 계수해 여호와의 진노가 나타났을 때, 그들은 다윗과 함께했으며 베옷을 입고 주의 사자 앞에 엎드렸다(대상 21:16). 솔로몬은 "여호와의 언약궤를 다윗 성 곧 시온에서 메어 올리고자 하여 이스라엘 장로와 모든 지파의 우두머리 곧 이스라엘 자손의 족장들을" 소집했다(왕상 8:1). 르호보암이 왕이 되었을 때, 그는 "그의 아버지 솔로몬의 생전에 그 앞에 모셨던 노인들과 의논[했고]"(왕상 12:6) 어리석게도 이들의 조언을 무시했다. 아합은 아람 왕 벤하닷이 공격 위협을 할 때 그들에게 조언을 요청했다(왕상 20:7). 이세벨은 나봇의 성의 장로들에게 편지를 보내서 나봇이 거짓 고발을 당해 죽임당할 사건을 준비했다(왕상 21:8, 11). 요시야는 하나님의 율법을 읽고 언약을 갱신하기 위해 유다와 예루살렘의 장로들을 모았다(왕하 23:1).

다스리는 왕과의 밀접한 관계를 고려하면, 장로들이 민족의 영적 배교에 책임을 지는 것은 이상한 일이 아니다. 이사야는 다음과 같이 선언했다.

여호와께서 자기 백성의 장로들과 고관들을
심문하러 오시리니

포도원을 삼킨 자는 너희이며

　가난한 자에게서 탈취한 물건이 너희의 집에 있도다

어찌하여 너희가 내 백성을 짓밟으며

　가난한 자의 얼굴에 맷돌질하느냐

주 만군의 여호와 내가 말하였느니라 하시도다(사 3:14-15)

이스라엘의 영적 쇠퇴에 대해 그들이 한 역할이 이사야의 고발로 밝혀진다.

그러므로 여호와께서 하루 사이에 이스라엘 중에서

　머리와 꼬리와 종려나무 가지와 갈대를 끊으시리니

그 머리는 곧 장로와 존귀한 사요

　그 꼬리는 곧 거짓말을 가르치는 선지자라

백성을 인도하는 자가 그들을 미혹하니

　인도를 받는 자들이 멸망을 당하는도다(사 9:14-16)

마찬가지로, 에스겔은 이렇게 선포한다. "환난에 환난이 더하고 소문에 소문이 더할 때에 그들이 선지자에게서 묵시를 구하나 헛될 것이며 제사장에게는 율법이 없어질 것이요 장로에게는 책략이 없어질 것이며"(겔 7:26).

장로들은 백성에게 경건한 조언을 제공해 주의 길로 인도해야 했지만 그들의 리더십 실패는 하나님의 분노를 초래했다. 그러나 이어진

포로 생활에서 장로들은 다시 백성에게 경건한 리더십을 제공하도록 임무를 부여받았다. 예레미야가 포로 생활에 대한 지침을 쓴 편지는 "느부갓네살이 예루살렘에서 바벨론으로 끌고 간 포로 중 남아 있는 장로들과 제사장들과 선지자들과 모든 백성에게"(렘 29:1) 보내는 것이었다.

장로단은 포로기 동안 계속 존재했고, 귀환 후 다시 리더십을 맡았다. 에스라는 '유다인의 장로들'을 다섯 번 언급한다.[12] 포로 귀환 후 민족 리더로서 그들이 지닌 중요성은 이야기가 전개되면서 그들의 명성이 증가하는 데서 특별히 분명해진다. 5장 시작 부분에서 에스라는 스알디엘의 아들 스룹바벨과 요사닥의 아들 예수아를 예언자 학개와 스가랴의 사역 아래 예루살렘에 하나님의 집 재건을 시작한 사람들로 언급한다(스 5:1-2). 그러나 에스라 5장 5절에서는 그들의 이름이 생략되며, 대신 "하나님이 유다 장로들을 돌보셨[다]"고 말한다. 그런 다음 6장에서는 "유다 사람의 장로들이 선지자 학개와 잇도의 손자 스가랴의 권면을 따랐으므로 성전 건축하는 일이 형통한지라"고 언급한다(스 6:14). 총독과 제사장의 이름은 개별적으로 더 이상 언급되지 않고 "유다 사람의 장로들"이라는 명칭으로 대체되었으며, 이제 그들은 성전을 재건한 모든 이의 대변자로 서게 된다.[13] 그들은 국가를 대표하는 리더였고, 구약 성경이 끝나갈 즈음 하나님의 은혜로 다시 국가의 경건하고 건설적인 리더십을 맡는다.[14]

4단계: 예수님과 이스라엘의 장로들

성경에 수록된 장로에 관한 이야기의 이 같은 초기 단계는 우리를 신약의 장로 직무를 이해할 수 있도록 준비시킨다. 칠십인역(구약 성경의 헬라어 번역본)에서 '프레스뷔테로스'(presbuteros)는 신약 성경에서 장로를 나타내는 일반적인 명칭으로, 히브리어 '자켄'(zāqēn)에 대한 가장 빈번한 번역이다. 히브리어 용어와 마찬가지로 이 단어는 노인을 지칭할 때 일반적으로 사용할 수 있지만, 이 단어가 사용된 66회 중 60회에서 리더십 역할을 수행하는 장로 집단을 가리키는 더 전문적인 의미로 사용되었다.

복음서에서 '이스라엘의 장로들'은 두드러진 존재로 나타나며, 세상에 온 기쁜 소식의 반대편에 서는 경우가 많다. 그들은 예수님과 그분의 사역에 반대했던 대제사장들과 서기관들과 함께 거듭 등장한다. 이 세 그룹, 즉 대제사장들과 서기관들과 장로들은 유대인의 통치 의회인 '산헤드린'을 구성한다. 산헤드린 전체가 장로들의 회의 또는 집회로 언급되는 경우가 두 번 있는데, 이는 문자 그대로 '프레스뷔테리온'(presbuterion, 눅 22:66; 행 22:5)이다. 그들은 계속해서 국가의 주요 인물로 남지만, 약속된 메시아에 대한 반란을 이끈다. 예수님은 "장로들과 대제사장들과 서기관들에게 많은 고난을 당하고 죽임을 받고 제삼일에 살아나야 할 것"이라고 말씀하셨다(마 16:21). 예수님의 체포, 재판, 십자가 처형에 관한 이야기에서 장로들은 중요한 역할을 하며, 군중을 자극하고 예수를 암살하기 위해 계략을 꾸민다.

그들은 또한 복음 전파 초기에 반대했던 이스라엘의 지도자들에 속했다. 베드로는 직설적으로 그들에게 그리스도를 십자가에 못 박은 자들이라고 비난했다.

이에 베드로가 성령이 충만하여 이르되 백성의 관리들과 장로들아 만일 병자에게 행한 착한 일에 대하여 이 사람이 어떻게 구원을 받았느냐고 오늘 우리에게 질문한다면 너희와 모든 이스라엘 백성은 알라 너희가 십자가에 못 박고 하나님이 죽은 자 가운데서 살리신 나사렛 예수 그리스도의 이름으로 이 사람이 건강하게 되어 너희 앞에 섰느니라(행 4:8-10)

5단계: 신약 교회의 장로들

하지만 사도행전 이야기가 진행되면서 놀라운 일이 일어난다. 우리는 성경의 이야기를 통해 장로들이 뜻밖의 장소에 나타나는 습관이 있음을 보았다. 이스라엘의 장로들은 모세가 임명할 때 기존 그룹으로 나타났다. 유다의 지도자들, 길르앗의 지도자들, 마을, 성, 지파의 지도자들도 칠십 장로들처럼 나타났다. 이제 주후 45년경에 같은 일이 일어난다. 새로운 장로 그룹, 즉 이스라엘의 장로들이 아니라 유대 교회의 장로들로 사도행전 11장 30절에서 처음 언급된다. 예루살렘 교회의 이 지도자들은 기근 구제를 위한 헌금을 받지만, 그들이 언제 또는 어떻게 임명되었는지는 전혀 알 수 없다.

예루살렘 장로들은 주후 48년이나 49년경에 열린 예루살렘 공의회에서 중요한 역할을 한다(행 15장). 바울과 바나바는 이방인 개종자들에게 요구할 사항과 관련한 복잡한 문제를 의논하기 위해 예루살렘에 있는 "사도와 장로들"에게 올라갔다(행 15:2). 이 두 그룹의 지도자는 이 중요한 신학적, 선교적 문제를 해결해야 할 집단으로 여섯 차례 언급된다(행 15:2, 4, 6, 22-23; 16:4). 흥미로운 점은 사도들과 예언자들이 모두 있었음에도 이 문제가 직접적인 계시가 아니라 장로들과의 토의와 의사 결정을 통해 해결되었다는 것이다. 그들은 함께 베드로의 말을 들었고, 이어서 바울과 바나바의 말을 들었으며, 마지막으로 성경을 해석한 야고보의 말을 들었다. 그 후 세 번 그들과 성령께 "좋아 보였다"는 말이 나온다(행 15:22, 25, 28). 이는 교회 생활 초기 단계에서 장로들이 사도들과 만나 교회의 삶에서 중요한 복음 문제를 함께 고려하고, 증언과 토론과 성경 해석 후에 성령의 의도와 일치하는 것으로 보이는 결정에 도달하는 모습이다.[15]

예루살렘의 장로들 이후로, 누가는 바울과 바나바가 그들의 첫 번째 선교 여행 중에 설립한 각 교회에 장로들을 임명했음을 신중하게 기록한다(행 14:23). 이것이 신약의 기준이 된다. 각 교회에는 장로들이 있으며(다음에 볼 수 있겠지만 '감독'이라고도 한다), 이는 구약 시대에 각 지파와 성에 장로가 있었던 것과 마찬가지다. 그들은 바울의 빌립보서의 서두에서 특별히 언급된다(빌 1:1). 장로직은 디모데전서에서 길게 논의된다. 실제로 "디모데전서는 신약에서 성경의 장로직 연구를 위한 가장 중요한 서신이다."[16] 디모데전서는 장로들의 영적 자격(딤전 3:1-7)을 설명할 뿐 아니라, 장로들의 안수를 통해 디모데가 사역자로 성별된 것(딤전 4:14), 장로들에게 마땅한 존경(딤전 5:17-18), 장로들에 대한 징계(딤전 5:19-20)를 다룬다. 이뿐 아니라 디도서 1장 5-9절에서는 장로들에 대한 중요한 지침이 제시되고, 베드로는 그의 첫 번째 서신에서 장로들에게 이야기하며(벧전 5:1-4), 야고보는 장로들의 기도 사역에 대해 언급한다(약 5:14). 또한 교회 지도자들에 대한 일반적인 권면도 몇 가지 더 있다(예. 살전 5:12-13; 히 13:17).[17]

다음 장에서 장로들과 그들의 사역을 설명하는 주요 용어를 자세히 살펴보겠지만, 지금은 성경 이야기의 마지막 단계로 넘어가겠다.

6단계: 영광을 입은 장로들

요한계시록에는 장로에 대한 언급이 12회 나온다.[18] 이제 우리는 어린양의 보좌를 둘러싼 이십사 보좌에 앉은 이십사 장로를 만난다. 그들은 흰옷과 금관을 쓰고 있으며(계 4:4), 향과 함께 있던 금대접을 들고 있다. 이 대접은 성도들의 기도다(계 5:8). 두 번에 걸쳐 한 장로가 요한과 개별적으로 대화하며 천상을 안내하는 역할을 한다(계 5:5; 7:13). 그들의 정체성에 대한 다양한 관점을 그레고리 빌(Gregory Beale)이 조사했는데, 그는 그들이 아마도 "12지파와 12사도와 동일시되는 천사들로서, 신구약의 구속받은 자 공동체 전체를 대표한다"[19]고 결론짓는다.

그는 네 생물을 "피조물 전체 중 모든 생명의 천상의 대표자"로 여기고, 장로들은 "하나님 백성의 천상의 대표자"라고 한다.[20]

이는 성경의 장로직 이야기의 영광스러운 결말이다. 장로들은 모든 시대에 걸쳐 하나님의 교회 전체를 대표하는 지도자로서, 한 가지 중심적 역할, 즉 보좌에 앉으신 분을 경배하고 그분께 영광을 돌리는 일을 한다. 그들은 그분 앞에 거듭 엎드리며, 그분 앞에 자신의 관을 던지며 그분의 영광과 영예를 찬양한다(계 4:10; 5:8, 14; 7:11; 11:16; 19:4). 하나님 백성의 지도자로서 그들은 앞장서서 하나님이 모든 영광과 찬양을 돌린다. 이것이 성경 전체에서 하나님 백성을 이끄는 그들의 진정한 최종 목표다.

큰 그림은 무엇인가?

성경에서 약 160회에 걸쳐 장로에 대해 언급한 것을 보면서, 장로들이 하나님 백성의 삶에서 어떤 역할을 하는지 몇 가지 예비적인 결론을 도출할 수 있다. 물론 우리가 모르는 것이 많다. 이 장로들이 어디서 왔는지, 어떻게 선택되었는지, 직무는 무엇인지, 매일 무엇을 했는지에 대해 우리는 모호한 상황에 있었다. 장로회가 얼마나 오래 지속되었는지도 마찬가지다. 우리는 구약의 장로직에서 신약의 장로직으로 바로 선을 그어 연결하는 일도 주의해야 한다. 신약의 장로직 관행은 구약에서 발전한 것으로 보이지만, 많은 상황적 맥락이 급격히 변화했다. 신정 국가인 이스라엘의 장로직, 유대 지파와 성들의 장로직, 모세 언약에 따른 장로직이 신약 교회에 직접 적용되었다고 가정해서는 안 된다. 그렇지만 성경 전체의 이야기에서 몇 가지 중요한 기초 원리를 이끌어 낼 수 있다.

첫째, 장로직은 중요하다. 이 원칙은 기본이다. 성경 이야기의 거의 모든 단계에서 하나님의 백성은 장로를 두었다. 이는 장로직이 단순히 장로교나 신약 성경과 관련된 것이 아니라 성경적인 것임을 의미한다. 장로직은 하나님의 백성의 삶에 깊이 자리한 리더십 구조다. 그렇기에 바울이 각 교회에 장로를 신속하게 임명했음은 의심의 여지가 없다. 가능한 한 빨리 적용해야 할 리더십 구조가 존재했던 것이다. 이스라엘이 국가로서, 그리고 각 지파와 도시가 장로를 두었듯이 이제 각 교회에도 장로가 있는 것이다.

오늘날 교회에서 핵심 지도자들은 아마도 장로가 아닌 다른 말로 불릴 수 있을 것이다. 다음 장에서 이들을 설명하기 위해 몇 가지 단어가 혼용됨을 볼 것이다. 그러나 지배적인 용어는 '장로'이며, 그 개념은 매우 중요하다. 즉, 지역 교회는 단수의 목회자나 교단의 위계질서가 아니라 지혜롭고, 존경받고, 성숙한 지도자들로 구성된 팀에 의해 이끌어진다.

둘째, 장로직은 교회 공동체에서 존경받는 회원들로 구성된다. '장로'라는 단어 자체는 '수염 난', '나이 많은', '노인', '백발'을 의미하며, 연장자임을 나타낸다. 대표자, 대변인, 조언자라는 장로의 역할은 그들이 지혜로워서 조언과 충고를 해 줄 수 있는 사람들로 존경받았음을 알게 한다. 우리는 이것이 성경의 장로직에만 국한되지 않음을 보았다. 사실은 이렇다.

대부분의 문명에서 권위는 나이나 경험 때문에 다스릴 자격이 있다고 여겨지는 사람에게 부여되어 왔다. 따라서 많은 고대 공동체의 지도자들이 '노년'을 의미하는 어근에서 유래한 칭호를 가지고 있었던 것은 놀라운 일이 아니다. 이 점에서 히브리어 '장로'(*zāqēn*)는 호메로스의 '게론테스'(*gerontes*), 스파르타의 '프레비'(*presbys*), 로마의 '세나투스'(*senatus*), 아랍의 '셰이크'(*sheikh*)와 나란히 선다.[21]

이스라엘에서 이런 연장자들은 "탁월한 상담과 지혜의 사람들이었다. 지혜와 분별력이라는 개념이 **장로**라는 단어 자체에 내포되어 있다. '늙은 자에게는 지혜가 있고 장수하는 자에게는 명철이 있느니라'(욥 12:12; 왕상 12:8, 13)."[22] 신약 교회에서 이런 우월함과 성숙함은 단순히 나이에 근거하지 않는다. 디모데는 그의 연소함 때문에 아무도 그 자신을 무시하게 하지 말라고 언급된 중요한 교회 리더다(딤전 4:12). 오히려 그는 존경받을 만한 삶을 살며, "말과 행실과 사랑과 믿음과 정절에 있어서" 모범을 보여야 한다(딤전 4:12). 이것이 신약 교회의 장로를 선택하는 기준이 된다. 장로들은 비난받을 일이 없고, 모범적인 기독교적 품성을 지녀야 하며, 나이와 상관없이 성숙과 경건으로 그들의 공동체에서 존경받아야 한다.

셋째, 장로직은 개개인의 모임이 아니라 리더들의 조직체다. 성경 이야기 전체에서 "특정 장로가 언급되지 않는 한, 이 용어(감독과 목사 포함)는 항상 복수로 사용된다(예. 행 11:30; 14:23; 15:2, 4, 22~23; 16:4; 20:17, 28; 엡 4:11; 딤전 5:17; 딛 1:5; 약 5:14; 벧전 5:1)."[23] 베드로가 자신을 장로라고 언급할 때도 "함께 장로 된 자"로 말한다. 공동체를 이끌고, 공동체에 조언하며, 공동체를 대변하는 집단이 장로직이다.

이것은 오늘날 장로직에 중대한 의미를 지닌다. 디모데전서 3장과 디도서 1장이 각 장로의 자격을 명확하게 그려 주므로, 장로직에 관한 많은 문헌의 초점은 개인과 그들의 품성에 맞춰져 있다. 실제로 개인의 품성은 장로직의 핵심 자격 중 하나다. 그러나 우리가 성경의 인도를 따른다면, 장로들의 역할을 살필 때 주로 장로 집단과 그들이 팀으로서 행하는 공동 사역을 검토해야 한다. 우리의 기본 질문은 한 명의 장로는 어떤 사람이고 어떤 일을 해야 하는가가 아니라, 장로들은 어떤 사람들이고 어떤 일을 해야 하는가다.

팀의 관점은 목사와 장로들에게 엄청난 격려가 된다. 우리가 부름 받은 일은 결코 혼자 하도록 부름받은 일이 아니다. 각 사람이 필요한 모든 은사를 갖거나 필요한 모든 시간을 가질 필요는 없다. 우리는 서로 의지하고, 함께 방향을 설정하며, 리더십 책임을 공유하고, 서로의 강점을 활용하고, 함께 기도하며, 함께 울고, 함께 어려운 결정을 내리고, 주님이 그분의 교회를 축복하실 때 함께 기뻐한다.

마지막으로, 집단으로서 장로직은 교회 공동체를 이끌 책임이 있다. 하나님 백성의 역사의 모든 단계에서 장로들은 명목상의 존재가 아니라 하나님 백성의 핵심 지도자였다. 구약에서는 장로들에게 하나님 백성의 리더십에 관한 조언을 구했고, 백성에 대한 사법적 책임을 졌으며, 그들을 이끄는 짐을 나누고, 그들의 영적 상태를 책임졌음을 보았다. 신약에서는, 다음 장에서 보겠지만, 하나님 백성의 목자와 감독이요 하나님 집의 청지기임을 알게 될 것이다.

그러나 장로들은 하나님 백성의 유일한 리더가 아니었다. 구약에서 그들은 백성을 위한 중재적 리더(모세, 여호수아 또는 왕)와 함께 또는 그 아래에서 섬겼으며, 여러 다른 리더(관원, 재판관, 제사장)와도 함께 섬겼다. 마찬가지로 신약의 장로들도 큰 선지자와 제사장과 왕이신 그리스도 아래에서 섬기며, 지역 교회에서 이끌 은사가 있는 집사 등과 함께 섬긴다. 그러나 그들은 유일한 리더는 아니어도 하나님 백성의 최고 리더다. 그들은 다른 리더들을 포함한 교회 전체가 지혜, 지도, 조언, 방향을 묻는 집단이다. 그들의 독특하고 고귀한 사역은 지역 교회에 명확한 리더십을 제공하는 것이다.

팀 토의

Q1 구약의 장로직 이미지가 오늘날 장로직에 대한 당신의 이해를 어떻게 풍요롭게 하는지 토의하라. 장로직에 대한 이런 성경적 큰 그림이 왜 중요한가?

Q2 교회 공동체에서 누가 핵심 지도자로 세울 만큼 충분히 존경받는지를 평가하는 방법은 무엇일까?

Q3 장로들의 사역을 개개인이 아닌 하나의 조직체가 하는 일로 보는 것은 당신에게 개인적으로 어떤 도움이 되며, 교회에는 왜 유익한가?

2

최고 리더

장로들의 사역을 이해하는 데 필수적인 다섯 가지 핵심 성경 용어가 있다. '장로', '목자', '감독자', '지도자', '청지기'에는 각각 고유한 의미가 있으며, 이 모두는 장로들의 역할을 풍성하게 설명한다. 핵심은 돌봄으로 이끄는 것과 이끎으로 돌보는 것이다. 간단히 말해, 장로는 교회의 리더다. 이 장에서는 장로들의 리더십 과업을 설명하는 다섯 가지 용어와, 그에 따라 리더십 역량을 갖춘 장로를 임명할 필요성을 설명한다.

최근 나는 좌절감이 극에 달했다. 우리 부지에 새 차고를 짓고 싶었는데, 그러려면 전화와 인터넷 서비스용 전선을 집 앞 처마를 따라 약 3미터 정도 옮겨야 했다. 30분 정도면 끝날 아주 간단한 작업이었지만, 전선을 전국 광대역 서비스를 담당하는 정부 기관이 소유하고 있었기 때문에 그 회사만 작업을 할 수 있다고 들었다. 나도, 나와 거래한 전기 기사도 할 수 없고 그 회사만 옮길 수 있었다. 규정을 어길 경우 부과되는 벌금이 엄청났다.

그래서 요청서를 제출하고 몇 주를 기다려 회사로부터 연락을 받았다. 드디어 아주 친절한 담당자가 배정되었는데, 그는 누군가가 와서 견적을 낼 것이고, 견적이 승인되면 청구서를 받을 것이며, 비용을 지불하면 작업이 진행될 것이라고 알려 주었다. 6-8주 안에 전선이 이동될 예정이었다. 몇 주 후 어떤 사람이 와서 사진을 찍었고, 며칠 후 담당자가 견적서를 보내왔다. 새로운 자재가 필요하지 않은 30분 남짓의 작업이었는데 견적은 엄청나게 높았다. 나는 강력하게 이의를 제기하며 재견적을 요청했다. 일주일 후, 첫 번째 견적보다 조금 낮았지만 여전히 터무니없이 높은 견적이 왔다. 그때 나는 궁지에 몰렸다. 견적을 두 개 이상 받을 수 없었고, 다른 사람은 그 일을 할 수 없으며, 내가 이야기할 수 있는 다른 사람도 없었다.

이 이야기는 관료주의 시스템에 부딪히는 일이 얼마나 답답한지를 떠올리게 한다. 상대방이 얼마나 친절한지와는 상관없이, 시스템 자체가 우리를 미치게 만들 수 있다. 관료주의는 교회가 필요로 하는 명확하고 투명한 리더십과 정반대다. 하나님의 백성은 이름 없는 사람들과 복잡한 조직 구조를 상대하는 답답함에 시달리지 않아야 한다. 그들은 명확하고 인격적이며, 투명하고 책임이 있으며, 접근 가능한 리더십의 열매를 누려야 한다. 이는 장로들의 역할을 설명하기 위해 신약 성경에서 사용하는 다섯 가지 핵심 용어를 탐구하면서 분명해질 것이다.

우리가 살펴볼 첫 세 가지 용어는 사도행전 20장과 베드로전서 5장에서 상호 교환적으로 사용된다. **장로**(프레스뷔테로스), **목자** 또는 **목사**(포이멘), **감독**(에피스코포스)은 각기 뉘앙스가 다르지만 호환적으로 사용되어, 장로는 목자 또는 목사이고, 목자는 감독이다. 사도행전 20장 17절에서 언급된 바와 같이 바울은 교회의 장로들을 모아 성령이 그들을 감독자로 삼은 규칙을 돌보라고 명령했다(행 20:28). 비슷하게, 베드로전서 5장 1-4절에서는 사도가 자신을 장로로, 실제로는 동료 장로로 지칭하며 교회의 장로들에게 하나님이 주신 양 무리를 이기심 없이 목양하라고 명령한다. 이 용어를 모두 탐구한 다음 두 가지 용어를 살펴볼 것이다. 우리는 **지도자**(프로이스테미)를 추가할 것인데, 이것은 동사('인도하다')로 사용되어 특정한 영적 은사뿐 아니라(롬 12:8), 장로의 일(딤전 5:17)과 그들의 자격 요건 중 하나(딤전 3:4-5)를 설명하는 데 사용된다. 그리고 우리는 **청지기**(오이코노모스)라는 명칭을 고려할 것인데, 이는 디도서 1장 7절에서 장로의 역할을 설명하는 데 구체적으로 사용될 뿐 아니라 신약 성경에서 교회 리더십에 관한 중요한 은유이기 때문이다.

각기 뚜렷한 뉘앙스를 가진 다섯 단어를 함께 살펴보면, 장로들이 교회의 최고 리더이며 그들의 리더십은 결코 관료주의적이지 않다는 것을 의심할 여지가 없다. 교인들은 결코 정부 기관과 만나고 있다는 느낌을 받아서는 안 된다.

장로는 공동체의 지혜로운 머리다

구약 이야기에서 보았듯이 장로는 공동체에서 윗사람이요 존경받는 인물이다. 바울은 장로의 자격 목록의 앞머리에 장로는 '책망받을 것이 없어야 한다'(딤전 3:2; 딛 1:6)는 최우선 조건을 붙인다. 다시 말해 어느 누구도 장로가 가정, 직장, 교회 공동체에서 신실하지 못하다거나 불경건하다거나 위선적이라거나 미성숙하다거나 부적절하다고 비난할 수 없어야 한다.

그러므로 장로는 경건한 사람으로, 공동체를 대표하기에 적합해야 한다. 나아가 그는 교회 공동체에 지혜와 통찰을 전해 줄 수 있을 만큼 충분히 성숙해야 한다. 우리는 영어만 아니라 히브리어와 헬라어에서도 장로라는 단어 자체에 '나이가 많다'는 의미가 내포되어 있음을 보았고, 신약 성경에서는 고령에 대한 언급이 사라졌지만 "성숙, 경험, 위엄, 권위, 명예와 같은 특정 의미는 그대로 유지되고"[1]있음을 보았다. 흥미롭게도 사도 요한은 둘째 서신과 셋째 서신에서 자신을 "장로"라고 부르는데, 이는 틀림없이 그의 나이를 언급하는 것이기도 하지만 "큰 위엄을 가진 지위"를 암시하는 것이기도 하다.[2] D. A. 카슨(Carson)은 장로라는 용어가 "마을과 회당 생활에서 유래했으며, 연장자 또는 적어도 성숙함이라는 의미를 담고 있어 이상적으로는 존경과 리더십 책임을 맡을 자격을 갖춘 사람"이라고 주장한다.[3]

이 용어 자체는 장로가 하는 일을 명확하게 설명하지 않는다. 그것은 다른 네 단어에 의해 명확해진다. 장로라는 단어는 주로 그 사람이 교회 공동체에서 존경을 끌어내는 성숙, 지혜, 품위를 갖춘 리더십 역할을 하고 있음을 전달한다. 미성숙한 장로나 경건하지 못한 장로는 이 용어 자체와 모순이 된다.

장로는 양 무리의 목자다

장로는 경건하고 성숙한 사람들로 구성된 집단으로, 하나님의 양 무리를 목양하는 임무를 맡았다(행 20:28; 벧전 5:2). '목양하다'라는 동사는 '인도하고, 안내하고, 통치하다'라는 의미와 '보호하고, 돌보고, 양육하다'라는 의미를 모두 포함한다.[4] 이 두 가지 차원, 즉 리더십과 보살핌은 동전의 양면과 같다. 장로는 돌봄으로써 이끌고, 이끎으로써 돌본다. 이 관계는 목자 시편인 시편 23편에서 아름답게 드러난다. 여호와는 우리의 목자로, 그분의 양인 우리를 푸른 초장, 맑은 물가, 안전한 곳으로 인도하심으로 돌보신다. 그는 양을 위험에서 인도해 내시고 사망의 음침한 골짜기를 안전하게 지나가게 하신다. 그는 잘 인도함으로써 잘 돌보신다.

신약 성경에서 '목자'를 의미하는 단어 '포이멘'(*poimēn*)은 일반적으로 '목사'로 번역되는데, 이는 라틴어로 '목자'를 의미하기 때문이다. 이것은 모든 장로가 교회의 목사 역할을 맡도록 위임받았음을 의미한다. 지역 교회에는 몇 명의 장로와 한 명의 목사가 있어서는 안 된다. 오히려 장로들의 팀은 모두 교회를 목양하도록 부름받은 목사들의 팀이다. 또한 '목사'는 직함으로 사용되지 않고, 임무나 사역을 가리키는 데 사용된다는 점도 주목해야 한다. 누군가를 "잭 목사"라고 부르는 성경적 선례는 없다. 오히려 잭이 지역 교회의 목사라면, 그는 그리스도의 양 무리를 목양하도록 부름받은 팀 중 한 명이다.

신약 성경에서는 목자가 교회 지도자와 연관하여 동사로 단 세 번(*poimanō*[포이마노, '목양하다'], 벧전 5:2; 요 21:16['돌보다'로 번역]; 행 20:28['돌보다'로 번역]), 명사로 단 한 번 사용되었다('목자', 엡 4:11). 사용되는 경우는 상대적으로 드물지만, 이는 성경에서 가장 두드러진 리더십 은유를 보여 주는 용어다. 예수님 자신은 "선한 목자"(요 10:11), "너희 영혼의 목자와 감독"(벧전 2:25), "목자장"(벧전 5:4)이시다. 목자로서 장로들은 그분 아래에서 목양한다.

예수님이 자신을 선한 **목자**라고 밝히신 것은 성경의 거대한 주제를 완성한 것이다. 스트러크가 관찰한 것처럼, "목자와 양의 관계는 매우 풍성해서 성경은 이를 반복적으로 사용해 하나님과 그 백성을 향한 그분의 사랑의 보살핌을 묘사한다."[5] 시편 23편이 보여 주듯 하나님은 백성의 진정한 목자이시지만, 그분을 대신해 양 무리를 돌볼 인간 목자를 세우신다. 성경의 목양을 포괄적으로 연구한 티머시 라니악(Timothy Laniak)은 "'인간 대리자에 대한 하나님의 선호' … 성경의 하나님은 자신의 사명을 수행할 인간을 간절히 찾으시며, 계속 그들의 손에 그 사명을 맡기는 위험을 감수하신다"[6]고 말할 수 있다고 본다.

따라서 인간 목자-리더들은 성경 이야기의 모든 단계에서 발견되며, 우리는 또한 목자 시편, 목자 예언, 목자 비유를 볼 수 있다. 목자들은 구약과 신약을 여는 역할을 한다. 아벨은 목자였고, 천사의 방문을 받은 들판에 있던 목자들은 탄생하신 그리스도께 경배하도록 인도받았다. 이스라엘은 목양 민족이었으므로, 예수님은 자신을 선한 목자라 하심으로써 매우 친숙한 이미지를 사용하신 셈이고, 또 모든 진정한 목자의 소명을 성취하기 위해 오셨음을 보여 주셨다.

구약에서 예언자, 제사장, 왕은 모두 하나님 백성의 목자로 간주된다. 사실 목자는 고대 세계에서 신과 통치자들에게 폭넓게 사용된 칭호였다. 메소포타미아와 이집트와 헬라의 신과 왕들은 일반적으로 목자로 알려져 있었다.[7] 구약에서 가장 유명한 목자—통치자인 모세와 다윗은 하나님 백성의 목자가 되기 전에 문자 그대로 양의 목자였다(참조. 시 77:20; 78:70-72).

시간이 지나면서 하나님의 양 무리를 치는 일은 다른 지도자들에게, 특히 이스라엘의 왕과 제사장에게 전해졌다. 그러나 그들은 마땅히 해야 할 대로 양 무리를 이끌고 돌보는 데 실패했다. 에스겔은 이스라엘의 거짓 목자들을 비판하며 그들에게 책임을 물었다. 그는 그들이 자신만 돌보고 양 무리는 돌보지 않았다고 비난했다(겔 34:2-3). 즉, 가혹하게 지배하고, 약한 자를 강하게 하거나 곤경에 처한 자를 돕지 않았다고 비난했다(겔 34:4). 또 양 무리를 모으지 않고 흩어지게 버려두어 아무도 찾는 사람이 없게 했다고 비난했다(겔 34:5-6).

리처드 코킨(Richard Coekin)은 에스겔이 거짓 목자들을 정죄하는 내용에서 그들이 수행해야 했던 세 가지 사역을 지적한다.[8] 첫째, 그들은 잃은 양을 찾고, 방황하는 양들을 구출해 한 무리로 모아야 했다(참조.

겔 34:11-13). 코킨은 이것이 본질적으로 전도 사역이라고 말한다. 진정한 목자는 복음을 들어야 할 사람들에게 접근해야 한다. 둘째, 목자는 양들에게 좋은 풀밭을 찾아 주고, 그들이 쉬게 하며, 상처를 치료해야 한다(참조. 겔 34:13-16). 이는 영혼에 영양을 제공하는 가르침의 사역이다. 진정한 목자는 말씀 사역을 통해 양 무리를 먹인다. 또한 이것은 지치거나 더딘 양들이 휴식이나 회복 없이 끊임없이 몰아붙여진다고 느끼지 않도록 인내하고 배려하는 리더십 모델을 시사한다. 셋째, 목자는 강자와 약자 사이를 중재하고, 약자를 보호하며, 공정하고 사랑이 넘치는 공동체가 이루어지게 해야 한다(참조. 겔 34:16-24). 코킨은 이것이 양 무리의 안녕을 위한 다스림 사역이라고 말한다. 이는 감독의 사역이다. 진정한 목자는 정의롭고 공정하게 양 무리를 다스린다.

복음 전도, 교육, 감독의 사역은 장로들이 그리스도의 양 무리를 위해 제공해야 할 리더십을 보여 준다. 이런 목양의 목적은 하나님의 백성을 하나님이 데려가고자 하시는 길로 인도하는 것이다. 그들은 하나님을 향해 인도되고, 그 목적을 염두에 둔 돌봄을 받는다. 이것은 그들이 가고 싶어 하지 않는 곳으로 그들을 인도하는 것을 의미할 수도 있다. 또한 이것은 단순한 '목회적 돌봄', 즉 아픈 사람이나 외로운 사람을 심방하는 것으로 좁게 정의될 수 있는 것이 아니다. 오히려 이것은 성숙한 그리스도의 제자를 만드는 데 도움이 되는 의사 결정, 구조 형성, 사역 활동 수행 등을 포함한다.

그러나 이스라엘의 목자 리더들은 이에 실패했다. 그래서 주님은 그들을 거짓 목자로 여겨 거부하시고 그의 종 다윗을 통해 양 무리를 직접 목양하겠다고 약속하셨다(겔 34:23-24). 메시아 목자를 염두에 두신 것이다. 이 예언은 예수님이 자신을 선한 목자라고 선언하실 때 성취된다(요 10:14).

장로들에게 맡겨진 목회 사역은 단순히 목회적 돌봄이나 심방을 제공하는 것보다 더 크다는 것을 아는 것이 중요하다. 서로 돌보는 일은 하나님의 모든 백성에게 맡겨진 사역이다. 장로들도 이 사역에 참여해야 하지만 그들의 실제 사역은 이보다 훨씬 넓다. 티머시 위트머(Timothy Witmer)는 네 가지 목양 기능, 즉 양을 "아는 일, 먹이는 일, 이끄는 일, 보호하는 일"[9]을 말한다. 그는 이 네 가지 과업이 두 가지 수준에서 이루어진다고 제시한다. 첫째, "거시적 목양은 전체 교회와 관련된 중요한 리더십 기능을 가리킨다. … 그 관심사는 회중의 집단적 관심사를 다루는 것이다. 양 무리의 건강을 위해 장로들이 수행해야 할 중요한 의사 결정, 비전 설정, 행정 기능이 있다."[10] 둘째 수준은 "미시적 목양"으로, "양들 사이에서 행하는 장로들의 **개인적인** 사역을 의미한다. 이는 장로들이 책임을 부여받은 특정 양들에 대한 감독을 의미한다."[11]

목양의 이 두 차원을 다루는 데는 균형이 필요하다. 예수님은 모든 양을 개인적으로 알고 돌보시지만, 모세와 다윗 같은 목자들이 자신이 목양하는 모든 사람을 알았던 것은 아니다. 큰 교회의 목사와 장로들은 각 양을 개인적으로 알지 못할 수 있다. 그러나 그들이 어려움을 겪는 양들을 돌아보지 않고 열심 있고 적극적으로 참여하는 리더들에게만 투자한다면, 양 무리에 대한 그들의 거시적 목양은 건강하지 못한 것이다. 위트머가 질문하듯이, "장로들이 미시적 수준에서 양들과 상호 작용하지 않는다면 어떻게 거시적 수준에서 제대로 기능할 수 있겠는가?"[12]

장로는 교회의 감독이다

장로와 목자/목사와 상호 교환적으로 사용되는 세 번째 단어는 감독(episkopos)이다. 신약 성경에서는 여섯 번만 사용된다(행 20:28; 빌 1:1; 딤전 3:1-2; 딛 1:7; 벧전 2:25). 여기에는 예수 그리스도를 우리 영혼의 감독으로 언급한 것이 포함된다(벧전 2:25). 이 단어의 사용 빈도는 높지 않지만, 무게와 중요성이 있다. 바울은 디모데전서와 디도서에서 장로 임명의 조건을 제시하면서 감독을 언급한다. 실제로 디모데전서 3장에서 그는 장로라는 용어를 생략하고 "감독의 직분을 얻으려" 하는 사람이라고 한다(딤전 3:1). 디도서에서 바울은 장로와 감독을 병행해 사용한다(딛 1:5, 7).

그렇다면 감독이란 무엇인가? 명백히 말하자면, 감독은 어떤 것을 감독하는 사람이다. 이 단어의 핵심 의미는 두 가지다. 첫째, 감독은 "안전을 책임지는 사람, 즉 일이 올바르게 이루어지도록 책임지는 사람"이다. 둘째, 그리스와 로마 세계에서는 흔히 "어떤 집단에서 수호와 관련된 활동을 담당하는 특정 직무 혹은 기능을 가진 사람"[13]을 의미했다.

스트러크는 이렇게 말한다. "헬라어 단어 '감독'은 영어의 감독자(supervisor), 관리자(manager), 수호자(guardian)와 같은 일반 용어다. 고대 헬라 사회에서 이 단어는 직책을 나타내는 널리 알려진 명칭이었다. 감독, 관리자, 수호자, 통제자, 검사자, 통치자로서 행동하는 관리를 설명하기 위해 널리 사용되었다."[14] 그는 또 다음과 같이 말한다. "헬라어 구약 성경(70인역)은 다양한 관리를 지칭하는 데 감독이라는 단어를 유사하게 사용했다. … 구약의 감독에는 성전 수리를 담당하는 감독(대하 24:12, 17), 군대 장교(민 31:14), 성전 경비(왕하 11:18), 백성을 감독하는 지도자(느 11:9), 성막 관리자(민 4:16) 등이 포함된다." 스트러크는 초기 이방인 그리스도인들이 유대 용어인 '장로' 대신 이 단어를 사용한 것은 그들의 사회에서 친숙했기 때문이라고 말한다.[15]

이 단어는 교회의 최고 리더인 장로에 대한 우리의 이해를 더욱 넓혀 준다. 이것은 리더십에 필수적인 경영 및 행정 기능을 포괄하며, 장로들이 교회의 사람뿐 아니라 활동도 감독하면서 교회의 삶을 적절히 구조화하고 조직할 것을 요구한다.

때로 감독은 '주교'로 번역되었지만, 그 용어는 후에 발생한 계층적 통치에 대한 의미로 너무 가득 차 있어 신약의 의미를 제대로 반영하지 못한다. 주교가 교회나 교회 집단에서 더 높은 권위를 가진 단일 인물로 등장한 것은 2세기와 3세기의 일이었다. 신약에서 모든 장로는 목자이며, 모든 장로-목자는 감독이다.

이 세 용어는 어떻게 조화를 이룰까? T. M. 린지(Lindsay)는 '장로'가 전체적인 직함이며 '목사'와 '감독'은 장로가 수행하는 일을 설명한다고 주장한다.[16] 장로는 교회를 목양하고 감독한다. 그러면 '하나님 말씀의 사역자', 일반적으로 '목사'라고 불리는 사람과 장로 사이에 성경적으로 어떤 구분이 있는지 의문이 생긴다. 이 질문은 교회 내에 얼마나 많은 '직분'이 있는가에 초점이 있다. 장 칼뱅과 웨스트민스터 총회는 네 가지 직무 즉, 목사/목회자, 박사/교사, 교회 통치자/장로, 집사가 있다고 밝힌다.[17] 더 일반적으로 개혁 신학은 세 가지 직무, 즉 사역자, 장로, 집사를 주장해 왔다.[18] 그러나 일부 개혁 신학자들은 장로와 집사 단 두 가지 직무만 강력하게 주장하며, 장로의 직무를 '가르치는 장로'(목회자)와 '다스리는 장로'로 구분한다. 이 논쟁은 길고 복잡한 역사를 가지고 있으며 큰 열기를 띠었다. 말할 필요도 없이, 모든 입장은 자신의 견해가 성경적이며 교회의 건강에 필수적이라고 생각한다![19]

그러나 교회 직무를 어떻게 나누든지, 신약 성경은 각 교회의 장로들에게 양 무리를 목양하고 감독하는 책임을 부여하고, 가르치는 데 능할 것을 요구했음을 주목하는 것으로 충분하다. 또한 가르치는 데 능한 일부 장로들은 특히 말씀을 가르치는 일에 힘써야 한다고 언급한다(딤전 5:17). '말씀의 사역자'로 구별된 자들은 장로이며, 모든 장로는 목사다.

이제 이 세 가지 핵심 단어에 장로들의 리더십 역할을 더욱 구체화하는 두 가지 단어를 추가해야 한다.

장로는 하나님 백성의 지도자다

로마서 12장 6-8절에서 바울은 교회의 삶에 나타나는 일곱 가지 구체적 은사를 말한다. 그중 하나는 리더십의 은사다. 이 은사를 가진 사람들은 부지런히 이끌어야 한다(롬 12:8). 바울이 '이끌다'로 사용하는 단어는 '프로이스테미'(proistēmi)로, 신약 성경에 여덟 번 등장하며 목양과 매우 유사한 두 가지 의미를 지닌다.[20] 이 단어는 "리더십의 위치에서 무엇을 다스리거나, 이끌거나, 머리가 되는 일"과 "사람들에게 관심을 보이고, 돌보고, 도움을 주는 것"을 의미한다.[21] 목양과 마찬가지로 두 차원은 밀접하게 관련되어 있다. 양 무리를 돌보는 것은 리더십이며, 목양은 리더십을 통한 돌봄이다.

특히 바울은 디모데전서 3장에서 이 단어를 사용해 감독과 집사는 자신의 자녀와 가정을 '다스릴' 수 있어야 한다고 지시한다. 그들이 자신의 가정을 이끌 수 있어야 하는데, 만약 자신의 가정을 이끌 수 없다면 어떻게 하나님의 가정을 이끌 수 있겠는가 하는 말이다. 이 단어는 디모데전서 5장 17절에서도 다시 사용되는데, 여기서 바울은 "잘 다스리는(이끄는) 장로들은 배나 존경할 자로 알되 말씀과 가르침에 수고하는 이들"이라고 강조한다.[22] 데살로니가전서 5장 12절에서 바울은 "형제들아 우리가 너희에게 구하노니 너희 가운데서 수고하고 주 안에서 너희를 다스리며 권하는 자들을 너희가 알고"라고 쓴다.

전체적인 그림은 강력하다. 이끄는 사람들은 열심히 이끌어야 한다는 것이다(롬 12:8). 장로들은 교회를 잘 이끌기 위해 자신의 가정을 잘 이끌 수 있어야 한다(딤전 3:4-5). 만약 그들이 교회를 잘 이끈다면 두 배로 존경받을 가치가 있으며(딤전 5:17), 그들은 주 안에서 이끌기 때문에 존경받아야 한다(살전 5:12).

장로들이 지도자라는 결론에는 이론의 여지가 없다.

장로는 하나님 집의 청지기다

장로직을 이해하기 위한 마지막 핵심 단어는 '청지기'(oikonomos)로, 신약 성경에서 열 번 사용되었다. 청지기 직책은 1세기에도 잘 알려져 있었다. 청지기는 종종 고위급 노예나 하인으로, 다른 노예들이나 집 안의 모든 자산을 포함해 주인의 집 전체를 관리하는 일을 맡았다. 청지기는 "다른 사람의 집을 관리하거나 운영하거나 신탁을 받은 자"[23]다. 이 직위는 신실함과 충성을 요구했다. 부정한 청지기는 예수님이 가르치신 지혜로운 청지기 비유(눅 16:1-8)에서 볼 수 있듯 주인의 사업에 큰 해를 끼칠 수 있었다.

이 단어는 장로에게 요구되는 관리 및 조직 능력뿐 아니라 하나님의 자원을 관리하는 막중한 책임을 강조한다. 때때로 아내와 나는 다른 사람의 집을 돌보는데, 그 책임감은 우리 자신의 집을 돌볼 때보다 훨씬 더 크게 느껴진다. 무엇을 깨뜨리거나 나무 바닥에 흠집이 나거나 문을 잠그지 않고 나가는 일을 더 걱정하게 되는 것이다. 우리는 일어난 일에 대해 주인에게 책임을 질 수 있어야 한다. 장로들도 마찬가지다. 그들은 하나님의 집을 어떻게 관리했는지에 대해 하나님께 책임을 진다(참조. 딤전 3:15).

디도서 1장 7절에서 바울은 감독을 "하나님의 청지기"라고 한다. 이 개념은 디모데전서 3장 4-5절에 반영되어 있는데, 여기서는 감독이 하나님의 집을 관리하려면 먼저 자기 집을 잘 관리할 수 있어야 한다고 말한다. 앞서 보았듯이, **관리하다**라는 단어는 이끌다(*proistēmi*)라는 의미다. 자기 가정을 이끄는 것은 가정의 청지기 역할을 하는 것과 같은 개념이며, 바울은 그것이 장로직에 대한 시험대라고 주장한다.

개인주의적 사고방식을 가진 서양인들은 보통 핵가족을 떠올린다. 하지만 우리는 1세기 가정이 꽤 큰 집단이었음을 기억해야 한다. 아빠는 오전 8시에 출근하고, 아이들은 학교에 가고, 가족이 저녁에 함께 모여 짧은 시간을 보내는 모습을 그려서는 안 된다. 땅 주인에게 더 가능성이 높은 시나리오는 그가 가정에서 일하고, 아내와 자녀들도 그와 함께 종일 열심히 일하는 모습이다. 그는 또한 사업을 위해 일하는 노예들을 두었을 수도 있다. 이것이 교회를 이끌 능력이 있는지를 점검하는 시험대였다. 그가 사람과 시간과 자원을 관리할 수 있을까? 그는 근면하고 질서 있으며 관계가 건강한 가정을 이끌고 있는가? 그는 갈등을 해결할 수 있는가? 반대로 그 사람이 토지 소유자가 아닌 노예이거나 다른 사람의 집의 청지기일 경우, 그는 주인을 위해 가정일을 잘 관리하고 있는가?

신약 성경은 단순히 가정적인 사람을 찾는 것이 아니다. 사람과 자원을 다루는 데 매우 책임감 있는 사람을 찾고 있다. 왜 그럴까? 그것이 장로들이 해야 할 일들이기 때문이다. 그들은 하나님의 가정을 이끌고, 복잡한 대인 관계와 교회의 자원을 감독하며, 교회의 사역 계획을 개발하고 실행하는 데 도움을 주고, 하나님의 가정이 연합되고 질서 있으며 집중할 수 있도록 해야 한다.

리더십의 임무

이 다섯 가지 용어는 모두 교회의 장로들이 '최고 리더'임을 확실히 보여 준다. 그들은 목사가 교회를 이끄는 동안 재산 문제를 감독하는 단순한 관리위원회가 아니다. 또한 목사가 조언을 구하는 자문위원회나 회사를 운영하는 이사회도 아니다. 그들은 공동체의 수장, 양 무리의 목자, 교회의 감독, 하나님 백성의 리더, 하나님 집의 청지기다. 이 모든 것이 리더십을 설명한다.

그러므로 이 시점에서 한걸음 물러나 "리더십이란 무엇인가? 리더는 무엇을 하는가?"라고 질문할 필요가 있다.

당신이 사람들을 산행에 데려갈 계획을 세우고 있다고 가정해 보자. 그들은 한 번도 하이킹을 해 본 적이 없지만 당신은 경험이 있기에 이끄는 것이다. 당신은 어디로 갈지 비전을 제시하고, 그곳이 얼마나 좋을 것인지에 대한 감각으로 동기를 부여해야 한다. 전략을 짜서 언제 갈 것인지, 출발점까지 어떻게 갈 것인지, 얼마나 걸릴 것인지, 어디에 머물 것인지, 무엇을 먹을 것인지, 각 사람에게 어떤 장비가 필요한지를 다 계획해야 한다. 일단 출발하면, 당신은 그룹이 함께하도록 노력하고, 문제가 발생했을 때 해결하며, 날씨를 지속적으로 주시하고, 낙심한 사람을 격려하고, 경치 좋은 곳에서 잠시 멈춰 감상하고, 그룹 내 사람들의 다양한 역량을 활용하고, 적절한 속도를 설정해야 한다. 종착점에 이를 때까지 계속 이런 일을 해야 한다. 그리고 종착점에 이르면 그룹 전체와 함께 이를 축하하기 원할 것이다.

이 시나리오는 장로들이 교회에 제공해야 하는 리더십의 많은 요소를 강조한다. 리더십은 사람들을 어딘가로 데려가는 것이다. 리더들은 어디로 가야 하는지를 알고, 거기에 도달할 방법을 찾는다. 그들은 하나님이 원하는 바를 명확히 인식하고, 그 목표를 향해 나아가기 위한 계획을 세우며, 사람들을 사랑과 명확함으로 도와준다. 그들은 비전을 제시하고, 전략을 결정하며, 적절한 자원을 확보하고, 사람들의 은사를 활용하며, 사람들을 지속적으로 격려하며 동기부여하고, 연합을 위해 노력하며, 문제를 해결하고, 축복을 기린다.

궁극적으로, 목표는 그리스도 안에서의 성숙이다. 바울은 "우리가 그를 전파하여 각 사람을 권하고 모든 지혜로 각 사람을 가르침은 각 사람을 그리스도 안에서 완전한 자로 세우려 함이니"(골 1:28)라고 선언한다. 에베소서에서는 목사와 교사를 주신 목적이 "성도를 온전케 하며 봉사의 일을 하게 하며 그리스도의 몸을 세우려 하심이라 우리가 다 하나님의 아들을 믿는 것과 아는 일에 하나가 되어 온전한 사람을 이루어 그리스도의 장성한 분량이 충만한 데까지 이르리니"(엡 4:12–13)라고 말한다.

이런 영적 리더십에는 두 가지, 즉 경건한 모범과 말씀의 사역이 중요하다. 리더십에 대한 대부분의 정의는 영향력의 중요성에 초점을 맞춘다. 그렉 오그던(Greg Ogden)과 댄 마이어(Dan Meyer)는 "가장 기본적으로 리더십은 영향력이다. 기독교 리더십은 그리스도를 닮은 영향력이다"[24]라고 한다. 이언 제이글먼(Ian Jagelman)은 리더십을 "다른 사람들의 사역을 지휘하고, 영향을 주고, 촉진하는 모든 활동"[25]이라고 정의한다. 해리 리더(Harry Reeder)는 "리더는 다른 사람들에게 정의된 사명을 효과적으로 함께 달성하도록 영향을 미친다"[26]고 지적한다. 리더십 위치에 있지 않아도 영향력을 가질 수 있으며, 리더십 위치에 있어도 영향력이 없을 수 있다.[27]

신약 성경에서 이런 영향력은 본이 되는 것과 불가분의 관계에 있다. 베드로는 장로들에게 말하면서, 지배하지 말고 양 무리의 본이 되라고 촉구한다(벧전 5:3). 지도자는 독재자가 아니라, 의도적으로 그리스도인의 삶과 복음 사역을 본받을 수 있는 환경을 조성하는 그리스도의 경건한 제자들이다.

장로들은 양 무리의 본을 보이면서 계속 말씀을 전해야 한다. 이것은 영적 리더십의 또 다른 중요한 요소다. 복음적 리더십의 핵심은 우리가 만드는 구조와 계획이 아니다. 그것은 목적을 위한 수단에 불과하다. 말씀의 사역이 사람들을 그리스도의 형상으로 변화시키고 성장시킨다. 사람들이 구원받고 거룩해지는 것은 말씀을 통해 성령의 능력으로 이루어진다. 따라서 효과적인 교회 지도자들은 교회 생활 전반에 걸쳐 신실한 성경 사역이 이루어질 뿐 아니라 그 사역을 통해 하나님의 말씀이 사람들의 마음과 삶에 지속적으로 영향을 주도록 열심히 노력한다.

최고 리더의 임명

다음 장에서는 장로들이 실제 최고 리더로서 해야 할 일, 팀으로 함께하는 방법, 교회의 다른 리더들과 관계하는 방법을 더 깊이 탐구할 것이다. 하지만 지금은 한 가지 중요한 사항, 즉 "만약 장로들이 교회의 최고 리더가 되어야 한다면, 우리는 리더십 능력이 검증된 사람을 임명해야 한다"는 점을 인식해야 한다.

디모데전서 3장 1-7절과 디도서 1징 6-9절에 나열된 자격 요건이 주로 개인의 성품 자질과 영적 성숙도에 초점이 맞춰져 있기에, 우리가 살펴야 할 것은 경건이지 은사가 아니라고 생각할 수 있다. 유일하게 필요한 은사는 가르칠 수 있는 능력이라고 종종 말하기도 한다. 바울은 디모데에게 감독은 "가르치기를 잘하며"(딤전 3:2)라 하고, 디도에게는 장로는 "미쁜 말씀의 가르침을 그대로 지켜야 하리니 이는 능히 바른 교훈으로 권면하고 거슬러 말하는 자들을 책망하게 하려 함이라"(딛 1:9)고 한다. 분명한 것은 장로는 신앙을 가르치는 일을 잘해야 한다는 것이다.

하지만 그 은사도 다른 은사들을 함축한다. 장로들은 어떤 오류에 반대하고 어떤 진리를 가르쳐야 하는지 알아야 하므로 지혜와 분별의 은사가 필요하다. 우리는 지혜롭고 분별력 있는 교사를 찾아야 한다. 그러나 이 이상으로 나아가야 한다. 바울이 장로의 인격적 자질과 교육 능력을 강하게 강조한 이유는 경건한 인격, 영적 성숙, 교회의 존경, 말씀의 사역이 있어야만 장로들이 부름받은 일, 즉 교회를 인도하는 소명을 감당할 수 있기 때문이다.

장로들은 은사와 별 상관이 없는 경건한 사람들일까? 그들은 단순히 교회 내에서 경건한 사람들일까? 성경 전체의 그림은 그렇지 않다고 말한다. 그들은 경건하고 성숙하며, 공동체에서 존경받는 구성원이어야 하고, 장로들이 하는 일, 즉 목양하고 교회를 감독하고 하나님의 백성을 이끌고 하나님의 집을 관리하는 일을 할 수 있어야 한다. 로버트 슌(Robert Thune)은 『복음적 장로직』(Gospel Eldership)이라는 저서에서 이렇게 말한다. "신학적 통찰만으로 충분하지 않다. 인격의 깊이만으로 충분하지 않다. 교회의 비전과 사명과 일치된 것으로 충분하지 않다. 다른 리더를 이끌 수 있는 능력과 기술이 있음이 증명되지 않았다면, 그는 하나님의 교회에서 장로로서 이끌어서는 안 된다."[28]

이것은 장로들이 리더십 은사를 가져야 한다는 뜻일까? 우리는 바울이 로마서 12장 8절에서 그 은사를 언급하고, 동일한 단어(프로이스테미)가 장로의 사역을 설명하는 데 사용되는 것을 보았다. 그렇다면 이를 바탕으로 장로들이 리더십 은사를 가져야 한다고 말해야 할까? 의심할 여지 없이 일부 장로는 리더십 기술을 선천적으로 가지고 있다. 그들은 선천적인 리더다. 그들은 쉽게 앞장서고, 다른 사람들은 기꺼이 따른다. 그들은 다가오는 일을 예견하고, 새로운 방식으로 일할 전략을 세우며, 새로운 사역을 시작하고, 다른 사람들을 동원하고, 일반적으로 일을 해내는 능력을 가지고 있다. 이런 사람들은 분명 리더십 은사를 가지고 있다.

하지만 모든 장로가 그래야 할까? 반드시 그렇지는 않다. 어떤 사람들은 선천적인 리더이지만 또 다른 종류의 리더가 있으며, 아마도 더 일반적인 종류는 자연적 리더가 아니라 리더가 되는 법을 배운 사람일 것이다. 그런 사람들은 기꺼이 리더가 되지는 않지만, 주도권을 잡고, 좀 더 전략적으로 생각하며, 다른 사람들을 함께 이끄는 법을 배웠다. 이렇게 계발된 리더십 능력은 종종 다른 사역의 은사에서 비롯된다. 어떤 사람은 아이들과 어울리는 일에 탁월한 은사가 있을 수 있다. 그는 아이들을 사랑하고, 그들과 어울리며, 어린이 사역에 깊이 관여한다. 그 사역에 대한 열정으로 인해 그는 이에 대해 생각하고 독서하고 멘토링을 받고 격려를 받았고, 새로운 아이디어를 떠올리고 사역을 개선하고 싶어 한다. 그래서 어쩔 수 없이 그는 좀 더 주도적인 역할을 맡는다. 시간이 지나면서 그는 점점 더 발전하고 결국 전체 사역을 이끄는 데 꽤 능숙함을 입증한다. 선천적 리더가 아니라, 리더십을 배우게 되었기 때문이다.

우리 모두가 전도의 은사를 가지고 있지 않지만 전도에 적극적이어야 하고, 우리 모두가 환대(손 대접)의 은사를 가지고 있지 않지만 모든 믿는 자를 환대해야 하는 것처럼, 모든 장로가 선천적 리더처럼 리더십 은사를 가지지 않았지만 리더십을 발휘하도록 부름받았고, 리더십 기술과 능력을 계발해야 한다.

장로팀의 일부는 선천적 리더인 것이 바람직하며, 팀의 모든 구성원은 리더십을 배워야 한다. 결국 장로의 사역은 리더십 사역이다. 만약 어떤 사람이 리더십 기질이 전혀 없고, 리더십을 배우지 않았으며, 다른 사역에서도 리더십을 발휘하지 않고, 정말로 리더가 되고 싶어 하지 않는다면 그는 장로직에 적합하지 않다. 그가 매우 경건하고 크게 존경받으며 다른 분야에서 훌륭한 은사를 발휘하더라도 장로직에는 적합하지 않을 수 있다. 최고 리더는 교회를 이끌 수 있는 성숙하고 경건한 사람이어야 한다.

팀 토의

Q1 당신은 교회의 모든 장로를 목사로 생각하는가? 그 생각을 더 분명하게 설명하는 말은 어떤 것인가?

Q2 핵가족과 집 밖에서 일하는 것이 일반적인 후기 산업 사회에서, 자신의 '가정'을 관리하고 이끌고 맡는 일에 해당하는 것은 어떤 일일까? 장로직의 적합성을 검증하는 바른 검증대는 무엇일까?

Q3 당신은 리더십을 어떻게 정의하겠는가? 교회의 리더로서 당신이 맡은 임무는 무엇인가?

Q4 장로에게 입증된 리더십 능력, 경험, 역량이 있어야 한다는 데 동의하는가? 당신이 장로를 임명한다면, 그 요건을 어떻게 평가하겠는가?

3

팀으로 발휘하는 리더십

교회의 팀 리더십은 매우 독특한 역동을 가지고 있다. 이 장에서는 장로 그룹이 교회를 함께 이끄는 방법을 탐구한다. 팀이 움직이는 방식을 생각하고, 장로들과 목사(들)의 관계를 고찰하며, 리더십에서 목자-리더 모델과 기업-거버넌스 모델의 뚜렷한 차이를 관찰할 것이다. 우리의 목표는 지역 교회의 팀 리더십을 이해하기 위한 전반적인 틀을 정립하는 것이다.

"빨리 가고 싶으면 혼자 가고, 멀리 가고 싶으면 함께 가라"는, 출처가 불분명하지만 널리 알려진 속담이 있다.

이 속담은 여러 면에서 교회 리더십을 요약해 준다. 빨리 나아갈 수 있는 단독 리더가 있는 교회는 많다. 그는 마음대로 큰 결정을 내리고, 안건을 정하고, 자신의 비전을 제시하며, 군중을 고무한다. 이런 혁신적이고 민첩하고 카리스마 있는 리더십 스타일 옆에서는 다른 교회들이 어색해 보이고, 바퀴가 너무 천천히 돌아가는 것처럼 보인다. 하지만 이 속담은 혼자서 이끄는 것에 한계가 있음을 암시한다. 빨리 갈 수 있을지 모르지만, 멀리 가는 것이 더 낫다.

장로 집단이 교회를 이끌 때, 의사 결정은 느리겠지만 많은 사람의 지혜로부터 얻는 이점이 있다. 복수의 리더십은 견제와 균형을 제공해, 단독 리더가 감당할 수 있는 것보다 더 많은 영향을 미칠 때 생길 수 있는 어리석음을 피하도록 도움을 준다. 감독이 부족했던 유명한 복음주의 목사들의 사례가 우리 모두에게 심각한 경고가 된다.

리더십에 관한 책은 대부분 단독 리더십 모델을 가정하고 목사가 교회의 최고 리더임을 암시한다. 장로들은 어떤 종류의 책임 기관일 수 있지만 실제로 교회의 리더는 아니라는 것이다. 그러나 성경은 지역 교회의 단독 리더십 모델을 말하지 않는다. 성경에서 장로들은 하나님 백성 공동체의 존경받는 어른들로 구성된 집단 또는 회의로, 백성에게 지혜로운 조언과 방향을 제시하고, 그들을 대변하며, 그들의 영적 안녕을 책임진다. 공동으로 목자, 감독, 리더, 청지기 역할을 하는 그들의 구체적인 사역은 명확한 리더십을 제공하는 것이다.

팀 리더십

2장에서 보았듯이, 리더십은 사람들을 어떤 길로 이끄는 것이다. 리더들은 하나님이 원하는 바에 대한 명확한 인식을 가지며, 그 목표를 향해 나아가기 위해 계획을 세우고, 사람들을 사랑으로 또 명확하게 돕는다. 그들은 목표가 그리스도 안에서의 성숙임을 알고 있으며, 교회 공동체가 그 목표로 나아가도록 필요한 것들을 찾아낸다. 이는 방향 설정, 계획 수립, 의사 결정, 자원 배분, 훈련과 무장, 계속적 지원 등을 포함한다. 이런 리더십 사역은 교회의 건강에 필수적이다. 이런 리더십이 안개를 걷어 내고 명료함을 제공해 준다.

이런 리더십을 제공하는 일은 힘들며, 바로 그렇기에 그 책임이 단 한 사람의 어깨에 지워지지 않는 것이 축복이다. 리더십 사역은 팀 사역이다. 그런데 복수 리더십은 실제로 어떻게 작동할까? 그룹이 어떻게 교회를 이끌까?

우리 아이들이 어렸을 때, 나는 토요일 아침 그들이 하는 유소년 축구를 지켜보곤 했다. 대여섯 살 나이인 이이들 대부분은 포지션 플레이를 전혀 몰랐다. 그들은 공이 있는 곳으로 떼 지어 몰려다녔다. 어떤 아이들은 앞쪽에서 공을 향해 재빠르게 움직였고, 다른 아이들은 가장자리에 서서 공이 가까이 오지 않기를 바라고 있었다. 시간이 지나면서 그들은 포워드, 윙, 센터로 나뉘어 필드 전체에 퍼져 있는 것이 큰 이점이 있음을 배웠다. 이로써 그들은 자신의 강점을 발휘하며 경기 전략을 개발했고, 항상 모든 곳에 있을 필요가 없었으므로 많은 에너지를 절약할 수 있었다.

일부 장로팀이 어린이 축구팀처럼 운영된다. 모든 장로가 기본적으로 다른 모든 장로와 같이 동일한 심방, 동일한 지휘, 동일한 시간 투자 등 동일한 일을 해야 한다. 그러나 모일 때와 교회 생활에 참여할 때 포지션 플레이를 배운다면 전체 게임은 훨씬 나아질 것이다.

함께 모일 때, 장로들은 리더십 역량을 가진 사람들의 그룹으로 모인다. 안건을 논의할 때는 다양한 목소리가 등장한다. 어떤 사람은 사람들에 대한 엄청난 배려와 연민의 마음을 지니고 있다. 모두에게 목자의 마음이 있지만 이 사람은 사람들과 그들의 필요를 독특한 방식으로 이해한다. 또 다른 사람은 날카로운 전략적 사고를 지녔다. 또다른 사람은 세부 사항에 강하며, 누군가는 성경의 대가다. 물론 그들 모두 성경을 잘 알고 있지만, 이 사람은 다른 사람들보다 더 큰 성경적 관점을 제공한다. 팀 리더십 역동의 일부는 다양한 사람들의 다양한 관점이 주는 이점을 배우는 것이다.

성도들 안에 사역으로 나아갈 때, 장로들은 다시 각자의 독특한 은사를 인정하며 그렇게 한다. 대중 연설에 재능 있는 사람은 교회 앞에서 이야기하도록 요청받고, 대인 관계에 뛰어난 은사를 가진 이들은 더 복잡한 목회 상황에 투입된다. 어떤 이들은 사역에 참여할 시간이 더 많은 반면, 어린 자녀가 있는 젊은 아버지는 너무 많은 일을 맡지 않도록 배려받는다. 어떤 이는 청소년 사역에 깊이 관여하고 있어 심방을 아주 적게 할 수도 있다. 또 다른 이, 정말 선천적 리더인 사람은 자신이 매우 즐기는 돌봄 사역에서 물러나 사역의 한 분야를 성장시키기 위한 특정 계획을 개발하라는 요청을 받는다.

장로팀이 이렇게 운영되려면 장로들은 서로를 알아 가는 정직하고 솔직한 시간을 가져야 한다. 나는 고통스러운 팀 빌딩 게임이 아니라 그들의 열정, 은사, 꿈, 두려움, 강점, 악몽에 관한 대화를 제안한다.

그들은 서로 격려하며, 서로에게 그들 자신은 보지 못하는 강점을 알려 주어야 한다. 또한 어떤 사람은 특정 역할에 적합하지 않다고 부드럽게 말해 줄 필요가 있다. 이것은 단순히 영적 은사에 대한 바울의 가르침을 장로들의 집단에 적용하는 것이다. 모두 다 귀인가? 모두 다 손인가? 전혀 그렇지 않다. 하지만 모든 사람은 서로를 필요로 한다.

리더십의 짐을 함께 지는 일은 팀 리더십의 큰 이점 중 하나다. 모세가 하나님의 백성을 이끄는 일이 너무 큰 짐이라고 불평했듯이(민 11:11-15), 단독으로 목회하는 목사는 하나님의 모든 백성을 위한 중재자의 위치에 있지 않더라도 종종 기대의 무게, 어려운 짐, 끊임없는 돌봄의 요구에 압도당한다. 주님은 모세를 돕기 위해 성령 충만한 칠십 장로를 세우셨고, 오늘날 각 교회에는 리더십 부담을 나누기 위해 경건한 사람들을 세우셨다. 목사는 다른 지혜로운 사람들과 모두 문제를 논의할 수 있을 때 큰 안도감을 느낄 것이며, 어떤 중요한 결정도 오로지 그에게만 달려 있지 않고 양 무리를 돌보는 일이 공동 책임이 될 것이다.

팀 리더십은 필수적인 지원을 제공할 뿐 아니라 개인의 자부심과 오만함을 억제한다. 한 사람만이 모든 결정을 내릴 수는 없다. 어떤 아이디어든 팀 전체의 승인을 얻을 만큼 장점이 있어야 한다. 목사들은 기본적 책임을 가지고 있으며, 팀원들은 자신의 의견 외에 다른 사람의 목소리에 귀 기울여야 하고, 자신이 결코 생각해 내지 못했을 아이디어를 고려해야 하며, 개인적으로는 다른 선택을 했을 상황에서도 팀 전체에 양보해야 한다.

팀장

결국, 유소년 축구팀은 주장의 중요성을 깨닫게 된다. 팀에 있는 11명의 소년이 모두 필드에서 결정을 내릴 수는 없다. 누군가는 책임을 맡아야 한다. 장로직의 맥락에서 책임은 팀에 리더십이 주어지며, 이것은 팀이 리더를 필요로 한다는 것을 의미한다.

리더를 흔히 '동등한 사람들 중의 첫째', 즉 유명한 라틴어 문구 '프리무스 인테르 파레스'(*primus inter pares*)로 언급한다. 리더는 다른 사람들보다 더 중요하지 않으며 그의 표가 더 가치 있는 것도 아니지만, 그는 리더들의 리더로 인정받는다. "장로들이 회의하며 함께 행동하고 교회 리더십의 동등한 권위와 책임을 공유하지만, 모든 사람이 재능, 성경 지식, 리더십 능력, 경험, 헌신 면에서 동등하지는 않다."[1] 데이브 하비(Dave Harvey)는 지정된 리더가 없으면 누군가가 필연적으로 리더로 부상할 것인데, 위험은 가장 지혜가 큰 사람이 아니라 가장 목소리가 큰 사람이 될 수 있다는 데 있다고 지적한다.[2]

베드로는 당연히 사도단에서 '동등한 사람들 중의 첫째'였다고 할 수 있다. 그는 종종 가장 먼저 발언하고 가장 쉽게 나서는 대변인이었다.[3] 마찬가지로 바울은 분명 리더들 중의 리더였다. 바울과 같은 사도로부터 교훈을 이끌어 낼 때 조심해야 하지만, 적어도 신약 교회의 모든 리더가 같은 역할을 하지 않았다는 점은 분명해 보인다. 분명 바울은 디모데와 디도와 같은 다른 리더들을 감독했으며, 그들은 여러 장로가 있는 교회에서 두드러진 리더십 역할을 했다.[4] 바울은 또한 바나바와 함께 선교 여행을 할 때 자주 리더 역할을 했다. 알렉산더 스트러크는 교회의 "기둥"이라고 불리는 베드로, 야고보, 요한 등을 포함한 다른 예를 추가한다(갈 2:9).[5]

지역 교회 상황에서 전임 목사나 담임 목사는 일반적으로 장로팀의 팀장 역할을 한다. 그는 전임 사역자로서 그리고 많은 교회의 경우 유일한 전임 사역자로서 상황을 더 지속적으로 주목한다. 설교자로서 그는 교회 생활에서 가장 많은 시간 앞에 나서는 리더십의 시간을 가진다. 그는 보통 더 많은 신학 교육을 받은 장로로서 리더십 문제에 대해 신학적 분별력과 관점을 제공하는 위치에 있다. 목사나 담임 목사는 가장 자연스럽게 팀장의 위치에 선다. 따라서 하비가 관찰하듯이, "교회의 권위는 전체 장로팀에 내재하지만, 지혜로운 장로팀은 겸손한 성품, 리더십의 은사, 공적 시역 기술을 갖춘 사람을 찾아서 담임 목사 역할을 수행하도록 할 것이다."[6]

목사 또는 담임 목사가 이 역할을 맡는 것이 가장 일반적이지만, 목사가 아닌 다른 장로가 팀장이 되는 것이 더 적합할 수도 있다. 가르침과 설교의 은사가 있어서 전임 사역자가 되도록 교회의 지지를 받는 사람도, 팀에서 선천적으로 리더십 은사를 가진 사람이 아닐 수 있다. 장로팀에 전략적으로 사고하고, 미래를 예견하며, 계획을 세우거나 방향을 설정하는 일을 주도할 수 있는 사람이나 팀을 이끄는 기술이 탁월한 사람이 있을 수 있다. 그러므로 장로팀은 누가 팀장이 되어야 할지 솔직하게 대화를 나누어야 한다. 이것은 회의를 주재하는 사람을 의미하는 것은 아니다. 그것은 또 다른 역할이다. 물론 두 역할을 함께 맡을 수도 있다. 또한 누가 가장 좋은 아이디어를 내는가의 문제도 아니다. 전략적으로 사고하고, 신선한 아이디어를 제안하며, 전체 팀이 큰 그림을 보게 하고, 새로운 분야의 사역을 시작하거나, 중요한 신학적 문제를 다루는 능력이 있는 장로가 여러 명 있을 수 있다. 이런 리더십이 많은 것은 큰 축복이지만, 팀은 여전히 리더들의 리더를 필요로 한다.

만약 그 리더가 목사가 아니라면 흥미로운 역동 관계를 협상해야 할 것이다. 목사는 가르치고, 설교하며, 성도를 무장시키는 데 집중할 수 있도록 겸손함과 안정감을 가져야 하며, 다른 사람이 장로팀에서 이끌도록 허용해야 한다. 목사와 팀장 장로 사이에는 높은 수준의 의사소통과 시너지가 필요할 것이다. 누가 어떤 역할을 맡을지, 그리고 두 사람이 어떻게 서로, 그리고 더 넓은 장로팀과 관계를 맺을 것인지 명확한 이해가 필요하다. 명확성이 부족하면 미래에 갈등을 초래할 수 있다.

마찬가지로 교회에 여러 목사가 있는 경우 일반적으로 한 명이 수석 목사로 지정되는 것이 가장 좋다. 그가 다른 사람들보다 더 중요하거나 유능해서가 아니라, 직원팀에도 장로팀과 마찬가지로 팀장이 필요하기 때문이다. 가장 일반적인 시나리오는 주 설교자가 수석 목사이자 장로팀의 팀장 역할을 수행하는 것이다. 그에게 그런 은사가 있다면 그것이 가장 자연스러운 방식이 될 것이다.

그렇다면 팀의 팀장 또는 수석 목사의 역할은 무엇일까? 그는 팀이 하나로 뭉치고, 집중하며, 날카로움을 유지하는 데 도움을 주는 사람이다. 그는 목사들의 목사이자 장로들의 장로로, "전체로서의 다수를 돌보는 독특한 부르심"[7]을 지닌 사람이다. 그는 필요한 대화의 주요 시작자이자 검토해야 할 사항, 고려해야 할 새로운 아이디어의 제안자가 될 것이다. 그는 문제를 해결하는 사람이다.[8]

그러나 리더들의 리더는 선도자여도 고독한 방랑자는 아니다. 의사 결정은 장로팀에 의해 이루어진다. "수석 목사는 장로팀에 대한 지배권을 행사하지 않으며, 자신을 높일 권한을 가지지도 않는다. 그는 독자적으로 행동해서는 안 되며, 자신의 바람에 대한 과도한 존중이 규범이 되는 미묘한 문화를 만들어서도 안 된다. 수석 목사는 개인의 사역이 아니라 팀을 세우도록 부름받았다. 그의 성공은 그의 소셜 미디어 팔로워 수가 아니라 그가 속한 다수의 성숙성으로 측정되어야 한다."[9]

그동안 나는 팀장의 역할을 반복적으로 맡아 오면서, 무엇을 재고하고, 정리하고, 변화시키고, 시작하고 싶어 했다. 그래서 나는 보통 간단한 문서를 작성했다. 시간을 들여 문제를 숙고한 후 내 아이디어를 종이에 적어 장로들에게 주는 것이다. 그다음 일어나는 일은 항상 흥미롭다. 때때로(자주 있는 일은 아니다), 장로들이 그 아이디어를 보고 "정말 훌륭하네요, 그럼 해 봅시다!"라고 말한다. 그러나 더 자주, 장로 중 한 사람이 즉시 "그러면 이건 어떻게 할 겁니까?"라고 묻는다. 그러면 끝없이 생각하고 기도하고 노력했음에도 내가 기본적인 무엇을 완전히 간과했음을 깨닫고 충격을 받는다. 다른 때는 아이디어가 허황된 풍선처럼 받아들여져서, 비유를 섞자면 나는 집으로 돌아가는 길에 겸손의 파이를 먹어야 한다. 하지만 때로는, 그 풍선이 다시 부풀려지기도 한다. 다른 누군가가 그 아이디어를 제시하고 모든 사람이 그것이 훌륭하다고 생각한다. 또다시 겸손의 파이를 먹는다. 아이디어가 추진력을 얻는 데 시간이 필요했거나, 처음 타이밍이 적절하지 않았을 수 있다. 가장 흔한 일은 그 아이디어를 놓고 장기간 숙고, 수정, 개선해 결국 채택하는 것이다. 이것이 리더가 있는 팀 리더십의 유익이다. 결과는 리더가 없는 장로팀보다 낫고, 다른 사람들의 검토나 의견을 받지 않는 단독 리더보다도 낫다.

리더십의 구조

우리는 장로들이 교회 생활에서 최고 리더라는 것과 그들에게 팀장, 즉 리더들의 리더가 있다는 것을 보았다. 이제 많은 질문이 생긴다. 이 리더십 팀은 교회 내의 나머지 부분 그리고 다른 리더들과 어떻게 관계를 맺는가? 그들은 사역팀의 리더들과 어떻게 관계를 맺는가? 목사 또는 수석 목사는 전체 장로단과 어떤 관계를 가지는가? 교회의 내부 구조에서 누가 누구에게 책임이 있는가?

이 질문들은 요약하면 "장로팀은 어떤 종류의 집단인가?"라는 한 문장이 된다. 이 문제를 다루면서 우리가 알아야 할 것은, 성경은 처방이 아니라 우리의 관행을 개발해야 하는 원리를 제공한다는 것이다. 하나님은 그분의 지혜 안에서 우리에게 형식이 아닌 기능을 주셨다. 그분은 우리에게 무엇을 해야 하는지 알려 주셨지만, 정확히 어떻게 해야 하는지는 말하지 않으셨다. 이것은 끔찍한 간과가 아니라 놀라운 자비다. 하나님은 리더십 모델이 교회의 크기, 문화, 역사적 시기에 맞게 조정될 수 있도록 세부 사항에 대해 자유를 주셨다. 성경이 특정 지침을 제공하지 않는 데서는 규정적으로 행동하는 것을 거부하고 하나님이 주신 자유를 허용해야 한다. 동시에 우리는 하나님이 주신 원칙을 신중하게 숙고하지 않고 단순한 실용주의에 빠지는 것도 거부해야 한다.

우리는 장로 제도가 단순히 기업의 구조를 반영하는 경향을 피해야 한다. 기업 모델에서는 장로들을 거버넌스를 책임지는 이사회로, 담임 목사를 CEO로 보고, 일상적인 교회 생활에서 직원 및 교인들 사이에서 일어나는 모든 일을 **운영**으로 간주할 것이다(참조. 도표 3.1).

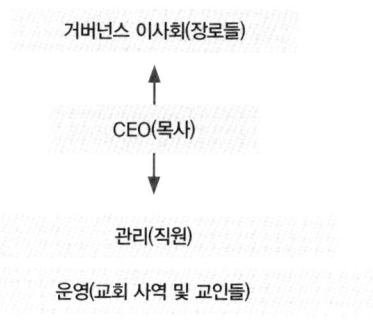

도표 3.1. 기업 교회 모델

분명 교회 리더십의 성경적 모델에 기업 모델의 측면이 포함되며, 또한 좋은 비즈니스 관행이 성경적 원칙을 반영하고 구현하는 중요한 지점도 있다. 그러나 성경적 모델에는 이를 정면으로 뒤집는 역동 관계도 있다. 스트러크는 "이사회 장로"와 "목자 장로"를 구분하며 "현대 교회의 이사회 개념의 장로직은 신약 성경의 장로직 정의와 결코 조화될 수 없다"고 주장한다.[10] 그러면 장로들의 집단이 기업의 이사회와 어떻게 다르며, 목사가 CEO와 어떻게 다르고, 직원과 사역 리더들이 중간 관리자와 어떻게 다르며, 교회 사역과 교인의 참여가 운영과 어떻게 다른가?

장로

장로들은 기업의 이사회처럼 교회의 전반적인 방향을 설정한다. 그들은 결국 일어난 모든 일에 대해 책임을 지는 집단이다. 그들은 교회의 신학, 사명, 전반적인 전략의 수호자다. 그들은 주요 정책 방향을 설정하고, 주주와 이해관계자에게만 책임을 지는 것이 아니라 하나님께 책임을 진다. "그들은 여러분의 영혼을 지키는 사람들이요, 이 일을 장차 하나님께 보고드릴 사람들입니다"(히 13:17, 새번역 성경). 장로들은 많은 시간을 들여 교회 생활의 큰 그림을 보고, 이것이 하나님의 말씀에 부합하며 그리스도께서 주신 사명을 수행하는 데 효과적인지 확인해야 한다.

하지만 유사점이 있는 반면 명확한 차이점도 있다. 거버넌스와 운영의 구분은 교회의 맥락에서는 도움이 되지 않는다. 거버넌스에 대한 성경의 용어는 감독, 목양, 관리(청지기직)다. 장로들은 이사회 이사가 아니라 양 무리의 목자다. 마찬가지로 운영은 교회의 사람과 사역을 설명하기에 부적합하다. 우리의 언어를 '거버넌스와 운영'에서 '목양과 사역'으로 바꾸는 것이 장로들을 올바른 방향으로 인도할 것이다.

기업 모델은 장로들이 교회와 그 사역에서 사람들의 일상생활에 개입한다는 현실에서 가장 결정적으로 뒤집힌다. 이사회 이사들은 운영에 관여하지 않지만, 장로들은 교회의 일상생활에 참여해야 한다. 이것은 리더십 차원에서 문제를 논의할 때는 거버넌스와 운영 사이에 깔끔한 구분이 없다는 것을 의미한다. 그들은 교회 생활, 특정 교인, 직원 문제, 사역 문제에 대해 이야기한다. 그들은 적극적으로 참여한다. 그들은 직접 책임을 진다.

교회의 규모는 이것이 실제로 이루어지는 방식에 엄청난 영향을 미치므로 나중에 구조와 규모 문제를 다룰 것이다. 그러나 교회 규모를 떠나서 장로들은 고차원적 계획뿐 아니라 사람들과 일상 사역에 관심을 갖는다. 그들은 양 무리의 목자로서 교회 내 개인에 대한 직접적인 책임을 지며, 그 책임을 단순히 목사와 사역 리더들에게 넘길 수 없다. 제러미 린(Jeramie Rinne)이 올바르게 관찰했다. "문자 그대로 목자들이 자신의 양 무리와 함께 살고 자신의 양을 아는 것처럼, 그리고 예수님이 제자들과의 관계에 깊이 몰두한 것처럼, 장로들은 교인들과 삶을 나눈다."[11] 그는 계속해서 이렇게 말한다. "반대로, 장로-이사 모델로 운영하는 감독은 사람들 속에 있을 필요가 없다. 그들은 월례회의에 참석하고, 이사회 토론에 참여하고, 투표를 하고서는 자신의 임무를 다했다고 만족스러워하며 귀가할 수 있다."[12]

성경의 모델은 정말 매우 아름답다. 궁극적인 권위를 가진 사람들이 자신이 감독하는 사람들의 삶에 깊이 관여한다. 그들을 사랑하고 돌본다. 그들의 이름을 안다. 그들은 단순한 관리자가 아니라 목자다.

그러나 세부 목양이 세부 관리가 되어서는 안 된다. 이것은 세부 목양에 대한 생각 없는 접근에서 발생하는 위험 중 하나다. 장로들이 개인의 삶에 관여하고 교회의 사역에 참여하기에, 장로 회의에서 그들은 세부 관리로 기울어질 수 있다. 이와 관련된 위험은 책임의 경계가 모호해질 수 있다는 것이다. 두 문제 모두 신중하게 관리해야 하지만, 무관심하고 괴리된 장로직보다는 위험을 관리하는 것이 더 낫다.

(수석) 목사

성경의 장로직 모델에서 목사 또는 수석 목사의 역할은 무엇이며, 그가 하는 일은 CEO가 하는 일과 어떻게 다른가? 장로들이 이사회가 수행하는 일부 기능을 담당하는 것처럼, 목사들도 일반적으로 CEO가 수행하는 일부 기능을 맡는다. 많은 교회에서 목사가 유일한 전임 직원이라는 사실만으로, 그가 장로들이 내린 많은 결정을 수행하며 자연스럽게 교회 생활에서 매일 일어나는 일에 가장 정통한 사람이 된다. 그는 많은 사역 문제를 장로들에게 보고하며, 일반적으로 다른 직원들을 감독하는 데 가장 적합한 인물이 될 것이다.

그러나 CEO 모델은 다시 뒤집힌다. 이는 목사가 장로들 중 한 사람(기업 모델의 이사 중 한 명)으로, 다른 장로들의 투표권과 동등한 투표권을 가지기 때문이다. 게다가 다른 장로들도 사람들의 삶과 교회 사역에 관여하므로 그는 결코 사역에서 정보를 감독 수준으로 전달하는 유일한 통로가 아니다. 또한 그가 전략 계획을 실행하는 유일한 책임자도 아니다. 교회의 사명은 공동의 책임이다.

이 점이 좋은 것은 교회의 건강이 한 사람에게 의존하지 않는다는 것이다. 많은 교회에서 전체 사역의 건강이 목사에게 달려 있다. 그래서 그가 떠나면 모든 것이 중단되고, 그가 바뀌면 모든 것이 바뀐다. 그가 잘하면 교회가 성장하고, 그가 능력이 부족하면 별로 되는 일이 없다. 이런 모델에서는 CEO 유형에 맞는 목사를 선택하고 싶은 유혹이 크다. 그가 기도와 말씀의 경건한 사람인지, 사랑이 많은 목자인지, 영혼에 관심이 있는 사람인지, 온유하고 겸손한 종인지는 상관이 없다. "무언가 일을 해낼 사람을 찾지!"

그러나 'CEO 목사' 모델을 버린다면, 목사가 자신의 은사를 사용해 다른 사람들을 세워 주는 많은 사람 중 하나가 되는, 성경적 몸의 그림으로 돌아간다. 그는 교회 생활에서 특별한 존재가 아니라 주님이 능하게 하시는 대로 몸을 섬기는 평범한 성도다. 그는 우상화될 가능성이 적고, 그의 죄가 교회를 무너뜨릴 가능성도 적으며, 그가 떠날 때 교회가 대규모 변화를 겪을 가능성도 낮다.

폴 트립(Paul Tripp)은 목사가 다른 모든 사람에게 조언하는 방식과는 반대로 사는 목회 문화의 아이러니와 위험성을 설파했다.[13] 그는 편애한다는 비난을 피하기 위해 교인 중에 가까운 친구를 두지 않는다. 그는 자신의 권위가 흔들릴까 두려워 다른 사람에게 자신의 죄를 고백하지 않는다. 그는 모든 사람을 감독하기 때문에 소그룹에 들어가지 않는다. 목사와 그의 아내는 "목회적 분리와 고립" 속에서 사는데, 이 것은 "성경적이지도 않고 영적으로 건강하지도 않다."[14] 그러나 목사가 조직도에서 자신만의 영역에 있지 않는다면 이런 위험은 상당히 줄어들 수 있다.

CEO가 되는 데서 벗어나면, 목사들은 자신의 독특한 소명에 더 충분히 헌신할 수 있다. 그들은 기도와 말씀의 사람으로 살아갈 수 있다. 그들은 양 무리를 풍성하게 먹이기 위해 성경을 깊이 탐구하는 데 더 많이 시간을 쏟을 수 있다. 그들은 주로 교회를 운영하거나 모든 돌봄을 하는 것이 아니라, 사도들이 그랬던 것처럼 기도와 말씀의 사역에 자신을 헌신한다(참조. 행 6:4).

필 뉴턴(Phil Newton)과 맷 슈머커(Matt Schmucker)는 장로팀에서 수석 목사의 역할을 다음과 같이 요약한다. 첫째, "그는 연구, 기도, 준비, 선포, 가르침에 많은 시간을 할애한다."[15] 둘째, "그는 정책을 입안하고, 변화를 만들고, 사역을 지시하며, 교회 공동체의 필요에 주의를 기울이는 데 가장 좋은 위치에 있으므로"[16] 리더들의 리더다. 따라서 수석 목사는 일반적으로 장로들 가운데서 핵심 기여자일 뿐 아니라 교회의 사역 리더들의 핵심 리더가 될 것이다. 모든 사역 리더가 반드시 그에게 보고하지는 않지만, 그는 건강한 사역 문화가 자리 잡게 하고 리더들에게 적절한 감독과 지원이 제공되도록 할 책임을 진다. 그는 또한 교회의 전반적인 사역 구조가 효과적으로 운영되도록 하는 책임을 맡는다.

셋째, 그는 독특한 설교 소명, 즉 모든 장로가 공유하지 않는 소명을 가지고 있다. 넷째, "수석 목사는 교회를 다루는 중요한 위치 기반이 있지만, 동료 장로들도 함께 사역하고 있다는 지식을 가지고 그렇게 한다."[17] 보통 이 기반은 장로들의 지원과 함께 수석 목사를 교회의 사명과 비전을 설득력 있게 제시하는 주된 책임자로 간주한다.

사역 리더들

비기업 모델은 또한 사역 리더와 (큰 교회의 경우) 교회 직원들[18]이 일하는 방식을 변화시킨다. 장로들이 사역에 참여하는 것처럼, 이들도 사역 분야를 이끌거나 스태프로 참여한다. 기업 모델에 있던 거버넌스와 운영 사이의 확실한 경계가 사라진다.

사역 리더나 직원은 함께 모여 기도하고, 계획하고, 전략을 세우고, 조직한다. 아마 그들은 장로들보다 더 자주 모일 것이다. 그들은 교회 생활의 일상적인 흐름을 잘 알고, 사람들과 더 많은 시간을 보내기 때문에 그들의 삶에서 무슨 일이 일어나고 있는지를 더 잘 알 수 있다. 더 큰 교회에서는 그들이 사역 및 교회 프로그램을 개발하고 감독하는 주된 역할을 한다. 그러나 그들은 장로들 아래에서 섬긴다. 장로들이 그들의 사역을 최종적으로 감독한다.

사역 리더나 직원은 자신의 사역을 교회의 신학적, 문화적, 사역적 가치와 일치시키기 위해 노력한다. 그들은 장로들이 자신의 사역 영역에 관심을 가지고 정기적으로 검토하는 것을 환영할 것이다. 그들은 중요한 계획과 과정을 입안하여 장로들에게 제출해 성장이나 변화와 개발을 위한 중요한 아이디어를 검토하게 한다. 그들은 종종 개인적으로 또는 그룹으로 장로들과 만나 특정 사역 분야에 대해 논의할 수 있다.

또한 장로들은 핵심 직원 및 사역 리더들과 교류해야 한다. 교회 생활을 살필 때 장로들은 현장에서 활동하는 사람들의 지혜와 통찰을 활용해야 한다. 그들은 상명하복의 자세로 목양하지 않도록 주의해야 한다. 그들은 성도들이 사역을 위해 무장되도록, 특히 사역을 이끌고 있는 성도들을 무장시키도록 하는 소명을 받았다. 장로들은 그런 지도자들을 지원하고, 격려하고, 감독하고, 자원을 제공하기 위해 존재한다.

장로들은 교회의 신학, 사명, 비전, 가치를 명확하게 함으로써 사역 리더와 직원들을 지원한다. 장로들은 그들과 함께 기도한다. 그들에게 큰 책임을 맡긴다. 그들을 비현실적인 기대로부터 보호한다. 때로 예산, 인력, 방향에 대해 어려운 요구를 해야 한다. 그리고 사역을 감독하면서, 사역 영역에 집중할 수 있도록 돕는 심도 있는 질문을 사역 리더들에게 제기해야 한다.

대형 교회에서 장로와 직원의 책임 관계를 명확히 하기는 어렵다. 가장 중요한 요소는 명확하게 의사소통하고 책임의 경계를 설정하는 것이다. 사역 리더가 장로와 상의하지 않고 할 수 있는 일은 무엇이고, 장로들의 검토를 거쳐야 할 일은 무엇인가? 누가 리더나 직원을 임명하는가? 개별 사역 리더나 직원은 누구에게 보고해야 하는가? 이 역시 신약 성경이 설명하지 않은 영역이다. 장로들은 명확성을 확보해 특정 상황에서 무엇이 최선이며 성경의 원칙에 부합하는지를 결정해야 한다.

교인과 사역

기업 모델에서 비즈니스는 고객에게 봉사하고 주주 및 이해관계자를 만족시키기 위해 존재한다. 안타깝게도 일부 교회가 이와 동일한 방식으로 운영된다. 교회에 다니는 사람들은 고객 관리 면에서 높은 기대를 가지고 있다. 그들은 전문적인 예배 서비스, 훌륭한 시설, 매력적인 프로그램을 기대한다. 만약 서비스가 만족스럽지 않다면 그들은 아마 다른 곳으로 떠날 것이다. 그러나 성경적 모델에서 교회는 소비자가 아니라 교인(회원)으로 구성되며, 교인은 사역자다. 그들은 자원봉사자로 교회의 사역을 이끌고 섬긴다. 이들은 수동적인 소비자가 아니다. 그들은 교회의 삶과 사역에 방대한 시간, 열정, 기술을 투입한다.

여기서도, 기업 모델이 뒤집힌다. 목자-장로는 양들을 행복하게 하는 명령을 받은 것이 아니라, 양들을 무장시켜 교회 안에서 그리고 그들의 삶 전체에서 섬기는 일을 하게 만들라는 명령을 받는 사람이다. 그들은 양들을 사역으로 이끌어 그들의 은사, 아이디어, 자원을 활용하게 해야 한다. 목자-지도자들은 단순히 양들에게 좋은 서비스를 제공하는 것이 아니라, 그들을 사랑하고 먹여서 그들이 무장되어 하나님이 그들을 위해 준비한 선한 일을 할 수 있게 해야 한다(엡 2:10). 그들은 양들을 지켜보고, 보호하며, 가르치고, 인도할 의무가 있다.

교회 이끌기

우리는 기업 이사회 모델과는 근본적으로 다른 교회 구조의 모습을 살펴보았다(참조. 도표 3.2). 하지만 가장 큰 질문은 이것이 도대체 어떻게 작동할 수 있는가다. 이것은 좋은 거버넌스의 일반적인 규칙을 모두 깨뜨리기 때문이다. 기업 분야 출신의 장로들은 종이에 그려진 이 도표를 보면 심장이 멎을 듯할 것이다.

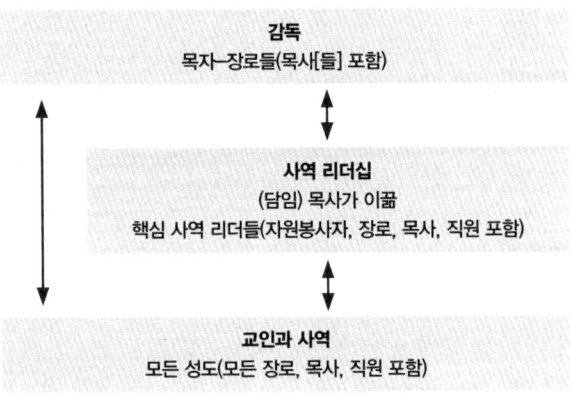

도표 3.2. 성경적 장로 모델

이 모델을 작동시키는 것은 단 한 가지, 그리스도의 마음이다. 바울은 빌립보 교인들에게 우리가 그리스도의 마음을 가지고 있다고 말했는데, 이것은 본질적으로 하나님의 본체이시지만 자기를 낮추고 비우셔서 종의 형체를 취하신 분의 태도를 말한다. 그분은 낮아짐과 죽음을 당하셨다. 그는 세상이 인정하는 통치와 권위의 패턴을 뒤집으신다. 우리가 그리스도와 같은 겸손과 서로에 대한 깊은 사랑을 실천할 때에만 이 모델이 작동함을 알게 될 것이다. 지도자가 종이 되고, 통치하는 사람이 섬기는 사람이 되는 것이 가능하다. 한 사람이 아닌 많은 사람에게 의존하는 교회 모델을 갖는 것은 좋고 옳은 일이다. 여기서는 의사 결정이 공유되고, 고위 리더십이 현장에 있는 사람들을 사랑하고 돌보며, '다스리는 자'가 종이 된다.

물론 이것은 절대적인 혼란이 될 수도 있다. 장로들이 경건하지 않으면 그렇게 될 것이다. 또 이런 방식이 명확하고 질서 있게 관리되지 않으면 재앙이 될 것이다. 그렇다고 구조, 명확한 보고 체계, 직무 기술, 구체적인 책임 한계를 없애서는 안 된다. 오히려 좋은 관리가 그 어느 때보다 필요하다. 이후에 구조 문제를 다시 다룰 것이다. 단지 모든 일이 전형적인 기업의 방식을 따르지는 않는다는 것이다. 복음의 방식을 따르는 것이다.

다른 리더들과 함께하는 리더

우리가 지역 교회를 이끄는 리더십인 장로들에 초점을 맞추고 있지만, 예수 그리스도의 교회는 우리 지역 교회보다 훨씬 크다는 것을 잊어서는 안 된다. 목사가 외로운 방랑자가 되어서는 안 되고 장로들의 팀과 함께해야 하는 것처럼, 지역 교회의 장로팀도 다른 리더십 팀과 분리되어 운영되어서는 안 된다. 신약 성경은 교회가 독립적으로 운영되지 않았고, 상호 협력과 지원과 책임성을 지녔다고 그린다. 신약 성경은 항상 교회들이 함께 일하는 모습을 보여 준다. 우리는 여러 교회가 함께하는 리더들의 네트워크를 발견하고, 모든 교회를 위해 만들어진 원칙(예. "모든 성도의 교회", 고전 14:34), 교리 및 복음 생활의 주요 문제에 대한 공동의 결정(예. 예루살렘 공의회, 행 15장), 특정 도시의 가정 교회들이 함께 일하는 모습, 공동 사역과 사역 파트너십(예. 예루살렘의 가난한 사람들을 위한 여러 교회의 헌금), 다른 교회가 하는 일에 도전을 받는 교회들(예. 고후 8:1-2)의 모습을 본다.

물론 이런 모습은 교회 네트워크와 교단에 관해 온갖 질문이 쏟아지게 하지만 그것은 이 책이 다루는 범위 밖이다. 하지만 다른 교회와의 관계 문제는 지역 교회의 장로들이 반드시 다루어야 할 문제다. 강하고 건강한 교단에서는 복음 사업을 위한 지원, 교리 및 실천 분야의 의사 결정을 위한 지혜와 통찰 공유, 정규적 교회 생활 속 상호 격려와 지원, 지역 교회 목사와 지도자들에 대한 책임이 크게 강화된다. 교단의 구조는 복음의 에너지와 시너지를 증가시킬 수 있는 잠재력을 창출할 뿐 아니라, 문제가 발생할 경우 필요한 프로세스, 구조, 지원, 협조, 징계 절차를 제공한다.

안타깝게도 일이 잘못될 수 있다. 좋은 사람들도 문제를 다루는 방법에 대해 의견을 달리한다. 목사와 장로들이 때때로 갈등을 겪는다. 권력 다툼이 발생할 수 있다. 장로팀이 때때로 분열되기도 한다. 스캔들이 발생한다. 우리는 원하지 않지만 이런 일은 발생한다. 이런 일이 발생할 때, 지역 교회의 장로팀이 고립되지 않은 상태이면 큰 도움이된다. 지역 교회는 그 장로들이 여러 교회를 아우르며 교회의 유일한 머리이신 그리스도를 섬기기 위해 일하는 더 큰 지도자팀에 소속되어 있을 때 더욱 강해진다.

팀 토의

Q1 팀의 역할 분담(포지션 플레이)에 대해 토의해 보라. 선천적 리더는 누구인가? 팀장은 누구인가? 여러분의 독특한 은사는 무엇인가? 각각의 은사가 팀에 어떻게 기여하는가? 서로의 강점은 무엇이며 그 강점이 최대한 활용되는지 확인하며 서로 격려하는 시간을 가지라.

Q2 리더십 구조를 종이에 그려 보라. 기업 모델의 요소를 채택한 부분은 무엇이며 그것은 적절한가? 장로, 목사, 직원, 사역 리더는 서로 어떻게 관계 맺는가? 보고와 책임 체계는 어떻게 이루어지는가? 변화가 필요하거나 더 명확해져야 할 부분은 무엇인가?

Q3 장로팀으로서 다른 교회와의 관계는 얼마나 견고하고 상호적이며 도움이 되는가? 만약 외부 도움이 필요할 경우 어디로 향할 것인가?

4

새로운 리더 양성하기

장로가 교회의 최고 리더라면, 우리는 장로직에 적합한 사람들을 양성하는 데 주의를 기울여야 한다. 이 장에서는 성경에 근거한 장로의 직무 기술을 시작으로, 하나님의 은혜로 많은 장로뿐 아니라 경건하고 성경에 신실하며 복음적 마음을 가진 수많은 교인을 배출할 교회 생태계를 역추적하여 설명할 것이다. 리더십 경로의 필요성을 살펴보고, 검증된 리더들이 장로직이라는 특정 임무를 준비할 수 있도록 과정 중심이 아닌 대화 중심적 접근 방식을 살펴볼 것이다.

예수님은 한 비유에서 잃은 양 한 마리를 찾기 위해 아흔아홉 마리 양을 두고 떠나는 목자의 이야기를 들려주신다. 이는 목자─리더의 우선순위를 강력하게 말해 준다. 그러나 목자들이 잃은 양을 찾으려면 먼저 교회가 목자들을 찾아야 한다. 우리는 장로가 하나님 백성의 목자, 감독, 리더, 청지기라는 것을 보았다. 그런데 좋은 목자─리더를 어디에서 찾을 수 있을까? 현재와 미래를 위해 어떻게 장로를 충분히 양성할 수 있을까?

교회가 충분한 리더를 찾기에 어려움을 겪을 때, 빠른 해결책을 사용하고 싶은 유혹을 물리쳐야 한다. 목사를 양성하거나 장로를 키우는 데는 수년이 걸린다. 몇몇 사람이 나타나 몇 달 후면 섬길 준비가 되기를 바라면서 속성 과정을 운영하는 것으로는 문제를 해결할 수 없다. 장로를 포함한 복음 사역자를 양성하는 것은 장기적인 게임이다. 나는 집에서 나무 심기를 주저할 때가 있는데, 그것은 나무가 자라는 데 오랜 시간이 걸리므로 내가 제대로 자란 나무를 볼 수 없을 수 있음을 알기 때문이다. 얼마나 근시안적인 생각인가? 나는 볼 수 없더라도 다음 세대 사람들이 보며 즐길 수 있다. 마찬가지로, 교회가 시간이 지나면서 복음 사역자를 많이 배출하는 교회 환경을 만드는 힘든 일을 회피하는 것 역시 근시안적인 생각이다.

수준 높은 리더가 부족한 것은 일반적으로 교회의 체계적 문제를 보여 준다. 우리는 성숙하고 경건하고 준비된 남자들이 교회를 이끌고자 하는 의지가 부족한 깊은 이유를 조사해야 하며, 그런 다음 열정적인 복음 사역자를 충분히 배출하는 교회 생태계를 개발해야 한다. 좋은 장로를 생산하는 데 필요한 시스템은 복음 사역과 사역 리더십이 될 남자와 여자와 아이들을 배출한다.

이 중대한 필요를 해결하려면 최종적으로 우리가 얻고자 하는 것을 분명히 정하고, 그 목표로부터 거꾸로 사역에 준비된 리더들을 풍부하게 공급할 수 있도록 사역 체계를 세워야 한다.

장로의 직무 기술서

잘 준비된 장로는 실제로 어떤 일을 하는가? 역할이 명확한 것이 매우 중요하다. 장로가 해야 할 일이 무엇인지 모르면 어떻게 장로를 하고 싶어 할 수 있겠는가? 그 임무에 대한 이해가 부족하면 엉뚱한 사람들을 끌어들이거나 적합한 사람들을 물리칠 수 있지 않겠는가? 장로가 목자, 감독, 리더, 청지기가 되라는 성경적 부르심에 뿌리를 두고 장로들의 다양한 은사, 능력, 시간 가용성을 유연하게 수용할 수 있는 기본적인 직무 기술서가 필요하다. 장로들은 어떤 일을 하는가?

첫째, 장로는 자신을 목양해야 한다

장로의 핵심 임무는 자신의 영적 삶과 하나님과의 관계를 의도적, 지속적으로 가꾸어 양 무리의 본이 되는 것이다. 그렇다. 직무 기술서의 일부는 영적으로 계속 성장하는 것이다. 바울은 디모데에게 "말과 행실과 사랑과 믿음과 정절에 대하여 믿는 자에게 본이 되[라]"(딤전 4:12)고 지시했다. 이것은 자신과 자신의 가르침을 면밀히 살피는 것을 필요로 했다(딤전 4:16). 마찬가지로, 에베소 장로들은 양 무리뿐 아니라 자신들도 살펴야 했다(행 20:28). 리더인 우리는 우리의 리더이신 예수 그리스도를 잘 따르고, 그분께 귀 기울이고, 그분을 관찰하고, 그분께 순종하며, 그분을 신뢰해야 한다. 예수님이 단순히 우리 사역의 주제가 되어서는 안 되며, 우리 개인의 소중한 구주이자 주님, 구속자이자 친구가 되어야 한다.

장로들은 기도와 말씀의 사역을 맡으므로, 그들 자신이 기도와 말씀의 사람이어야 한다. 기도의 사람으로서 그들은 자신, 가족, 일, 친구, 이웃, 국가, 세계를 위해 정기적으로 기도하는 습관을 기르는 것이 중요하다. 그들은 특히 교회를 위해 기도해야 한다. 우리는 계획, 전략, 활동으로 바쁘게 지내면서 하나님께 우리가 하는 일을 축복해 달라고 기도하기 쉽다. 그러나 예수님은 "나를 떠나서는 너희가 아무것도 할 수 없음이라"(요 15:5)고 하셨다. 그분의 능력과 임재가 없다면, 우리의 모든 리더십 활동은 전혀 열매를 맺지 못할 것이다. 기도는 우리의 리더십 노력의 보충이 아니라 핵심이어야 한다.

말씀의 사람으로서 우리는 다른 사람들을 먹이기 전에 먼저 우리의 영혼을 먹여야 한다. 성경이 하나님의 주권적 능력과 아버지의 무한한 사랑, 예수님의 은혜롭고 강력한 구원 사역, 성령님의 임재와 능력을 우리에게 끊임없이 상기시켜야 한다. 우리가 말씀에 깊이 잠길수록 복음은 우리에게 점점 더 소중한 존재가 될 것이다.

기도와 말씀의 사역과 더불어 우리는 내면의 진실성을 길러야 한다. 사람들은 믿을 수 있고, 진정성이 있으며, 진솔한 리더를 따른다. 물론 우리는 사람들이 알든 모르든 하나님으로 인해 내면의 진실성을 기르는 것이 필요하지만, 우리가 이끄는 사람들을 위해서도 필요하다. 저명한 기독교 리더들이 충격적인 죄에 빠져 추종자들을 황폐하게 한 일이 너무도 많다. 이런 일은 그들의 믿음과 신뢰를 흔든다.

리더들이 진실성으로 가득할 때는 얼마나 다른가. 당신은 그들이 하는 말을 믿게 된다. 그들 주변에서는 안전함을 느낀다. 그들을 기도,

믿음, 경건의 본으로 존경한다. 그들이 열심히 일하는데 돈, 권력, 명예를 위해서가 아님을 안다. 이것이 바울이 데살로니가 교인들에게 제시한 모델이었다. 데살로니가에서 어떤 종류의 사역을 했는지 쓰면서 그는 순수한 동기, 즉 사람들의 칭찬을 구하지 않으며, 이끄는 사람들에게 짐이 되지 않고, 어머니처럼 온유하고, 아버지처럼 격려했으며, 열심히 일했고, 거룩하고 흠 없는 삶을 살았다고 말한다(참조. 살전 2:1-16).

장로팀은 이 모든 것을 위해 지원하고 책임지는 장소를 제공해야 하며, 장로들이 함께 나누고 기도할 수 있는 시간을 정해야 하고, 서로 도전하고 격려해 불꽃이 계속 타오르도록 해야 한다.

둘째, 장로는 다른 사람들을 목양해야 한다

앞에서 이미 장로들은 격리된 이사회 구성원이 아니라 양 무리의 적극적 구성원으로, 자신의 사역 은사에 따라 교회 생활에 참여해야 한다고 강조했다. 현장에서, 매일의 교회 생활에서 장로들은 성도들을 사랑하고 돌보며 무장시켜야 한다. 다음 장에서 이것이 무엇을 의미하는지 자세히 설명하겠지만, 지금은 장로 직무의 중요한 차원 중 하나가 사람들과 함께하는 시간이라는 점만 간단히 언급하겠다. 목자들은 양들 가운데 있으면서, 말씀으로 양들을 먹이고, 그들의 안녕을 살피고, 함께 기도하며, 그들이 그리스도를 따르도록 격려해야 한다. 목자-장로들은 들어주고, 격려하고, 나누고, 가르치며, 때로는 온유하게 그리스도의 양 무리 구성원을 훈계한다.

이런 목회 활동은 장로의 은사와 기회에 따라 다양한 환경에서 이루어진다. 사역팀 안에서, 소그룹에서, 멘토링 관계에서, 손 대접(환대)의 기회를 통해, 교회 구성원들과의 즉흥 대화 중에 장로들은 늘 신실한 목자가 되기 위해 노력한다. 장로들의 모임은 또한 상호 격려와 책임의 장소가 되어, 장로들이 개인적으로 양 무리에 관여하고 양 무리 관리소의 원격 관리자가 되려는 경향을 부지런히 피하도록 돕는다.

셋째, 장로는 전체 교회를 목양해야 한다

장로들은 항상 개별 양들을 돌보는 경향이 있지만, 그들의 가장 중요한 부르심은 양 무리 전체를 목양하는 것이다. 현실적으로 이 일은 주로 회의에서 이루어진다. 목양, 감독, 청지기직을 위해 장로들은 함께 기도하고, 생각하고, 계획하고, 결정을 내리며, 방향을 설정하도록 모여야 한다.

장로들의 모임에서는 다양한 목소리, 다양한 관점, 그리고 철이 철을 날카롭게 하는 팀 리더십의 역동이 기초가 된다. 그러므로 장로 직무 기술서의 일부는 이 같은 대화를 잘 준비하는 것이다. 문서를 읽고, 아이디어를 고려하며, 활발한 상호 작용을 위한 시간을 확보해야 한다.

장로들은 교회에 지혜로운 조언을 하도록 부름받았으므로, 그들은 당면 문제가 신학적인 것이든 목회적인 것이든 실제적인 것이든 상관없이 멈추어 생각하고 기도하며 깊이 숙고해야 한다. 모든 장로는 이런 대화에 적극 참여해 다양한 목소리와 관점이 들리게 해야 한다. 다음 장에서 살펴보겠지만, 장로들의 회의는 교회 생활과 복음 사역에 대한 활발하고 정직한 대화가 되어야 한다.

어떤 사람을 찾을 것인가?

장로의 직무가 자신을 목양하고, 사람들을 목양하고, 교회 전체를 목양하는 것이라면, 다음으로 질문해야 할 것은 "이를 수행하기 위해 어떤 사람을 찾아야 하는가?"다. 감사하게도 신약 성경은 우리가 방황하도록 내버려두지 않는다. 지역 교회 장로에게서 찾아야 할 자질에 대한 명확한 지침을 제공하는 것이다. 바울은 디모데전서 3장과 디도서 1장에서 장로로 섬길 준비가 되어 있는지를 보여 주는 구체적 지표 24가지를 제시하는데, 이를 세 가지로 그룹화할 수 있다.[1]

첫째, 경건함과 영적 성숙을 찾는다

바울이 장로는 갓 개종한 사람이 되어서는 안 된다고 강조할 때, 그가 말한 것은 반드시 개종자여야 한다는 것이다. 그의 삶은 복음에 의해 변화되었고, 자신의 삶에서 하나님의 은혜를 증언할 수 있어야 한다. 예수님의 헌신된 제자로서 그는 선한 것을 사랑하게 되었다. 그는 정직한 사람으로 알려져 있다. 그는 자신을 잘 통제해 돈, 술, 분노에 지배받지 않는다. 그는 가정에서 경건해 아내에게 신실하고 자녀와 가정을 잘 이끈다. 그는 다른 사람과 잘 지내며, 환대를 실천하고, 모든 사람에게 온유와 존중을 나타낸다. 그는 억압적이지 않고 성급하지 않다(참조. 딤전 3:1-8).

이 모든 것으로 인해 그는 존경받고 교회 내부와 외부에서 좋은 평판을 얻는다. 그는 '책망받을 것이 없는' 존재(딤전 3:2)인데, 이는 그에 대해 합리적인 비난도 제기될 수 없음을 의미한다. 그는 다른 사람들이 존경하고 조언을 구하는 사람이다. 지혜롭다고 여겨지며, 경건한 조언을 구하기 위해 찾을 만한 사람이다.[2]

이런 특성을 보는 두 가지 방법이 있다. 한 가지 관점은 이 종류의 특성을 소수의 사람만 도달할 수 있는 엄청나게 높은 기준으로 보는 것이다. 자신의 죄성과 많은 실패를 알고, 종종 경건하지 않고 거룩하지 않다는 것을 인식하며, 내면의 생각과 동기가 세상 가치관에 의해 너무 자주 타락한다는 것을 인정하기에 우리는 금세 자신이 이 임무에 부적합하다고 생각한다. 이 목록을 보고 자부심을 갖기보다는 겸손해지는 것이 마땅하다.

하지만 또 다른 방법이 있다. 도전적이긴 하지만, 이 목록은 여러 면에서 특별하지 않다. 이것은 본질적으로 모든 그리스도의 제자의 소명이다. 이 중에서 다른 믿는 이들에게는 중요하지 않다고 할 수 있는 것이 무엇인가? 교회의 다른 사람들이 인내하지 않는 것, 환대하지 않는 것, 쉽게 화내는 것, 논쟁적인 성격, 돈을 사랑하는 태도 등이 용납될 수 있는가? 교회는 이런 사람을 찾을 때 희귀한 그리스도인 슈퍼맨이 아니라 그리스도께 진정으로 헌신해 그분을 기쁘시게 하는 삶을 살고자 하는 많은 교인 중 한 사람을 찾아야 한다.

그러면 질문은 "어떻게 많은 경건하고 헌신적인 그리스도인을 양성할 것인가?"가 된다. 어떤 복음 생태계가 이런 남녀와 젊은이와 어린이들을 배출하는가? 그 답은 간단하다. 제자 훈련에 진지한 교회에서 찾을 수 있다. 사람들을 하나님의 말씀으로 인도하고, 개인과 가정과 교회의 성경 공부를 장려하는 교회다. 기도 생활을 당연한 기대치로 만드는 교회로, 끊임없이 이를 격려하고 모범을 보이고 훈련하는 교회다. 물질주의적이지 않고 관대하며, 개인주의적이지 않고 환대하며, 방종하지 않고 자제하며, 세상적이지 않고 순결하도록 복음의 동기를 끊임없이 장려하는 교회다. 제자가 다른 제자들을 만들도록 훈련하고, 서로에게 투자하고, 예수님을 모르는 이들에게 복음을 나누도록 준비시키는 교회다.

교회는 설교, 소그룹, 일대일 제자 훈련, 교육, 개인적인 격려를 통해 예수님의 적극적이고 헌신적인 제자를 만드는 일에 의도적이어야 한다. 장기적으로 제자 훈련 사역에 신실하면 대체로 하나님께 사용되어 성숙하고 경건한 예수님의 제자의 수를 증가시키게 된다.

둘째, 진리를 가르치고 오류를 반박할 수 있는 능력을 찾는다

디모데전서 3장과 디도서 1장에서 나열된 장로의 자격 대부분이 경건한 인격에 관한 것이지만, 일부는 특별히 성경 및 교리에 대한 지식에 초점이 맞춰져 있다. 장로는 다른 사람에게 성경을 가르치고, 바른 교리를 견지하며, 오류를 반박할 수 있어야 한다. 이것이 장로들이 그리스도 안에서 어린아이가 되어서는 안 되는 이유다. 그들은 성경의 진리를 확실하게 이해하고 이를 명확하게 전달하여 다른 사람들을 격려하고 오류를 드러낼 수 있는 능력을 가져야 한다. 목자의 주요 임무 중 하나는 양 무리를 늑대의 공격으로부터 보호하는 것이므로, 장로들은 포식자에 대한 경계 의식을 가져야 한다.

하지만 다시 말하지만, 이것이 장로들을 특별한 사람들로 만드는 것은 아니다. 모든 신자는 하나님의 말씀이 그들 속에 풍성히 거하기에 서로 가르치고 권면할 수 있어야 한다(골 3:16). 그리스도의 제자는 모두 성경적이고 신학적인 지식을 깊이 알도록 성장해야 하며, 이것만이 그들을 그리스도 안의 삶을 위해 준비되게 할 것이다. 그러나 현실은 단단한 고기를 먹어야 할 때인데 젖을 먹고 있을 수 있다. 히브리서 저자는 교회에 더 깊이 있는 가르침을 제공하고자 했으나, 청중의 영적 성숙이 부족하여 전할 수 있는 것이 제한되었다. 그들은 교사가 되어야 했지만, 여전히 가르침을 필요로 했다(히 5:11-6:1).

장로들은 고기를 먹고, 분별력을 배우고, 다른 사람들을 가르칠 수 있게 된 사람들 가운데서 선택된다. 그들이 갖춘 성경적이고 신학적인 깊이는 장로직 프로그램의 열매가 아니라, 우유에서 고기를 먹도록 사람들을 지속적으로 자라게 하는 교회의 열매다. 교회는 성도들이 성경을 깊이 연구하고, 좋은 기독교 서적을 읽고, 단기 신학 강좌를 수강하며, 성경을 책임 있게 다루는 방법을 배우도록 격려해야 한다. 교육 사역이 교회 생활의 일부가 되어 십 대 시절부터 성경을 정확하게 해석하고, 신학을 지적으로 토의하며, 진리와 오류를 구별하는 법을 배우게 해야 한다.

셋째, 영적 리더십을 찾는다

이제까지 보았듯이 장로는 리더다. 그들이 경건하고 존경받으며 성경적 지식이 있고 신학적으로 건전해야 하는 이유는 그들이 장로들이 하는 일, 즉 교회를 이끄는 일을 하는 위치에 있기 때문이다.

그렇다면 교회 어디에서 이런 리더를 찾을 수 있을까? 한 가지 유혹은 영적으로 성숙하고 성경 지식이 있는지와는 무관하게, 다른 분야에서 리더십 경험이 있는 사람을 무작정 포섭하는 것이다. 또 다른 유혹은 리더십 기술의 필요성을 무시하고 섬길 의지가 있는 경건하고 헌신적인 사람을 무작정 임명하는 것이다. 그러나 이렇게 타협하면 항상 교회가 약화된다. 교회는 그 대신 끊임없이 리더를 양성하고 훈련해야 하며, 이미 검증된 리더들 가운데서 장로를 임명해야 한다.

다시 말해, 이런 인물을 배출하는 교회 생태계가 필요하다. 만약 교회가 여러 사역을 위한 리더를 양성하고 있지 않다면 항상 최고 리더를 찾는 데 어려움을 겪을 것이다. 그 일을 어떻게 할 수 있을까? 교회 생활의 모든 수준에서 리더들을 배가시키려면 어떻게 해야 할까? 이 질문에 답하기 위해 우리는 리더십 개발을 위한 전략이 필요하다.

리더십 개발 과정

앞에서 일부 사람들은 선천적 리더이지만, 사람들이 사역에 참여하는 시간이 흐름에 따라 리더십 역할로 성장하는 것이 더 일반적이라고 언급했다. 그들은 사역에 참여하며 리더십 역량이 증가하는 쪽으로 발전한다. 때로 그 성장이 매우 저절로 이루어지지만, 교회가 이를 지속적으로 이루어지게 하기 원한다면 리더십 개발 경로를 의도적으로 만들어야 한다.

리더십 경로(또는 종종 파이프라인이라고 함)는 사람들이 낮은 수준의 리더십 책임에서 높은 수준으로 이동하도록 돕는 방법이다. 경험 많은 리더가 아닌 사람을 주요 리더십 역할을 맡아야 하는 어려운 상황에 던져 넣는 것은 공평하지 못하다. 그러나 그런 사람이 낮은 수준의 리더십에서 시작한다면, 그는 자신이 상상할 수도 없던 리더십 기술을 발전시킬 수도 있다.

이 경로는 네 가지 뚜렷한 단계의 리더십으로 정리할 수 있다.[3]

1단계: 사역 활동 지도

우리는 자신의 은사를 사용해 다른 사람을 섬기고 세우며 사역에 적극 참여하도록 부름받았다. 사람들은 사역에 참여하면서 먼저 자신을 이끄는 법을 배운다. 그들은 사역에 참여하면서 헌신하고 동기부여를 받는 것이 무엇인지 배우며, 하나님과의 관계에서 성장하도록 자극을 받는다. 또한 그 사역에서 몇 가지 활동을 이끌기 시작할 수도 있다. 예를 들어, 어린이 사역에 참여하다가 성경 공부나 게임을 이끌어 달라는 요청을 받을 수 있다. 소그룹에 참여하다가 성경 공부를 이끌어 달라는 요청을 받을 수도 있고, 교회의 목회 돌봄팀에 속해 심방을 이끌게 될 수도 있다.

사람들이 이 단계에서 처음 리더가 될 때는 종종 두려움을 느낀다. 그들은 계획하고 준비하고 발표해야 할 것들로 인해 스트레스를 느낀다. 긴장하고 불안해한다. 그러나 두 가지 요소가 그들이 이 단계에서 성장하는 데 도움이 될 것이다. 첫째, 이 일을 반복하는 것이다. 처음에는 무서웠던 것이 시간이 지나면서 다루기 가능해진다. 둘째, 그 일에 경험이 있는 사람과 소통하는 것이다. 새 리더는 멘토링을 받으면서 성장한다. 즉 관찰하고 배울 수 있는 대상이 있고, 나중에는 함께 정리할 수 있는 사람을 갖는 것이다.

그 멘토는 실제로 다음 단계의 사역을 하고 있는 것이다.

2단계: 사역팀 지도

사람들이 사역 분야에 능숙해지면서, 그들은 점점 더 다른 사람들이 조언을 구하는 대상이 될 수 있다. 이제 그들은 소규모 사역팀을 이끌기 시작할 수 있다. 그들은 다른 교사들, 소그룹 리더들, 청소년 리더들 또는 음악팀을 감독하기 시작할 수 있다. 그들은 이제 청소년 그룹, 주일학교, 음악팀과 같은 사역의 리더가 된다.

이는 리더십의 큰 발전이다. 이제 그들은 다른 사람들이 문제를 해결하도록 도와야 하며, 사역이 무엇인지 큰 그림을 제시해야 한다. 이런 리더들은 팀에서 더 새로운 사람들에게 멘토가 된다. 그들은 자신이 감독하는 사람들을 격려하고 그 분야에서 발전하도록 도와야 한다. 그들은 이 새로운 단계의 사역이 훨씬 복잡함을 알게 될 것이며 더 많은 책임을 지게 될 것이다. 더 많은 계획을 세우고, 더 많은 사람들과 소통하며, 더 많은 문제에 대해 생각하고, 아마도 몇몇 회의를 이끌어야 할 것이다.

다시 말하지만, 두 가지가 도움이 될 것이다. 첫째는 이전과 동일하다. 멘토가 도움이 된다. 더 경험이 많은 리더와 일대일로 만나는 것은 엄청난 도움이 될 것이다. 둘째로, 그들이 봉사하는 특정 사역 분야에서 교육을 받는다면 세상이 달라질 것이다. 그들은 강좌를 듣고, 책을 읽고, 컨퍼런스에 참석하고, 다양한 자원을 탐구할 수 있다. 그들은 자신의 사역 분야에서 더 많은 능력을 개발한다.

만약 누군가가 2단계를 잘한다면, 다음 단계로 나아갈 준비가 되었을 것이다.

3단계: 핵심 사역 분야 지도

어떤 사람이 1단계에서 소그룹을 이끄는 일을 시작했다고 가정하자. 그런 다음 그는 2단계 리더로서 몇몇 소그룹 리더를 감독하라는 요청을 받는다. 그런데 어느 정도 시간이 지난 후 교회에서 전체 소그룹 모델을 재설계하는 데 도움을 요청받는다. 그는 교회가 소그룹 사역을 운영하는 방식을 재고하고, 사역의 미래 성장과 발전을 교회의 사명과 가치관에 더 가깝게 조정하는 계획을 세워야 한다. 또는 청소년 그룹의 2단계 리더가 다른 리더들과 협력해 전체 아동 및 청소년 사역 프로그램을 재고하라는 요청을 받을 수 있다. 두 경우 모두, 그 사람은 이제 계획, 구조, 전반적인 사명 전략에 더 많은 시간과 노력을 투자할 것이다.

이것이 리더십 단계에서 가장 큰 변화인데, 이는 사역 자체에서 더 일반적인 리더십으로 나아가는 것을 의미하기 때문이다. 즉, 사람에 초점을 맞추는 데서 시스템을 개발하는 것으로 나아가는 것이다. 새로운 기술이 필요하다. 이 단계에 있는 사람은 자신의 특정 사역 분야뿐 아니라 더 일반적인 리더십에 대한 멘토링과 훈련의 혜택을 받을 것이다.

이 단계의 리더는 사역 분야뿐 아니라 교회의 신학, 사명, 복음의 비전, 가치관, 문화에 대해서도 잘 이해해야 한다. 그들은 큰 그림의 사고를 개별 사역 분야에 심을 수 있어야 한다. 이 단계의 리더십 경험은 다음 단계의 리더, 즉 교회 생활 전반을 감독하는 리더가 되기 위한 이상적인 훈련장이다.

4단계: 교회 지도

4단계 리더는 교회 전체의 비전과 사명을 설정할 수 있어야 한다. 이 단계에서 장로들과 목사들은 교회 생활의 큰 그림을 논의하며, 전체 사역과 조직 구조를 감독한다. 그들은 교회의 전반적인 방향을 생각하고, 다음 3-5년을 계획하며, 여러 시스템과 사람들, 재정 및 내부 교회 정치를 다룰 것이다.

장로들은 이전 단계 리더십의 경험을 쌓았다면 이 단계에서 훨씬 더 잘 움직일 것이다. 1단계에서 그들은 자신을 이끄는 법을 배우고 기본적인 사람 관리 및 사역 기술을 숙달했다. 이 파이프라인을 따라 올라가면서 그들의 조직적이고 전략적인 사고 능력도 점점 더 발전한다.

초기의 리더십 경험은 장로가 더 큰 책임을 맡도록 준비시킬 것이다.

이 리더십 개발 모델의 핵심은 사람들을 준비시키는 일에 헌신하는 것이다. 리더십 파이프라인에 진지한 교회는 각 단계의 리더들을 위한 좋은 멘토링 시스템을 갖출 것이다. 사람들은 자신이 해야 할 일을 위해 잘 지원받고 준비되었다고 느낄 것이며, 영적 성장과 사역 기술에 대해 지속적으로 격려를 받게 될 것이다. 각 단계에서는 그 사람이 다음 리더십 단계로 이동해야 하는지를 확인하는 평가가 이루어진다. 이 파이프라인을 따라 움직이는 것이 자동적이어서는 안 되며, 본인이 3단계나 4단계가 아닌 1단계 리더십에 적합하다는 사실을 알게 되어도 전혀 부끄러워할 필요가 없다. 다음 단계로 올라가게 된다면, 새로운 책임과 더 복잡한 상황을 맞닥뜨리면서 다시 멘토링과 지원을 받을 것이다.

건강하지 않은 교회에서는 한 사람이 거의 모든 단계에서 모든 일을 이끌고 있다. 일반적으로 목사가 한다. 그는 소그룹을 이끌고, 소그룹 사역을 감독하고, 소그룹 리더들을 훈련하고 멘토링하며, 사역을 전략적으로 계획하는 것뿐 아니라 여러 사역 분야에서도 같은 일을 한다. 교회 생활의 성장과 질은 그의 능력에 의해 제한된다. 건강한 교회에서는 많은 사람이 모든 단계의 리더십에 투입된다. 그러면 경험 많은 리더들의 풀이 만들어지고, 여기에서 교회 전체를 감독할 장로들을 임명할 수 있게 된다.

장로직으로의 도약

이 장에서는 교회가 경건하고 성경적으로 건전하며 사역에 적극적인 남자와 여자와 젊은이들이 성장하고 배가할 수 있는 사역을 마련해야 한다는 점에 초점을 맞추었다. 사역 능력이 입증된 사람들의 풀을 크게 만들어, 거기서 장로를 선택할 수 있도록 하는 것이다. 목표는 복음의 마음을 가진 일꾼과 지도자들을 풍성하게 하는 것이다.

그 풀에서 일부는 장로직으로 세워질 것이다. 앞에서 지적한 것처럼 사람들이 리더십 단계를 변경할 때 멘토링과 지원이 특히 필요하다. 그러므로 사람들이 장로로 세워지도록 부름받을 때는 확실한 교육을 제공해야 한다. 그러나 많은 교회에서 이런 일이 거의 이루어지지 않는다. 목회자(설교자)를 위한 교육에 대한 요구 사항과 자원 장로(평신도)를 위한 교육에 대한 요구 사항 사이에는 막대한 차이가 있다. 전자는 몇 년 동안 풀타임으로 공부하는 반면, 후자는 종종 거의 교육을 받지 않는다.

잠재적 장로가 장로로 세워지기 전에, 교회는 이 사람들이 장로의 자격 요건을 잘 이해하고 그 일을 책임 있게 수행하기에 철저히 준비되어 있는지 확인해야 한다. 자원하는 사람들을 신중한 준비 없이 깊은 곳에 던져 넣는 것은 바르지 못한 처사다. 교육이 오랜 기간 이루어질 필요는 없지만, 이들이 장로가 되려면 먼저 수년간 헌신적인 제자와 리더로서 준비되어야 하므로, 장로직과 특별히 관련된 여러 중요한 사항을 깊이 다룰 필요가 있다. 잠재적인 장로는 그들의 새로운 소명에 대한 명확한 오리엔테이션이 필요하다.

장로 오리엔테이션에는 장로의 사역에 관해 지정된 책을 읽는 일이 포함될 수 있다. 이 책, 장로의 인격과 사역을 집중해서 다루는 다른 책, 또는 교육 과정(예. "The Way: Eldership Module"[4])이 유익할 것이다. 그러나 중요한 것은 이런 일을 하는 과정에서 나누는 대화다. 장로 훈련은 교실 학습보다 마음의 방향 설정에 관한 것이다. 장로의 마음은 자신을 목양하고, 사람들을 목양하며, 전체 교회를 목양하는 장로의 세 가지 임무에 맞추어져야 한다. 이 세 가지 영역은 집중적인 장로 교육 과정을 개발하기 위한 기준을 제공한다.

첫째, 장로 개인의 영적 삶에 대한 솔직한 대화에 충분한 시간이 주어져야 한다. 이것은 잠재적인 장로를 목사나 다른 장로가 개인적으로 만나면서 수행하는 것이 가장 좋다. 이를 통해 장로의 성품, 개인 기도 습관과 하나님 말씀에 들이는 시간, 장로로 섬기는 경건한 또는 불경건한 동기, 장로가 양 무리에게 모범을 보여야 하는 영역에 대해 숙고할 기회를 제공한다. 잭 에스와인은 자신이 장로들을 훈련하는 방법을 요약하면서, 잠재적 장로와 수 차례의 일대일 미팅을 한 후 장로가 될 사람이 배우자(없는 경우에는 가장 가까운 친구)와 반드시 나눠야 할 대화에 대해 이야기한다. 이런 대화 중에 훈련을 받는 장로는 개인적인 강점과 약점에 대해 피드백을 요청한다.[5]

장로 임무의 두 번째 차원은 사람들을 목양하는 것이다. 이는 잠재적인 장로가 참여하는 사역 영역이 중심이 되는 또 다른 중요한 대화를 촉발한다. 교회는 이사회 임원이 아니라 사람을 사랑하고 복음을 사랑하는 목자를 임명하고자 하므로, 직위를 원하는 사람은 자신의 사역 은사와 열정과 사람들을 잘 목양할 수 있는 방법을 명확하게 설명할 수 있어야 한다.

장로 직무 기술서의 세 번째 측면은 교회의 리더십에 대한 투자를 요구한다. 장로들은 신학적 명확성과 이단으로부터의 보호를 제공해야 하므로, 잠재적 장로들에게 교회의 신앙 고백서나 신앙 선언문을 읽고 우려되는 점이나 어려운 점을 메모하도록 요청해야 한다. 에스와인의 교회 상황에서는 "장로 후보자들이 우리 교회의 신학 기준을 읽고 … 질문 사항을 메모한다. 석 달 후 후보자와 나(또는 현직 장로)는 한두 번 긴 시간 점심이나 커피를 함께하면서 후보자가 제기한 질문과 밑줄 친 내용을 검토한다. … 이렇게 하면 후보자가 이해하는 신학 자체뿐 아니라 그가 실제로 그것을 어떻게 이야기하는지도 알 수 있다. 커피를 마시는 것 같은 관계적인 맥락에서 신학에 대해 겸손하고 관대하게 이야기할 수 있는 능력은 장로가 하는 일의 필수적인 부분이다."[6]

신학을 논의하는 것 외에도 교회의 사명, 복음 비전, 가치관, 문화에 대한 고찰도 필요하다. 이런 요소는 명확한 리더십을 확립하는 데 중요하므로 다음 장에서 깊이 살펴볼 것이다. 교회가 리더십의 통일성을 가지려면 새로운 장로들이 교회의 방향과 정서를 대체로 수용하고, 이를 명확하게 설명할 수 있으며, 이를 이탈하지 않고 강화하는 데 기여할 준비가 되어 있어야 한다. 장로는 예스맨이 되어서는 안 되지만, 독불장군이 되어도 안 된다.

이것은 자연스럽게 잠재적 장로의 리더십 경험과 은사에 대한 대화로 이어진다. 우리는 팀에 기여할 장로를 찾고 있다. 그가 팀에서 어떤 역할을 할 수 있고 어떤 기여를 할 수 있는지를 파악하는 것이, 그리고 그 사람 역시 팀의 필요를 파악하는 것이 중요하다.

장로 교육을 위한 대화식 접근법의 요점은 그것이 장로의 사역을 반영한다는 것이다. 장로는 목자로서 사람들의 삶에 관여한다. 그들은 경청하고 격려하며, 진리를 명확하게 표현하고 성경을 가르치고, 신학과 교회 생활에 대해 매력적이고 기분 좋게 토의할 수 있어야 하며, 복음과 사람들에 대한 사랑을 그들 자신에 대한 명백한 사랑을 통해 키워야 한다. 강좌가 아니라 대화가 이런 자질을 키우고 평가하며 더 성장하고 발전할 영역을 찾는 데 도움이 된다.

의도적인 대화가 미래의 장로에게 매우 귀중한 것처럼, 장로의 지속적인 삶에도 소중하다. 목사나 장로팀 리더는 각 장로들과 정기적으로 점심을 함께하거나 커피를 마시며 그들의 상태를 살피고, 장로 회의에 적합하지 않은 문제를 처리할 공간을 만들 수 있다. 목자들은 양 무리를 돌보지만, 목자들을 돌보는 사람은 누구인가? 그 대답은 '그들의 동료 목자들'이어야 한다. 동료 장로들을 멘토링하고 격려하는 목사는 매우 전략적인 투자를 하는 것이다.

팀 토의

Q1 우리 교회에는 장로의 직무 기술서가 있는가? 그것을 이 책에서 제안하는 자기 목양, 다른 사람 목양, 교회 전체 목양이라는 폭넓은 방식과 비교해 보라.

Q2 우리 교회에는 성경적으로 영적으로 강한 사람들을 육성하는 제자 훈련 사역으로 어떤 것이 있는가? 그것들은 성숙하고 헌신적인 신자들을 증가시키는 데 효과적인가? 왜 그런가? 혹은 왜 그렇지 않은가?

Q3 우리에게 의도적인 리더십 경로 또는 파이프라인이 있는가? 있다면 어떻게 잘 작동하고 있는가? 없다면, 리더를 개발하기 위해 더 의도적으로 접근하기 시작할 방법은 무엇인가?

Q4 당신은 장로들에게 어떤 훈련을 제공하며, 잠재적 장로들에 대한 테스트는 어떤 과정을 거치는가? 그 과정은 적절한가? 강좌에 더 의존하는가 아니면 대화에 더 의존하는가?

PART 2

교회 전체를 이끄는

큰 그림
리더십

신학이 명확한 리더십

교회가 건강하려면 장로들이 세 가지 큰 그림 리더십의 책임을 감당해야 한다. 첫째, 이 장에서 다루는 것처럼 교회가 신학적 명확성을 가지도록 하는 근본 임무다. 장로들은 신앙을 가르치고 방어하는 데 능숙해야 하며, 무엇이 가치 있는 싸움이고 무엇이 그렇지 않은지를 판단해야 한다. 그들은 교회의 신학이 복음 중심적이면서 성경에 충실하도록 해야 하며, 교회 생활의 모든 것이 교회의 교리 선서와 일치하도록 해야 한다.

십 대가 끝나갈 무렵, 내가 자란 교회도 주류 교단을 휩쓴 은사 신학의 물결로 인해 분열된 많은 교회 중 하나였다. 내가 속했던 복음주의 교회는 예배 전쟁 때문에 분열되었다. 그로 인해 새로운 교회 찾아 일 년간 여러 교회를 돌아다니며 살펴보았다. 나는 침례교회와 형제교회, 성공회와 장로교회, 은사 운동 및 오순절 교회에 참석해 보았다.

교회를 돌아다니며 느낀 점은 많은 교회가 어떤 면에서는 훌륭하지만 다른 면에서는 매우 평범하다는 것이었다. 어떤 교회에는 훌륭한 성경 교육과 교리가 있었고, 또 다른 교회에는 따뜻하고 친근한 교제가 있었으며, 또 다른 교회는 열정적인 전도에 집중하고 있었다. 또 다른 교회에는 훌륭한 음악이 있었다. 그러나 전체적으로 건강한 교회는 찾기 어려웠다. 교회를 선택하는 것은 내가 감당할 수 있는 문제를 선택하는 것임을 깨달았다. 어떤 교회도 완벽하지 않다.

어떤 교회도 완벽하지 않지만 교회의 지도자들은 총체적으로 건강한 교회를 목표로 해야 한다. 강력한 하나님 말씀 사역과 분명한 복음 중심, 감동적이고 하나님 중심인 예배, 따뜻하고 환영하는 교제, 효과적인 돌봄과 제자 훈련, 지역과 세계의 잃어버린 영혼을 구하는 큰 마음이 있는 교회를 목표로 해야 한다. 지도자팀으로서 장로들은 궁극적으로 이 모든 것에 대해 책임을 진다. 그들은 큰 그림을 감독해야 하며 교회 전체의 영적인 상태에 대해 하나님께 답해야 한다.

리더십의 세 영역

『팀 켈러의 센터처치』(Center Church)에서 티머시 켈러(Timothy Keller)는 교회 생활을 이해하기 위한 패러다임을 제시한다. 그는 교회가 기능하는 세 가지 수준을 밝히는데, 이들은 장로들의 교회를 이끄는 사역을 명확히 하는 데 도움을 줄 수 있다.[1]

첫째 수준은 신학적인 것으로, 교회가 성경적으로, 신학적으로 믿는 모든 것을 말한다. 신학적 신념은 일반적으로 신앙 고백이나 신앙 선언문으로 요약되며, 장로들은 이 진리를 가르치고 변호하며 교회 생활에 일관되게 적용할 책임이 있다.

다음 수준은 켈러가 "신학적 비전"[2]이라고 부르는 것과 관련된다. 우리의 신학과 실제 사역 사이에는 사역 철학이 있다. 교회의 사역 DNA, 가치관, 강조점, 문화를 형성하는 것은 사역의 핵심 원칙에 대한 우리의 성경적 이해다.

세 번째 수준은 교회의 실제 사역 실천으로, 여기서 교회의 신학과 사역 철학이 구체적으로 표현된다. 사역을 어떻게 할 것인지 선택이 이루어져야 한다.

이 장과 다음 두 장에서는 이 세 가지 리더십 수준을 탐구할 것이다. 5장에서 신학적 명확성을 제공할 책임에 대해 생각할 것이며, 6장에서 교회의 신학적 비전과 가치를 확정하는 일을 살필 것이다. 7장에서 실제 사역을 위해 효과적 구조를 만드는 데 필요한 것을 살필 것이다.

신앙 수호

교회를 신학적으로 올바른 길로 인도하는 장로의 역할부터 시작하자. 바울은 장로가 "미쁜 말씀의 가르침을 그대로 지켜야 하리니 이는 능히 바른 교훈으로 권면하고 거슬러 말하는 자들을 책망하게 하려

함이라"고 한다(딛 1:9). "미쁜 말씀"은 그에게 전해진 복음이다. 디모데처럼 장로들은 "부탁한 아름다운 것", 즉 사도들의 복음적 가르침을 받았고, 그것을 성령의 능하게 하심으로 지켜야 하고(딤후 1:14), 다른 이들에게 전해야 하며(딤후 2:2), 때를 얻든지 못 얻든지 전해야 한다(딤후 4:2). 디모데는 바울에게서 '바른 말씀의 모형'(딤후 1:13)을 받았는데, 이것은 "신뢰하거나 의지할 수 있는 지침 역할을 하도록 의도된 모델, 형식, 기준을 설명한다."[3] 이 모형은 대대로 전해져야 한다.

디모데가 이 임무를 맡았을 때 거짓 교사들이 만연하다는 말을 들었다. 디모데는 어리석은 논쟁을 피하여 비생산적인 싸움에 휘말리지 않도록 해야 한다(딤후 2:23-24). 그는 어떤 사람들은 온유함으로 바로잡아야 하며, 어떤 사람들은 아예 피해야 한다(딤후 3:5-7). 바울은 이전에, 디모데가 섬기고 있는 에베소 교회를 떠난 후 "사나운 이리가 여러분에게 들어와서 그 양 떼를 아끼지 아니하며 또한 여러분 중에서도 제자들을 끌어 자기를 따르게 하려고 어그러진 말을 하는 사람들이 일어날 [것]"(행 20:29-30)이라고 경고했다. 따라서 장로들은 "깨어 있어야" 하며, 진정한 복음 사역은 훈계하고 경계하는 것임을 기억해야 한다(행 20:31).

바울은 여러 서신에서 거짓 교사들을 다루어야 했다. 고린도전서에서는 영적 은사에 대한 잘못된 견해와 죽은 자의 부활을 부인하는 사람들을 다루었다. 갈라디아서에서는 전혀 복음이 아닌 또 다른 복음을 도입한 유대주의자들과 맞섰다. 골로새서에서는 그리스 철학과 유대교가 혼합되어 율법주의, 금욕주의, 영지주의를 초래한 오류를 폭

로했다. 데살로니가후서에서는 주님의 재림에 대한 잘못된 이해를 바로잡았다.

이것이 정상이다. 교회는 거짓 가르침과 교리 왜곡에 시달릴 것이다. 그러므로 교회 지도자들은 신앙의 수호자가 되어야 한다. "바른 교훈"(딛 1:9)은 건강한 가르침인 반면, "거짓 가르침은 건강한 몸을 공격하는 암이다. 처음에는 거의 눈에 띄지 않지만 시간이 지남에 따라 자라나 질병과 죽음을 낳는다."[4] 장로들은 진리를 명확히 설명할 수 있고 또 오류를 지적할 수 있어야 한다. 이를 위해서 그들은 "부탁한 아름다운 것"(딤후 1:14)에 대해 명확해야 한다. 그들이 믿는 것에 대해 모호하면 교회도 곧 모호해져서 거짓 가르침과 복음을 미묘하게 왜곡한 것들이 스며들 여지가 생긴다.

장로들이 이 임무를 수행하도록 준비시키는 것은 한 가지, 즉 하나님의 말씀이다. 하나님의 영감으로 된 성경은 하나님의 사람을 교훈과 책망과 바르게 함과 의로 교육하기에 충분히 준비시킬 수 있다(딤후 3:16). 장로들은 성경에 깊이 뿌리내려야 한다. 지역 교회는 "진리의 기둥과 터(딤전 3:15b)이며, 그 지도자들은 바른 교리의 반석과 같은 기둥이 되어야 하며, 그렇지 않으면 집이 무너질 것이다."[5] 말씀에 대한 확고한 지식은 장로의 임명 요건 중 하나다(딛 1:9). 그리고 "하나님의 책인 성경은 예비 장로의 지속적인 공부 교재가 되어야 한다."[6]

교리의 명확성과 정확성이 얼마나 중요한지 인식하기에, 대부분의 교회는 그들이 믿는 것에 대한 명확한 진술문을 채택한다. 신조는 기독교 신앙의 핵심 신념을 압축하고, 신앙 고백과 신앙 선언은 더 포괄적인 교리 체계를 정리한다. 교회의 장로들은 자기 교회의 신학적 입장을 알고 고수해야 한다. 그들은 교회가 믿는 것을 이해하고, 자신도 그것을 믿어야 한다. 그들은 기본 교리에 대해 분명해야 하고, 복음에 철저히 뿌리내려야 한다. 그들은 창조, 선택, 칭의, 속죄, 그리스도의 재림 같은 교리에 대해 자기 교회가 믿는 바를 정확하게 설명할 수 있어야 한다. 그들은 성찬과 세례에 대한 교회의 입장을 명확하게 이해하고 수용해야 한다. 그들은 교회가 어떻게 인도되고 관리되어야 하는지에 대한 교회의 신념을 공유해야 한다.

목숨 걸고 지킬 것

모든 교회는 신학적 문제에 대해 경계를 정해야 한다. 마르틴 루터는 "여기에 내가 서 있습니다. 나는 다른 선택을 할 수 없습니다"라고 말한 것으로 전해진다. 그의 양심은 높은 지위에 있는 사람들을 화나게 하고, 교회를 분열시키고, 심지어 생명을 잃게 되더라도 자신의 입장을 고수하도록 묶여 있었다. 그것은 '목숨을 걸고 지킬 가치'였다. 어떤 문제들은 그와 같다. 하지만 모든 문제가 그런 것은 아니다. 일부 문제는 복음이 서거나 넘어지게 하는 본질적인 문제이지만, 많은 문제는 중요하긴 하지만 '목숨을 걸고 지킬 가치'는 아니다. 장로들은 어떤 것이 어떤 것인지 구분해야 하는 어려움에 직면한다. 어떤 교회는 거의 모든 것을 일차적 중요성의 문제로 여기는 반면, 어떤 교회는 그들이 고수해야 할 문제가 극히 적다. 어떤 교회는 작은 일에도 쉽게 분열하고, 다른 교회는 놀라운 수준의 타협을 한다.

다루어야 할 문제는 끝이 없어 보인다. 예를 들어 다음과 같은 고전적인 논쟁을 생각해 보라.

- **창조 교리** 6일 창조론이 필수적인 가르침인가? 간격 이론, 유신 진화론, 날-시대 이론은 어떤가? 이런 문제는 장로들이 모두 같은 확신을 가져야 할 문제인가, 아니면 변화의 여지가 있는가?
- **성례전** 누가 성례전을 집행해야 하는가? 성찬은 어떻게 집행해야 하며, 누가 참여할 수 있는가? 세례 방식은 얼마나 중요한가? 유아 세례를 시행하지 않는 교회를 떠날 것인가? 아니면 시행하는 교회를 떠날 것인가?
- **예배 음악** 시편 찬송을 불러야 하는가? 시편 찬송만 불러야 하는가? 악기를 사용해야 하는가? 그렇다면 어떤 악기를 사용할 것인가? 교회는 어떤 음악 스타일을 사용할 것인가?
- **여성의 역할** 여성이 설교하거나, 장로가 되거나, 다른 리더십 자리에 앉거나, 혼성 소그룹을 이끌거나, 교회에서 성경을 봉독하거나, 대표 기도를 하거나, 예배 인도를 할 수 있는가? 선은 어디에 그어야 하며, 그 이유는 무엇인가?

이런 문제 중 일부는 한 교회에는 사소하지만 다른 교회에는 중대하며, 한 사람에게는 명확하지만 다른 사람에게는 난해하다. 이 목록은 겨우 시작에 불과하다. 선택과 예정은 어떻게 생각하는가? 남녀의 성과 관련된 문제는 어떤가? 교회의 복장 규정과 같이 기본적인 것은 어떤가? 교회가 재산을 소유하거나 사역을 지원하기 위해 사업에 투자하는 일의 옳고 그름은 어떤가?

모든 논쟁을 목숨 걸고 지켜야 할 사항으로 여기면 교회는 순수함을 자랑하게 되지만, 반면 분파주의의 심각한 위험에 처할 것이다. 다른 견해, 다른 교파, 다른 복음주의자들은 진리의 적이 된다. 당신이 거룩한 벙커에 숨어 더 넓은 복음주의 교회를 향해 총을 쏘면 효과적인 복음의 증거는 힘들어진다. 반대로, 당신이 목숨 걸고 지켜야 할 것이 거의 없다면 당신의 교회는 점점 더 자유롭게 되어 복음이 훼손되고 당신의 검은 무뎌지고 당신의 빛은 희미해질 것이다.

성경 자체는 중요한 문제와 사소한 문제를 구별한다. 예수님은 "박하와 회향과 근채의 십일조는 드리되 율법의 더 중한 바 정의와 긍휼과 믿음은 버[린]" 서기관들과 바리새인들을 책망하시고 "그러나 이것도 행하고 저것도 버리지 말아야 할지니라"고 하셨다(마 23:23). 예수님은 이것을 하루살이는 걸러 내고 낙타를 삼키는 것과 같다고 보셨다. 그러면 신학적 하루살이와 낙타를 어떻게 구별할까?

신학자들은 신학적 문제를 분류하는 다양한 방법을 탐구해 왔다. 어떤 단일한 체계도 완벽하지 않지만, 세 가지 넓은 범주로 분류하는 것은 유용하다.[7]

첫째, 기독교 신앙의 본질에 해당하는 진리가 있다. 이것을 타협하면 신앙이 파괴된다. 이것은 일차적 중요성을 가진 문제다. 삼위일체 교리, 동정녀 탄생, 그리스도의 신성, 예수의 육체적 죽음과 부활, 이신칭의, 성경의 권위는 역사적 기독교에 필수적이다. 이것을 부인하는 것은 정통 기독교에서 벗어나는 것이다. 갈라디아서는 일차적 문제를 다루기 위해 쓰였다. 복음 자체가 걸린 문제였다. 그 문제는 목숨을 걸고 지켜야 할 것이었다.

둘째, 신앙의 보존에 필수적이지는 않지만, 그럼에도 교회의 생명과 복지에 극히 중요한 문제들이 있다. 많은 개혁주의 교리가 여기에 속한다. 칼뱅주의자가 되어야 구원을 받는 것은 아니지만, 하나님의 주권, 선택, 특정적 구속, 성도의 견인 교리는 우리가 어떻게 살고 사역하는지에 큰 영향을 미친다. 성례전, 교회 정치, 종말론과 관련한 교리들도 아마 여기에 속할 것이다(일부 사람들은 세 번째 범주에 넣을 수도 있고, 다른 사람들은 첫 번째 범주에 넣을 수도 있다!). 이것들은 개인 구원에 필수적인 것은 아니지만, 교회의 삶, 건강, 복음 사역에 깊은 영향을 미친다. 이것들은 역사적으로 다양한 교파로 이어졌다. 각 그룹이 자신들이 믿는 바를 전적으로 확신하고, 이 문제들은 복음 자체에 근본적이지 않지만 교회 생활에 핵심적이기 때문이다.

셋째, 신자들이 강하게 동의하지 않을 수 있지만 서로 판단하지 않고 받아들여야 하는 문제가 있다. 한 교회 안에서 신자들은 음악 스타일, 복장 규정, 술, 타투에 대해 다른 견해를 가질 수 있지만, 이런 차이를 안고 함께 살아간다. 그들은 자신이 믿는 것에 확신을 가지더라도 이런 문제는 더 중요한 문제가 아님을 인식하기 때문이다. 이것은 바울이 로마서 14장에서 다루는 범주로, 그는 우리에게 "믿음이 연약한 자"를 받아 주라고 촉구한다(롬 14:1). 그는 우리 각자가 믿는 것에 대해 확신을 가져야 한다고 말하지만(롬 14:5), 서로를 판단해서는 안 되고(롬 14:10), 약한 믿음을 가진 사람을 넘어지지 않게 하도록 조심해야 한다고(롬 14:13) 한다. 우리는 더 양심이 민감한 사람이 자신의 양심에 반하여 행동하도록 강요하지 않아야 한다.

장로들은 어떤 문제가 어떤 범주에 속하는지를 명확히 하는 일을 지도해야 한다. 이것은 결코 타협 불가능한 문제인가? 역사적 기독교를 준수하는 데 필수적이지 않지만 교회의 삶과 건강에 매우 중요한 문제인가? 아니면 차이에도 불구하고 서로 함께 살아가는 법을 배워야 하는 문제인가? 이런 문제를 다루려면 신중하게 생각해야 한다. 개빈 오틀런드(Gavin Ortlund)는 교리의 중요성을 평가하는 데 필요한 미세한 감수성과 배려를 고려하는 데 훌륭한 안내자이며, "1급 교리는 **용기와 확신을 필요**"로 하고, 2급 교리는 "**지혜와 균형**을 요구하며", 3급 교리는 "**신중함과 절제**를 요구한다"고 말한다.[8]

복음 사랑

장로들은 이런 문제들을 명확하게 할 때, 복음이 요구하는 연합을 결코 잊어서는 안 된다. 17세기 청교도 목사이자 설교자인 리처드 백스터(Richard Baxter)는 그 시대 교회의 분열을 슬퍼했다. 그는 이렇게 말했다.

"보편 교회에 대한 사랑과 세심한 보살핌 대신 분파에 대한 사랑과 존경으로 국한하는 일은 기독교 세계 전체에 퍼져 있는 크고 보편적인 죄다."[9]

그는 이런 분파 정신은 사람들이 "자기 집단의 번영을 위해 열심히 기도하고, 자기 집단이 잘될 때는 기뻐하고 감사하지만, 다른 집단이 고통받을 때는 보편 교회에 아무 손실이 아닌 것처럼 거의 신경을 쓰지 않게 한다"고 지적했다.[10] 그는 이렇게 지적하면서, 목사들에게 가장 필요한 것이 무엇인지 파악하고 가능한 한 그것에 대해 연합할 것을 권했다.

그러므로 나는 내 모든 형제에게 교회의 평화에 가장 필요한 일을 권고하는데, 이는 필수적 진리에 연합하고, 견딜 수 있는 것들에는 서로 참아 줄 것을 권장한다. 하나님이 하신 것보다 더 큰 신조와 더 많은 필요조건을 만들지 말라.[11]

장로로서 우리는 교회를 두 가지 방식 중 하나로 형성할 수 있다. 우리는 교회를 다른 교회와 분리시키고 우리가 진정한 교회라는 인상을 주는 분열적이고 비판적인 분파 정신을 키울 수 있다. 또는 우리는 자신이 믿는 바를 소중히 여기면서도, 복음을 사랑하지만 2차적, 3차적인 문제에 대해서는 우리와 다른, 복음을 사랑하는 그리스도의 전 세계 몸에 속한 다른 이들을 소중히 여기는 겸손한 정통성을 채택할 수 있다. 우리와 다른 사람들에 대한 복음적 관대함은 그들뿐 아니라 우리에게도 중요하다. 오틀런드는 올바르게 관찰한다. "벽을 쌓아 다른 진정한 그리스도인들로부터 자신을 차단하는 사람들은 번영하지 못할 것이다. 그리스도의 몸 안에서 우리는 서로가 필요하다. 종종 우리는 우리와 다른 방향으로 기울어지는 그리스도인들이 특히 필요하다."[12]

교회 지도자들은 방향을 정해야 한다. 우리와 다른 교회를 위해 기도할 수 있으며, 복음을 믿는 우리 지역의 모든 교회 사역을 축복하시고 번영하게 해 주시기를 기도할 수 있다. 우리와 다른 사람들을 좋게 이야기할 수 있으며, 다른 입장을 깔보거나 조롱하거나 풍자하는 것을 거부할 수 있다. 우리는 중요한 일은 중요하게, 덜 중요한 일은 덜 중요하게 처리하는 자세의 중요성을 보여 줄 수 있다. 타비티 아나브윌레(Thabiti Anyabwile)처럼 이렇게 강조할 수 있다. "교리 그 자체가 목적이 아니다. 목적을 위한 수단일 뿐이다. 목적은 예수 그리스도를 알고 소중히 여기는 것이다! 바른 교리는 사람들이 예수님을 명확히 보게 하여, 그분을 더 온전히 알고, 더 대담하게 신뢰하고, 더 깊이 즐길 수 있게 한다."[13]

신학을 진지하게 여기는 교회에 속한 우리에게는 항상 위험이 존재한다. 그것은 복음 자체보다 우리의 교리 체계를 더 사랑하게 되는 것이다. 나는 사람들이 역사적 고백을 얼마나 사랑하는지를 이야기하는 것을 들은 적이 있지만, 나는 그들이 성경, 주 예수님, 복음을 얼마나 사랑하는지를 듣고 싶다. 신학의 핵심은 우리를 창조하시고 구원하시는 하나님에 대한 연구다. 신학적 정확성은 복음이 중요하기 때문에 중요하다. 우리의 신학은 성경의 전체 이야기에 대한 더 풍부하고 깊은 이해를 제공해야 하며, 따라서 하나님이 누구신지, 그분이 이 세상에서 어떤 일을 하시는지 이해를 높이는 데 기여해야 한다. 그것은 예배에서 더 큰 열정, 잃은 자에 대한 사랑, 전도의 긴급성, 그리스도를 위해 사는 담대함, 혼란한 세상에서의 희망, 고통 중에도 기뻐함, 다른 사람들과 상호 작용하는 겸손으로 이어져야 한다. 좋은 신학은 복음적 열정을 불러일으킨다.

교회의 장로들은 이것을 구현해야 하며, 진리에 대한 그들의 진지함이 옳음을 주장하거나 논쟁에서 이기기 위한 것이 아니라 사랑하고 섬기기 위한 것임을 말, 태도, 행동으로 보여 주어야 한다.

같은 생각을 가진 교인들

장로들이 교회의 신학적 입장을 이끌어 가다 보면, 점차 모든 사람이 대부분 같은 입장을 취하는 교회가 될 것이다. 명확한 신학은 그 신학을 이미 수용하고 있거나 그 신학에 끌리는 사람들을 교회로 이끌 것이다.

교회를 '살펴보는' 사람들 중 일부는 교인이 되고 싶어 할 것이다. 교회의 회원제는 양 무리의 양이 누구인지 확인하는 수단일 뿐이다. 티머시 위트머가 지적하듯이, "당신의 양 무리에 누가 있는지 아는 것과 당신이 책임져야 할 사람들을 아는 일은 목양의 출발점이다."[14] 교회가 하나님 백성의 모임이라면, 이 교회 안에 있는 하나님의 백성은 누구인가? 만약 장로들이 그들의 영혼을 감독해야 한다면, 장로들은 누구의 영혼을 감독하고 있는가? 이 점을 명확히 밝히는 것은 장로들의 책임이다.

교인이 되기를 원하는 사람들은 교회가 무엇을 믿는지를 명확히 알 권리가 있다. 어떤 교회가 개혁주의 신학, 유아 세례, 남성 장로직, 계시적 은사의 중단론을 고수한다면, 이런 특징들은 일찍부터 다루어져야 한다. 이런 신념은 모든 교인이 존중해야 하며, 비록 그들이 교회 자체만큼 개인적으로 열정적으로 고수하지는 않을지라도 그렇게 해야 한다.

동시에 교회는 교인들이 무엇을 믿는지 알아야 하며, "양 우리의 문"을 지켜야 한다.[15] 가장 중요한 것은 그들이 예수 그리스도에 대한 믿을 만한 믿음을 고백하는지 확인하는 것이다. 그러나 더 많은 대화가 필요하다. 제러미 린은 "교인이 되고자 하는 사람들을 장로가 면접할 것을 제안한다. 그들이 교회의 교리적 입장을 이해하고 동의하는지 직접 물어야 한다. 어떤 교회들은 심지어 새로운 교인들에게 교회의 신학적 헌신을 확증하기 위해 교회의 교리 성명서에 서명하도록 요구하기도 한다."[16]

교회의 교리적 입장에 대해 모든 구성원의 서명을 받는 일의 위험은 이것이 지역 교회의 회원 기준을 그리스도의 몸보다 높게 설정할 수 있다는 점이다. 어떤 사람이 오직 믿음으로 그리스도께 속한다면, 그 사람은 오직 믿음으로 교회, 즉 그리스도의 몸에 속할 수 있어야 한다. 칼 트루먼(Carl Trueman)이 올바른 주장을 한다. "회원 기준을 성경 자체에 있는 것 이상으로 높이지 않는 것이 매우 중요하며, 또한 하나님을 자비롭고 은혜로운 존재로 보는 관점과 일치한다."[17] 그러나 회원 기준이 장로의 기준보다는 낮지만(앞서 언급했듯이 장로는 교회의 교리 선언을 완전히 지지해야 한다), 모든 구성원에게 교회의 신학적 입장을 존중하도록 요청하는 일은 현명하고 필요하다. 그들은 이것을 반복적으로 접할 것이기 때문에 이것과 편안하게 지낼 수 있어야 한다.

사역 감사

일단 교회 구성원들이 다소간 일치하게 되면, 교회의 신학적 입장과 사실상 일치하는 사람만 핵심 리더십 직책에 임명하는 것이 필수적이다. 핵심 사역을 이끄는 사람, 가르치거나 설교하는 사람, 물론 장로로 임명된 사람은 반드시 교회의 신학을 따르는 사람이어야 한다. 그렇지 않으면 곧 분열과 불화가 생길 것이다.

장로들은 교회 사역의 신학적 온전성을 감독하여, 청소년이나 어린이 사역, 소그룹, 음악 사역에서 가르치는 내용이 교회의 신앙과 일치하도록 해야 한다. 따라서 린은 장로들에게 교회 사역을 '감사'할 것을 권장한다. "당신의 교인들은 어떤 영적 자양분을 받고 있는가? 그것은 A급 복음인가, 신학적 쓰레기인가? 노래 가사가 하나님, 복음, 구원에 대해 무엇을 가르치는가? 여러분의 노래는 교회의 교리를 지지하는가, 아니면 약화시키는가?"[18]

마지막 날에 장로들은 교회의 가르침에 대해 하나님께 책임을 지게 될 것이므로, 지도하거나 가르치거나 노래를 선택하는 사람들이 신학적으로 건전한지 확인하는 것이 좋다.

권징

이런 신학적 일치에 대한 관심은 때로 교회의 권징이 필요할 수 있음을 의미한다. 교인의 교리나 삶이 성경과 교회의 명확한 입장과 일치하지 않을 때, 장로들은 행동해야 한다. 이런 목회 행동은 장로직의 과제 중 가장 고통스러운 것에 속한다. 교회에서 죄나 잘못된 가르침을 다루는 일은 별로 기쁜 일이 아니다. 장로들은 무엇을, 언제, 어디에서, 누가 말해야 하는지, 그리고 언제까지 해야 하는지를 정리하기 위해 함께 수많은 시간을 사용한다.

그러나 고통스럽지만 이 목적은 긍정적이다. 이는 사랑의 행위이자 복음에 충실함이다. 웨스트민스터 신앙 고백은 다음과 같이 말한다.

교회의 권징이 필요한 것은 범죄한 형제들을 교정하고 되찾기 위해, 다른 이들이 유사한 범죄를 저지르는 것을 억제하기 위해, 전체를 감염시킬 수 있는 누룩을 제거하기 위해, 그리스도의 명예와 복음에 대한 거룩한 고백을 옹호하기 위해, 그분의 언약과 그 언약의 인 치심이 악질적이고 완고한 범죄자들에 의해 더럽혀지는 것을 허용할 경우 교회에 정당하게 내릴 하나님의 진노를 예방하기 위해서다(웨스트민스터 신앙 고백 30.3).

이어서 권징의 방법에 대해 이렇게 말한다.

이 목적을 더 잘 달성하기 위해, 교회의 직원들은 범죄의 성격과 개인의 잘못에 따라 경고, 일시적 수찬 정지, 출교 등을 진행해야 한다(웨스트민스터 신앙 고백 30.4).

처음에 장로들은 그 신자를 경고하고 훈계하며 사랑으로 그를 바른 교리나 올바른 생활로 되돌리려고 노력해야 한다. 하지만 그 사람이 훈계에 저항하고 고집스럽게 변화를 거부하면 다음 단계의 교회 징계가 필요할 수 있다. 최종 조치는 출교다. 예수님은 때로는 개인 수준의 문제가 교회 전체 수준으로 확대되며, 교회가 누구를 신자 공동체 밖으로 내보내는 경우가 있음을 분명히 하셨다(마 18:15-20; 고전 5:1-5). 그러나 현실적으로 권징을 실천하는 교회들조차도 점점 덜 그렇게 하고 있는 것이 사실이다. 왜 그럴까? 현대 교회 환경에서 신자들은 일반적으로 교회 징계를 받을 때까지 기다리지 않기 때문이다. 행동이나 신학을 지적하면 그들은 그냥 다른 교회로 옮겨 가고, 그곳에서는 그들을 대개 기꺼이 환영한다. 그러므로 장로들은 다른 교회에서 오는 신자들에 대해 몇 가지 질문을 하는 것이 좋다. 이전 교회에 연락하여 지도자들에게 이 사람이나 가족이 피하는 미해결 문제가 있는지 문의하는 것이 현명하다. 만약 그런 일이 있다면, 다음 교회에서도 문제가 발생하는 것은 시간문제다.

견고한 기초

이 장에서는 장로들이 교회가 성경적 진리에 잘 뿌리내리도록 하는 책임에 대해 살펴보았다. 확고하고 명확하고 일관된 신학적 기초가 없으면 교회는 흔들리고 오류에 취약해지며, 교회 구성원들이 그리스도를 닮은 성숙으로 성장하는 데 도움을 줄 수 없다.

그러나 신학적 강점만으로는 교회를 건강하게 만들 수 없다. 장로들은 이 견고한 기초 위에 교회의 삶과 사역을 발전시켜야 한다. 다음 단계는 교회의 사명에 대한 명확한 이해와 교회의 삶과 사역을 위한 성경적 기초가 있는 복음 비전을 구체화하는 것이다.

팀 토의 ─────────────────────────────────

Q1 교회의 신조, 신앙 고백, 신앙 선언에 대한 자신의 관점을 다른 장로들과 나누라. 당신은 그것을 얼마나 잘 알고 있는가? 그것과 얼마나 강하게 일치하는가? 교회 공동체는 당신이 공식적으로 믿는 것을 얼마나 잘 알고 있는가?

Q2 아래 카테고리별로 서너 가지 이슈를 찾아보라.
- 역사적 기독교 신앙의 절대적 기초가 되는 타협 불가능한 문제
- 가장 중요한 것은 아니지만 교회의 건강과 안녕에 필수적인 문제
- 의견이 달라도 동의할 수 있는 문제

Q3 교회 회원 제도가 있는가? 그렇다면 회원, 사역 리더, 장로들에게 어떤 신학적 헌신을 기대하는가?

6

복음 비전을 품은 리더십

신학적 명확성을 확립한 후, 큰 그림 리더십의 다음 과제는 교회가 사역을 위한 명확한 복음 비전을 갖도록 하는 것이다. 복음 비전은 교회가 미래에 어떤 모습이 되기를 희망한다는 비전 선언이 아니라, 건강한 교회는 무엇이며 무엇을 해야 하는지를 명확하게 묘사한, 성경에 근거한 비전이다. 장로들은 이 비전을 명확히 정립해야 하며, 교회의 사명과 모든 사역을 이끌어 갈 성경적 원칙을 명확히 제공해야 한다. 그러면 이 복음 비전이 교회의 가치를 만들어 주고, 이는 다시 교회의 문화, 전략, 사역 실천을 형성한다. 이 장에서는 사명과 복음 비전을 분명히 하는 것이 일치와 효과성의 핵심임을 알게 될 것이다.

많은 교회에서 불일치는 핵심적 신학 문제에서 발생하지 않는다. 이전 장에서 논의했듯이 이것은 보통 명확하게 표현되어 있으며 논란의 여지가 없다. 더 큰 질문은 다음과 같다. "우리의 신학에 근거하여, 우리의 사역 비전은 무엇인가? 우리 교회를 형성할 주된 원칙과 가치는 무엇인가? 이것으로부터 어떤 교회 문화를 발전시킬 것인가?" 불행히도, 여기서 종종 갈등이 드러난다.

5장 초반에서 팀 켈러가 제시한 교회의 삶의 세 가지 수준을 언급했다. 첫 번째 수준은 우리의 기본 신학이다. 다음은 그가 일컬은 "신학적 비전"이고, 세 번째 수준은 교회의 사역 실천이다. 사역을 위한 신학적 비전인 두 번째 수준에 시간을 할애하는 것이 매우 중요하다. 왜냐하면 그 비전이 우리의 신학(수준 1)을 어떻게 실천(수준 3)하는지를 대체로 결정하기 때문이다. 켈러가 지적했듯이, 동일한 신학을 가진 사람들도 매우 다른 사역 실천을 할 수 있다. 예를 들어, 개혁 신학을 수용하는 모든 교회가 동일한 방식으로 예배하거나 청소년 사역을 하지 않는다. 신학이 다르기 때문이 아니라 사역 비전이 다르기 때문에 전혀 다른 실천을 할 수 있다.[1]

이 장에서는 사역을 위한 명확한 신학적 비전의 핵심 요소, 더 간단히 말하면 명확한 복음 비전의 요소를 탐구할 것이다. 이것이 명확하지 않다면 다른 것들도 명확하지 않을 것이다. 장로팀은 신학이 올바르면 모든 것이 올바를 것이라고 가정해서는 안 된다. 또한 장로들은 그들의 교회 사역의 실천이 자동적으로 그들의 신학에서 나올 것이라고 가정해서도 안 된다. 그리고 모두가 이것을 같은 방식으로 볼 것이라는 가정도 해서는 안 된다. 교회 리더들은 성경에 기반한 복음 비전을 정립하고 발전시켜야 한다.

용어 정리

이 아이디어를 탐구하기 전에 먼저 언어를 명확히 해야 한다. 작가나 리더들이 같은 용어나 유사한 용어를 매우 다르게 사용하는 경우가 많기 때문에 이 일은 그리 쉽지 않다. 또한 서로 다른 범주를 너무 많이 사용해 모두가 무엇이 무엇인지 혼란을 겪을 수 있다. 너무 많은 다양한 용어와 정의는 명확함이 아니라 혼란을 초래한다.

아래 도표는 여러 핵심 범주 간의 연결 관계를 보여 준다.

도표 6.1. 명확한 리더십에 이르는 단계

우리의 **신학적 신념**(우리가 믿는 것)은 기초적인 것으로, 모든 것을 이끌어 간다. 우리의 신학은 성경에 근거하며, 이미 언급했듯이 절대 타협 불가능하다. 모든 교회는 신학적 신념을 확고히 해야 하며, 장로들은 교회의 교리적 입장에 깊이 헌신해야 한다.

다음 두 단계는 이런 신학적 신념과 일상적인 교회 생활에서의 전략 및 실천 사이에 존재한다. 이 중간 단계를 바라보는 방식이 교회에서 실제로 일어나는 일을 형성하는 데 강력한 영향을 미친다. 중간 단계 중 첫 번째는 하나님이 교회에 주신 사명과 복음 비전을 명확히 하는 것이다. **사명**이란 하나님이 교회에게 이 세상에서 하라고 하신 일을 말한다. 이것은 한 줄의 사명 선언문을 갖는 것(비록 유용할 수 있겠지만)이 아니라, 하나님이 교회에게 하라고 하신 일을 명확하게 이해하는 것이다. 하나님이 교회에 주신 사명이 우리의 사명이 되어야 한다.

이 사명은 명확한 **복음 비전**으로 발전해야 한다. 이 표현은 2년, 5년, 10년 후에 대한 꿈이나 그림을 제시하는 '비전 선언문'을 가리키는 것이 아니다. 교회가 이런 선언문을 갖는 것이 일반적이지만, 이것은 보통 교회가 미래에 어떻게 되기를 바라는 우리의 비전이다. 이것은 사실 일을 진전시키기 위한 전략의 일부다. 반면 복음 비전은 하나님이 원하시는 주 예수 그리스도의 교회의 모습에 대한 명확한 그림으로, 성경과 우리의 신학에서 나온다. 이것은 복음 중심의 교회가 어떤 모습이어야 하는지에 대한 성경적 비전이다. 이것을 복음 비전이라고 하는 이유는, 교회가 복음을 사랑하고 복음을 반영하며 복음의 편에 서고 복음을 전진시키는 모습이 어떤 것인지를 그려 주기 때문이다.

두 가지 중요한 중간 단계 중 두 번째는 교회의 가치와 문화를 명확히 하는 것이다. **가치**는 "사역을 이끌어 가는 한결같고 열정적이고 성경적인 핵심 믿음"[2]이다. 우리의 신학적 신념, 사명과 복음 비전에서 자라나고, 이를 진전시키는 데 필수적인 핵심 가치들을 파악하면 교회가 가장 중요한 일들에 집중하는 데 도움이 된다. 핵심 가치가 교회 생활에 점점 뿌리내리면 교회의 전체 문화를 형성하는 데 도움을 준다. **문화**는 종종 단순히 "우리가 여기서 일하는 방식"으로 설명된다. 일하는 방식은 전통이나 개인적 취향이 아니라 우리의 사명과 복음 비전에서 나와야 한다. 교회의 사역을 위한 복음 비전을 정확하게 반영하도록 우리의 가치와 문화를 의식적으로 검토하는 것이 중요하다.

이 세 가지(신학적 신념, 사명과 복음 비전, 그리고 그 결과인 가치와 문화) 처음 세 단계를 명확히 이해한 후에야 비로소 전략과 사역 실천을 계획할 준비가 된다. **전략**은 우리 시대와 장소에서 사명과 복음 비전을 어떻게 추진할 계획인지를 나타낸다. 이는 우리의 신학적 및 사역적 확신을 행동으로 옮기는 방법이다. 이것은 사명을 달성하기 위한 '무엇', '어디서', '언제', '어떻게', '누가'를 그려 준다. **사역 실천**은 교회의 일상 삶과 사역이다. 이는 우리가 청소년 사역, 목회 돌봄, 주일 예배, 지역 전도, 기타 교회 사역을 수행하는 방식이다.

우리는 항상 강박적으로 전략과 사역 실천(마지막 두 단계)에 초점을 맞추는 경향이 있다. 이는 매우 가시적이고 지속적으로 요구되기 때문이다. 하지만 교회 생활의 가장 강력한 요소는 이 배후에 존재한다. 우리의 전략과 사역 실천에서 명확성과 날카로움과 효율성을 달성하려면 우리의 신학, 사명과 복음 비전, 가치와 문화에 대해 깊이 사고하는 것 외에는 대안이 없다.

명확한 사명

우리의 신학에서 나와야 할 첫 번째 것과 교회 생활 전반에 대해 명확성을 갖기 위한 첫 번째 단계는 교회의 사명에 대한 예리한 이해다.

근래 들어 교회의 '비전 선언문'과 함께 '사명'이 간단한 문장으로 축소된 것은 불행한 일이다. 불행하다는 것은 도움이 되지 않기 때문이 아니라 너무 단순화되어 마케팅 수단처럼 보일 수 있기 때문이다. 실제로 그것은 사실과 정반대다. 교회의 사명은 도구나 장치가 아니다. 그것은 하나님이 주신, 성경이 명령하는 존재의 이유다. 교회를 이끄는 장로들에게 가장 중요한 과제는 지역 교회의 사명을 지속적으로 매우 명확하게 설명하는 것이라고 할 수 있다.

그렇다면 교회의 사명은 무엇인가? 단순히 모든 것을 유지하거나 사람들을 행복하게 만드는 것이 되어서는 안 된다. 또한 진리를 위해서는 것만으로도 안 된다. 특정한 교단의 깃발을 흔들거나 어떤 신학적 관심 집단을 홍보하는 것도 아니다. 우리 교회 스크린에 이름을 알리는 것도 아니다. 교회의 사명은 하나님이 맡기신 사명으로, 이는 대위임령(마 28:18-20)에 가장 간결하게 요약되어 있다. 예수님의 이 말씀을 바탕으로 케빈 드영(Kevin DeYoung)과 그렉 길버트(Greg Gilbert)는 "교회의 사명은 세상으로 나아가서 성령의 능력으로 예수 그리스도의 복음을 선포하며 제자들을 만들고 이 제자들을 교회에 모아 예수 그리스도를 현재와 영원히 예배하고 순종함으로 하나님 아버지께 영광을 돌리는 것"[3]이라고 설명한다.

이 진술은 교회의 사명이 세 가지 상호 연관된 제자 훈련 과제로 구성되어 있음을 나타낸다. 첫 번째 과제는 사람들에게 복음을 전하는 것이다. 전도의 일은 교회의 일차적 소명이며, 복음을 선포하여 더 많은 사람이 예수님을 믿게 하는 것이다. 제자는 모든 민족 가운데 세워져야 하므로, 이로부터 흘러나오는 복음 비전은 필연적으로 광범위해야 한다. 그것은 물이 바다를 덮는 것처럼 하나님을 아는 지식이 세상을 가득 채우는 비전(사 11:9; 합 2:14)이며, 각 나라와 족속과 백성과 방언에서 구원받은 큰 무리의 비전(계 7:9)이다. 그리고 구원이 땅끝까지 이르는 비전(행 13:47)이다. 하나님의 구원 사역의 이런 세계적 범위는 우리를 지역적으로 동기부여하게 해야 한다. 우리는 우리가 있는 곳에 복음을 들고 나아가서, 그리스도를 선포하여 사람들에게 회개와 믿음을 요구해야 한다.

두 번째 과제는 구원받은 사람을 세우는 일이다. 제자들이 그리스도께서 명하신 모든 것을 순종하도록 가르치려면, 영적으로 양육을 받아 점점 성숙해져야 한다. 교회는 말씀을 가르쳐서 성도들이 믿음 안에서 성장하도록 하여 그들이 젖을 먹는 데서 고기를 먹는 데로 이끌어야 한다. 교회는 또한 그들이 봉사할 수 있도록 준비시켜야 한다. 믿는 사람은 수동적인 소비자가 아니라 하나님의 일에 능동적인 참여자가 되어야 한다. 제자들은 제자를 만드는 자가 되어야 하며, 모든 교인은 하나님이 자신에게 주신 은사를 가지고 섬겨야 한다. 따라서 이로부터 흘러나오는 복음 비전은 가르침, 훈련, 무장이 그 중심에 있어야 한다.

이 모든 것은 하나님의 영광을 위해 이루어져야 한다. 세 번째 과제는 첫 두 가지의 최종 결과로, 구원을 받고 이제 그리스도 안에서 성장하는 사람들은 성부, 성자, 성령께 경배하고 영광을 돌리도록 부름받았다. 교회의 궁극적인 목적은 본질적으로 인류의 가장 큰 목적과 동일하다. 즉, "하나님을 영화롭게 하고 그를 영원히 즐거워하는 것"(웨스트민스터 소요리문답 1문 답)이다. 교회 생활의 모든 부분, 즉 공동 예배는 물론 청소년 사역, 음악, 돌봄, 전도, 행정은 하나님께 영광을 돌리고 하나님에 대한 사랑과 경외가 특징이어야 한다.

이 풍성하고 온전한 제자 삼는 과업이 교회의 사명이다. 에드 클라우니(Ed Clowney)의 말에 따르면, "교회는 **예배**로 하나님을 섬기고, **양육**으로 성도를 섬기고, **증언**으로 세상을 섬겨야 한다."[4]

교회의 사명이 실제로 무엇인지는 교회마다 크게 차이가 있을 수 없다. 사명을 실천하는 장소와 방법에는 지역별로 변이가 있을 수 있다. 문화적 상황과 교회의 규모가 크게 다를 경우, 사명을 수행하는 방식이 영향을 받는다. 하지만 이 과업은 전 세계적으로 동일하며, 교회의 장로는 그 지역 교회가 전도를 통해 제자를 삼고, 제자들을 영적 성숙으로 이끌며, 그들을 예배 공동체로 모으는 데 진지하게 임하도록 할 성경적 책임이 있다.

이 사명을 기억하기 쉬운 한 문장으로 만들고 그 문장을 사명을 거듭 강조하는 데 사용할지는 장로들이 결정할 일이다. 나는 간결한 사명 선언문이 가치 있다고 생각한다. 그러나 그 가치는 선언문을 어떻게 사용하느냐에 달렸다. 필수적인 것은 교회 지도자들이 교회가 하나님의 광대한 목적 안에서 존재하는 이유에 대해 지속적인 명확성을 제공하는 것이다.

사역을 위한 복음 비전

이 사역을 어떻게 수행할 것인가? 명확한 복음 비전은 이 사명에 충실할 경우 교회가 어떤 모습일지를 보여 주는 그림이다. 어떤 사람들은 이를 사역 철학이라고 부르기도 하고, 다른 사람들은 사역을 위한 신학적 비전이라고 부르기도 한다. 그러나 **복음 비전**이라는 용어는 이것이 우리가 복음을 사랑하고, 복음을 반영하며, 복음을 나타내고, 복음을 전파할 때 교회가 어떤 모습이어야 한다고 믿는 성경적 근거를 둔 그림임을 분명히 한다.

그렇다면 교회를 위한 명확한 복음 비전의 핵심 요소는 무엇인가? 많은 것이 포함될 수 있지만, 호주복음연합(TGCA)은 복음 중심 사역의 여덟 가지 특징을 유익하게 정리했다.[5] 이것은 교회의 장로들이 사역을 위한 명확한 복음 비전을 정립하기 위해 논의할 수 있는 문제를 고려하는 데 유용한 범주를 제공한다. 필요한 것은 우리의 신학과 사명이 사역과 교회 생활 접근 방법에 미치는 의미를 주의 깊고 포괄적으로 살피는 일이다.

하나님 백성의 주간 집회

첫째, 하나님 백성이 주일에 모이는 것은 교회 사명의 세 가지 측면을 추구하는 가장 공개적인 자리다. 거기서 복음이 선포되고 죄인들이 회개와 믿음으로 부름받는다. 거기서 신자들은 선포된 말씀, 성례전, 기도, 찬양, 은사의 상호 사용, 함께 모이는 격려를 통해 믿음이 세워진다. 거기서 교인들은 함께 하나님을 예배하고, 찬양하고, 그분의 말씀을 들으며, 고백과 간구와 감사로 그분 앞에서 자신을 낮춘다. 하나님과 그분의 백성이 만나는 이 모임은 교회 생활의 핵심이다.

따라서 명확한 복음 비전은 주일 예배를 어떻게 보는지 명확성을 요구한다. 교회마다 그 관점이 매우 다르므로, 장로들은 공동 예배에 대한 비전을 매우 명확히 정리해야 한다. 이것은 매우 중요하므로 9장에서 주일 예배를 충분히 다룰 것이다. 하지만 지금은 예배에 신학과 사명이 반영되어야 한다는 점만 지적하겠다.

예를 들어, 우리의 신학은 말씀 중심의 예배, 경건하면서도 즐거운 예배, 세대 간 소통이 이루어지는 예배, 수직적으로 하나님과 만남과 수평적으로 서로 만남에 초점을 둔 예배, 많은 사람의 은사를 활용하는 예배, 사람을 즐겁게 하기보다는 성장시키고 성숙시키는 것을 추구하는 예배, 하나님에 대한 우리의 전적 의존의 표현으로 공동 기도에 강한 비중을 두는 예배 등 예배 비전으로 이어질 수 있다. 동시에 우리의 사명은 시대에 뒤떨어지지 않고 현대적인 예배, 긴급한 복음 선포를 우선하는 예배, 새로운 사람들을 환영하며 의도적으로 접근할 수 있는 예배 등의 예배 비전을 갖는 것을 의미한다.

이런 비전은 우리가 매주 주일 예배를 계획할 때 내리는 선택에 영향을 미칠 것이다(전략 및 사역 실천 단계). 신학과 사명에 기초한 명확한 비전이 없으면, 우리는 실용주의(가장 효과적인 것 또는 사람들이 원하는 것)나 전통주의(항상 해 왔던 것)을 따르게 될 것이다.

효과적 전도

둘째, 명확한 복음 비전은 항상 복음을 전파하는 비전일 것이다. 하나님이 주신 사명을 진지하게 받아들이는 복음 중심 교회는 잃어버린 영혼을 그리스도께로 인도하는 일에 효과적으로 되려고 노력하는 교회다. 복음을 신실하게 선포하고 매력적으로 살아내려고 노력한다. 신실한 선포란 우리가 메시지를 덜 불쾌하게 하려고 이 메시지를 왜곡하지 않도록 주의한다는 것이다. 우리는 견고한 신학에 근거해 복음을 풍부하고 깊이 있게 이해하는 일을 귀하게 여긴다. 복음을 매력적으로 살아낸다는 것은 복음을 전파할 때 복음 자체 외에는 사람들 앞에 어떤 방해물도 두고 싶지 않다는 것이다. 복음의 메시지는 충분히 불쾌하기 때문에, 우리가 불쾌감을 줄 필요는 없다! 따라서 우리의 복음 비전은 교회가 진리뿐 아니라 은혜, 연민, 온유, 친절로 가득한 곳이 되는 비전이다.

잃어버린 영혼이 구원받게 하려는 이 열정은 복음 비전의 다른 차원을 만들어 낸다. 열정적인 전도의 기도를 위한 비전으로 이끄는 것이다. 우리의 신학이 구원은 하나님의 구원하는 은혜와 강력한 개입 없이는 불가능하다고 말하고, 우리의 사명이 복음을 가지고 나아가야 한다고 말한다면, 우리의 비전은 영혼의 구원을 위해 지속적인 기도를 강조할 것을 요구한다. 또한 일꾼을 더 많이 일으키기 위한 기도와 노력을 요구한다. 예수님은 추수할 때가 되었음을 보시며 더 많은 일꾼을 보내어 달라고 기도하라고 하셨다. 복음 비전은 많은 사람이 추수 터에서 일하도록 하는 비전이다. 이것은 우리 교인들을 잘 준비시켜 그들이 적극적으로 전도할 수 있도록 하는 비전이다. 또한 우리 교회에서 미래의 목사, 설교자, 교회 개척자, 복음 일꾼들을 많이 양성하기 위한 비전이기도 하다.

추수할 것은 많은데 우리는 그중 한 작은 구석에 있을 뿐이므로, 세계 선교 협력자들과의 적극적인 협력을 위한 비전도 필요할 것이다. 우리는 하나님의 사역에 대한 세계적인 관점을 가지고, 복음을 전 세계에 전파할 방법을 적극적으로 찾는 교회를 구상해야 한다.

효과적 전도를 위한 복음 비전의 차원들 각각은 전략을 필요로 하며, 이는 8장에서 다룰 것이다. 하지만 먼저 잃어버린 영혼을 구원하기 위한 명확하고 강력한 비전이 있어야 좋은 계획을 세울 수 있다.

성경 신뢰와 사용

셋째, 성경은 사역의 중심이다. 성경은 하나님의 살아서 움직이는 말씀이다. 성경은 영감으로 되고, 오류가 없으며, 권위가 있고, 생명과 경건을 주기에 충분하다. 구약과 신약 모든 성경은 교훈과 책망과 바르게 함과 의로 교육하기에 유익하다(딤후 3:16). 그것은 우리의 모든 말과 행위를 안내하는 최고의 기준이다.

따라서 사역을 위한 신실한 복음 비전은 교회 생활이 말씀 사역을 중심으로 이루어지도록 해야 한다. 여기에는 설득력 있는 강해 설교, 열정적인 소그룹 성경 공부, 규칙적인 가정 예배와 개인 성경 읽기, 교인들이 하나님의 말씀을 잘 다룰 수 있도록 돕는 지속적인 훈련, 새로운 성경 공부 인도자, 교사, 설교자 양성 강조에 중점을 두는 교회 비전을 포함할 수 있다. 우리의 비전은 성경적이어야 할 뿐 아니라 늘 성경을 사용하여 사람들을 훈련하고 무장시키는 것이어야 한다. 청소년 사역, 아동 사역, 남성과 여성 사역, 목회적 돌봄 등 교회 생활의 모든 측면에서 성경이 중심이 되는 비전이다. 성경을 사랑하고, 성경을 사용하며, 성경에 큰 확신을 가진 교회의 비전이다. 하나님의 백성이 하나님의 말씀을 잘 알고 삶의 진정한 토대로 삼는 비전이다.

이 복음 비전의 다른 모든 영역과 마찬가지로, 전략이 뒤따라야 한다. 어떻게 하면 이 모든 것이 실현될 것인가? 계획이 필요하다. 하지만 먼저 이를 위한 비전이 없거나 잘못되어 있다면, 좋은 계획을 세울 수 없을 것이다.

반문화적 공동체

넷째, 교회는 하나님을 위해 성별된 거룩한 백성이다. 우리는 소금과 빛이 되고, 산 위의 도시가 되며, 불신 이웃 가운데 존경받을 만한 삶을 살아서, 그들이 우리를 비난하더라도 우리의 "선한 일을 보고 오시는 날에 하나님께 영광을 돌리도록" 하는 삶을 살도록 부름받았다(벧전 2:12). 그러므로 우리의 복음 비전은 세상과 다른 교회 공동체에 대한 비전이어야 한다.

우리의 문화 상황에서 우리는 성, 가족, 돈, 권력과 관련해 특별히 반문화적이다. 이런 주제가 미디어에서 두드러지고, 세상의 관심사와 성경의 관심사는 근본적으로 다름을 고려할 때, 교회는 이런 주제들에 기독교의 접근법을 분명하고 매력적으로 제시해야 한다. 우리의 비전은 주로 부정적이어서는 안 된다. 즉, 잘못된 모든 것에 반발하고 공격적인 비전이 되어서는 안 된다. 오히려 교회를 진정한 반문화 공동체로 만드는 비전이어야 한다. 그것은 결혼 관계 안에서의 성적 친밀함을 아름다운 것으로 기념하는 교회, 가족생활을 소중히 여기고 지원하는 교회, 독신자를 존중하고 하나님의 가족 안으로 따뜻하게 수용하는 교회, 돈을 서로 너그럽게 나누어 빈곤을 완화하고 복음을 전파하는 교회, 권력을 가진 자들이 책임 있게 행하여 교회가 사회에서 가장 약하고 취약한 자들에게 안전한 장소가 되는 교회다.

호주 작가 스티브 맥앨파인(Steve McAlpine)은 그의 저서 『악역 되기』(Being the Bad Guys)에서 성별과 성 정체성과 같은 뜨거운 문화적 주제에 대해 우리와 근본적으로 의견을 달리하는 사람들에게 예상치 않게 매력적으로 다가가는 교회 공동체를 상상한다. 그는 취소 문화(cancell culture, 유명인이나 공인의 특정 행동이나 발언을 소셜 미디어를 통해 비판하고 지지 철회하고 사회적으로 배척하는 온라인 문화 현상—역주) 속에 급진적인 용서가 있는 교회, 물질주의와 탐욕에 맞서서 값비싼 관대함이 있는 교회, 나 중심 문화 속에서 남을 더 중시하는 교회를 그린다. 그런 반문화적 공동체는 어떤 영향을 미칠까? 그는 이렇게 대답한다.

먼저 혼란스럽다("그들은 사랑이 사랑임을 부정하는데 어떻게 저렇게 사랑스러울 수 있지?"). 다음으로 흥미롭다("그들이 얼마나 불관용하는지 생각했는데, 그들은 나를 환영했어"). 매력적이다("내가 지금 하는 것보다 더 좋아 보이고, 좋게 들린다"). 마지막으로 강력하다("이곳이 진정한 삶이 있는 곳인지 몰라").[6]

다시 말하지만, 전략이 필요하다. 이런 공동체를 어떻게 하면 만들수 있을까? 어떻게 우리 교인들을 거룩함으로 훈련시킬 수 있을까? 성, 돈, 권력 문제에 대해 어떻게 이야기할까? 남성과 여성 사이의 올바른 관계를 어떻게 하면 발전시키고 본을 보일까? 우리는 이런 질문에 답해야 하지만, 교회가 반문화 공동체로서 명확한 복음 비전을 가지고 있을 때에만 잘 대답할 수 있다.

복음 사역을 위한 훈련

다섯째, 많은 교회에서 주로 사역을 교인들이 아니라 목사와 사역 리더들이 감당하는 모델이 지속된다. 그러나 바울은 명확하게 말한다. 목사와 교사는 "성도를 온전하게 하여 봉사의 일을 하게" 해야 한다(엡 4:12). 우리의 사역 비전은 모든 교인이 하나님께 받은 은사로 하나님을 섬기도록 준비되는 것이어야 한다. 복음 사역은 지정된 전임 사역자들만 감당하기에는 너무 방대하다. 우리는 모든 교인이 하나님을 섬기도록 훈련하고 준비시키기 위한 비전을 가져야 한다. 하나님이 주신 은사와 기회를 사용해 하나님을 섬기는 일은 교회 사역뿐 아니라 가정, 직장, 지역 사회에서도 이루어져야 한다.

그렇다고 우리가 미래의 목사, 설교자, 교회 개척자, 선교사, 기타 복음 사역자 들을 양성할 필요가 없다는 말이 아니다. 사역 비전이 지역 및 세계 선교를 위해 잘 훈련된 복음 사역자의 수를 배가할 수 있는 전략으로 이어져야 한다. 복음 사역자는 전임과 비전임 사역자, 안수받은 사역자와 평신도 사역자 모두를 포함한다.

신앙과 일의 통합

여섯째, 하나님은 우리를 자신의 형상대로 창조하시고 우리에게 자신의 세상을 다스리는 놀라운 책임을 맡기셨다. 그분은 아담과 하와를 에덴동산에 두시면서 그것을 경작하고 돌보라, 땅을 정복하고 다스리라고 명령하셨다. 그들이 그렇게 하는 것은 곧 하나님을 섬기고 예배하는 것이었다. 거룩한 것과 세속적인 것 사이의 구별이 없었다. 모든 삶이 거룩했다. 동산을 가꾸는 일은 날이 서늘할 때에 하나님과 교제하는 일 못지않게 하나님과의 관계의 일부였다.

그러나 불행히도, 모든 삶을 예배로 보는 이 비전은 현대 복음주의에서 사라져 버렸다. 우리는 사람들을 준비시켜 하나님을 섬기게 하는 비전을 가졌을지 모르지만, 주로 교회에서 섬기는 일만 생각한다. 건강한 복음 비전은 이보다 훨씬 크다. 교회는 주일에 모이지만, 그다음에는 흩어진다. 교인들은 자신의 집, 지역 사회, 일터로 가서도 하나님 예배하는 일을 계속해야 한다. 그들은 자신의 직업, 즉 무역, 사업, 예술, 정치, 미디어, 교육, 의료 등 하나님이 부르신 모든 분야에서 하나님께 영광을 돌리도록 부름받았다. 그런 환경에서 그들은 이웃을 사랑하고 하나님 나라의 반문화적 가치를 살아내야 한다.

따라서 우리는 복음의 풍성한 의미를 인류의 삶 모든 분야에서 실천하도록 교인들을 돕는 비전이 필요하다. 그리스도인은 교회가 어디서든 하나님을 탁월하고, 창의적이고, 진실하게 섬길 수 있도록 권장하는 곳으로 여겨야 한다. 교회는 그들 삶의 모든 부분이 믿음과 관련된다는 기독교 세계관을 가르쳐야 한다. 그리고 새로운 한 주를 준비시켜야 한다. 스티브 맥앨파인은 이런 좋은 조언을 한다. "당신이 교회 리더라면, **당신이** 맞이할 한 주가 아니라 **그들이** 맞이할 한 주를 위해 그들을 준비시키라."[7]

공의와 사랑의 실천

일곱째, 명확한 복음적 사고라는 중요한 요소는 당연히 말씀 사역과 행동을 연결한다. 일부 사역 모델에서는 말씀에만 집중하고 가난하고 궁핍한 사람들, 억압받는 사람들, 불의로 고통받는 사람들에 대한 관심이 거의 없다. 다른 모델은 사회 문제에 큰 관심을 기울이지만 복음과는 관계없이 인류의 필요를 충족시키려 한다.

성경은 하나님이 영혼과 몸 모두를 돌보시며, 사람들을 세상에서 구원하실 뿐 아니라 세상에 공의와 의를 세우는 일에도 관심을 가지고 계심을 명확히 보여 준다. 물론 이 일은 하나님이 온 세상을 새롭게 하실 때에 비로소 완성되겠지만, 그리스도인은 하나님의 마음을 따라서 자선 사역에 앞장서고, 공의를 주장하며, 가난한 자들에게 관대하게 베풀고, 포로 된 자들을 풀어 주며, 억압을 종식하는 일을 추구해야 한다. 복음은 우리가 인간의 필요를 보고 고통을 덜어 주고자 하는 마음을 심어 준다. 복음은 우리가 관대하고, 희생적이고, 이타적이 되라고 가르친다. 복음은 우리가 희생적으로 사랑하게 하고, 약자 편을 들게 하며, 믿음과 선행을 결합하게 한다. 또한, 모든 사람의 가장 큰 필요는 하나님의 긍휼을 받아 죄의 속박에서 해방되는 것임을 가르친다. 가장 심각한 가난은 영적 가난이며, 가장 큰 부는 오직 그리스도 안에서만 발견된다. 진정한 공의는 그리스도 안에서만 발견될 수 있으며, 그가 재림하실 때 비로소 이 땅에 온전히 이루어질 것이다.

사역을 위한 복음 비전을 개발할 때, 장로들은 고난받는 사람들에게 그리스도를 알리려는 마음을 품고 교회와 교인들이 공의와 사랑의 문제에 어떻게 어디에서 가장 잘 참여할 수 있을지를 결정해야 한다.

복음의 협력 관계

여덟째, 사명을 추구하면서 다른 교회, 네트워크, 사역과 어떻게 관계 맺을 것인가? 복음 사역에서 누구와 협력할 것인가? '구원을 땅끝까지'라는 광대한 복음 비전에 헌신할 때, 우리는 하나님의 사역을 혼자서 감당할 수 없다는 사실을 쉽게 인정하게 된다. 우리는 다른 사람들과 함께 일해야 한다. 만약 우리 교회가 풍부한 자원의 축복을 받았다면, 우리는 다른 사람들의 사역에 투자해야 한다. 우리 교회뿐 아니라 다른 교회와 사역을 위해서도 기도해야 한다. 복음을 전파하는 데 다른 사람들과 함께할 기회를 최대한 활용해야 한다.

우리의 교리적 신념은 우리가 누구와 협력할 수 있을지 결정할 것이다. 우리는 신학적으로 같은 입장에 있는 사람들과 일하고 싶어 할 것이다. 하지만 하나님의 은혜로, 여기서 설명한 복음 비전을 공유하는 교회와 사역이 점점 더 많아지고 있으며, 우리는 우리가 할 수 있는 곳에서 다른 사람들과 함께 일할 방법을 찾아야 한다.

복음적 가치

이 여덟 가지 영역은 복음 사역의 풍부한 비전의 범위를 보여 준다. 물론 한 교회는 이보다 적거나 많은 제목으로 복음 비전을 구성할 수 있다.[8] 기도는 여러 다른 영역에 포함되어 있지만 별도의 영역으로 만드는 것이 바람직할 수 있다. 사역에서 성령이 하시는 일에 대해 별도의 초점을 맞추는 것도 또 다른 영역이 될 수 있다. 각 교회는 비전을 가장 잘 표현할 수 있는 자신의 언어를 찾아야 한다.

전체 비전의 강점은 사역을 위한 여러 원칙의 강력한 통합에 있을 것이다. 비전의 어떤 한 요소도 특별한 점이 없을 수 있지만, 이것들이 모여 성경적이고 복음 중심적인 교회의 DNA를 그려 준다. 목표는 건강하고 외부 지향적이며 성경에 기초한, 복음적인 교회를 위한 전체적 비전이다.

장로들이 이 복음 비전을 가장 먼저 구현해야 한다. 지도자 자신이 이를 살아내야만 교회에 실현될 것이다. 비전이 그들의 기도, 삶, 섬김, 리더십 등 모든 것에 스며들어야 한다. 그러나 장로들은 또한 교회 전체에 비전이 뿌리내리도록 도와야 한다.

신학적 신념에서 사역 실천으로 가는 여정의 다음 단계가 매우 중요한 지점이다. 위에서 살펴본 도표를 다시 보면, 지금까지 우리는 첫 두 단계인 신학적 신념과 사명 및 복음 비전을 살펴보았다.

신학적 신념　　사명과 복음 비전　　가치와 문화　　전략　　사역 실천

도표 6.2. 명확한 리더십에 이르는 단계

전략(무엇을, 언제, 어디서, 누가, 어떻게에 대한 계획)과 사역 실천(매일 매주 실제로 일을 하는 방법)으로 나아가기 전에, 교회의 가치와 문화에 대해 명확하게 생각하면 크게 도움이 된다.

교회가 하나님이 주신 사명을 한 문장으로 요약하여 그 사명을 항상 교회 앞에 게시하는 것이 유익한 것처럼, 전체 복음 비전을 교회가 모든 일에서 소중히 여기고 촉진할 몇 가지 핵심 가치로 요약하는 것이 도움이 될 수 있다. 앞에서 보았듯이 온전하고 풍성한 복음 비전은 방대하며 따라서 정기적으로 간단하고 단순하게 설명하기가 어렵다. 장로들이 전체 비전을 명확하게 알고 있어야 하지만, 교인들은 그 모든 것을 이해할 가능성이 높지 않다. 그러나 핵심 가치 선언문은, 비전에서 거듭 말해야 하는 핵심 강조 사항을 간단히 정리해 줄 수 있다.

가치란 "사역을 이끌어 가는 지속적이고 열정적이고 성경적인 핵심 신념"이며, 앞서 보았듯이, 그것은 우리의 신학, 사명, 복음 비전에서 나온 것이다.[9] 고백건대 나는 한때 가치, 핵심 가치, 진술된 가치, 비진술 가치, 열망적 가치 등에 대한 이야기에 회의적이었다.[10] 나는 가치가 교회 리더십 파일 속의 또 다른 종잇조각에 불과할 것이라고 의심했다. 만들 당시에는 흥분되지만, 일상 교회 생활에서는 별 도움이 되지 않는다고 생각한 것이다. 그러나 멜버른의 개혁신학대학에서 큰 변화를 이끌었던 경험은 내 생각을 결정적으로 바꾸었다.

5년 동안 우리는 대학(신학대학원)을 대폭 재정비해 전달 방식, 캠퍼스 위치, 직원 채용, 재정, 브랜딩, 마케팅, 거버넌스 구조, 수입원을 변화시켰다. 내가 종종 농담하듯이, 우리는 신학 빼고 모든 것을 바꾸었다. 대학 이사회는 미래를 위한 새로운 비전을 채택하고 명확한 사명을 명시했다. 그런데 새로운 비전과 사명을 달성하려면 문화적 변화가 필요했고, 바로 그곳에 여섯 가지 핵심 가치가 작용했다. 우리는 **성경에 기초하고, 신학적으로 탄탄하고, 복음 중심적이며, 영적으로 풍부하고, 문화적으로 적실하고, 매력적으로 참여하는** 신학 교육을 제공하기로 결심했다.

각 가치는 우리가 되고 싶었던 것과 되고 싶지 않았던 것에 대한 진술이었다. 예를 들어, 우리는 성경보다 개혁주의 신앙 고백을 더 사랑하는 위험, 사람들을 그리스도께로 인도하기보다 논쟁에서 이기는 것을 더 사랑하는 위험, 신학에는 열정적이지만 복음에는 그렇지 않을 위험, 21세기가 아니라 16세기의 최전선에 살 위험, 학생들의 지식은 쌓이지만 은혜는 쌓이지 않을 위험을 알았다. 그래서 이런 가치들은 우리가 귀중히 여기기를 원하는 것을 표현하는 데 도움이 되었다. 그것은 과거 우리의 왜곡과 불균형을 해결했다. 그것은 우리가 알리기를 원하는 것을 요약했다. 또한 그것은 신학 교육을 위한 우리의 복음 비전의 핵심이었다.

그렇다면 이렇게 질문할 가치가 있다. 당신의 사역을 위한 복음 비전의 중심에는 어떤 핵심 가치가 있는가? 지역 교회에서는 우리 신학대학이 선택한 여섯 가지와 다를 수 있지만, 과정은 본질적으로 동일하다. 전체 사역 비전에서 그 비전을 사역의 모든 측면에서 구현하고 진전시킬 명확하고 기억해야 할 가치를 찾을 수 있는가? 예를 들어 내가 장로로 섬기는 교회에는 네 가지 핵심 가치가 있다. 성경을 아는 것과 가르치는 것, 복음을 사랑하고 사는 것, 제자를 만들고 성숙시키는 것, 지역 사회에 나가고 섬기는 것이 그것이다.[11] 이것이 모든 것을 진술하지는 않지만, 우리의 사명과 복음 비전의 핵심을 말해 준다.

복음 문화

개혁신학대학에서 알게 된 것은 우리의 핵심 가치가 우리가 하는 모든 일, 즉 우리의 가르침, 멘토링, 공동체 생활, 회의, 이벤트, 홍보 활동에 스며들어야 한다는 것이었다. 우리는 핵심 가치를 내면화하고 구현하는 방법을 찾아야 했다. 우리 직원들, 특히 교수진은 그것들을 지니고 실천해야 했다. 시간이 지나면서 점차 그렇게 되었고, 학교는 몇 년 전과 다른 '분위기'로 변화했다. 우리의 신학은 변하지 않았지만, 여섯 가지 핵심 가치는 우리가 문화 변화를 위해 의도적으로 행할 수 있도록 도와주었다.

문화는 종종 '우리가 여기서 일하는 방식'으로 설명되며, 이는 콜린 마셜(Colin Marshall)과 토니 페인(Tony Payne)이 『포도나무 프로젝트』(*The Vine Project*)에서 지적하듯이, "보통 우리가 가르치는 것과 달리 우리가 누구인가를 규칙적으로 소통하고 강화하고 형성하는 것"[12]이다. 만약 교회 문화가 비전이나 가치와 충돌한다면, 현실은 문화가 항상 승리할 것이다. 예를 들어, 집단적이고 내부 지향적인 교회 문화는 외부 지향적인 복음 비전이라는 최고의 이상을 압도할 것이다. 만약 당신의 비전이 지역 사회와 잘 연결된 현대적인 교회가 되는 것인데 건물, 음악, 언어가 구식이라면, 당신은 힘든 싸움을 하게 될 것이다. 당신이 주도성과 복음의 모험을 중시하지만 교회의 문화에서 규칙, 절차, 전통이 거의 모든 새로운 계획을 억압한다면, 새로운 사업은 좀처럼 시작될 수 없을 것이다.

그러면 어떻게 하면 교회 문화를 변화시킬 수 있을까? 마셜과 페인은 실제로 이렇게 경고한다. "당신이 '문화'를 직접적으로 다룰 수는 없다. 그것은 수년과 수십 년에 걸친 사상 기반의 실천과 실제로 표현된 사상의 산물이다. 당신이 다루고 변화시킬 수 있는 것은 문화를 만들어 내는 요소들이다."[13] 그들은 당신이 다루어야 할 것은 문화를 주도하고 뒷받침하는 신념과 "그 신념을 교회 생활의 모든 수준에서 표현하고 내재화하는 활동, 실천, 구조"[14]라고 말한다. 다시 말해, 교회 문화를 변화시키려면 반드시 그것을 이끄는 사명과 복음 비전(도표에서 보듯, 이 이전 단계), 그 비전에서 나오는 가치, 그리고 그 비전이 실제로 실현되는 다양한 방법들(다음 단계들)을 다루어야 한다.

당신의 복음 비전과 가치는 당신이 하는 모든 일, 즉 예배 인도 방식에서부터 사용하는 언어, 채택하는 음악, 시설의 장식과 분위기, 권장하는 팀의 역동, 사람을 대하는 방식과 새로운 사람을 환영하는 방식,

교회 생활을 구성하는 다른 모든 것에까지 표현되어야 한다. 교회 문화, 즉 '여기서 우리가 일하는 방식'과 교회 생활의 '분위기' 또는 '느낌'은 복음 비전의 구현이어야 한다.

이 지점에 도달하는 데는 시간이 걸린다. 문화 변화는 대체로 느리다. 하지만 리더팀이 비전을 명확히 하고, 그것에 맞춰 실천하려고 끈질기게 노력한다면, 시간이 지나면 문화는 변화되어 교회가 원하는 것을 잘 표현할 것이다. 그러면 문화는 교회의 사명을 크게 말해 줄 것이며 이를 실행하는 강력한 힘이 될 것이다.

복음 관련 의제들

복음 비전은 우리의 가치, 교회 문화, 전략 및 사역 실천을 형성해야 하지만, 다른 의제가 쉽게 부각될 수 있음을 인식하는 것이 중요하다. 다음은 몇 가지 고전적인 경쟁 안건이다.

- **전통 고수** 이 문제는 우리가 이전에 해 본 적이 없는 일을 하는 것을 매우 염려하게 한다. 반면에 복음 비전은 복음을 더 잘 전하기 위해 때때로 오랫동안 해 오던 것을 변화시키는 용기가 필요함을 의미한다.
- **사람을 즐겁게 하기** 특히 나이 든 사람들과 여론 주도자, 교회 내 세력가들을 즐겁게 하기. "우리가 그렇게 하면, 누구누구가 교회

를 떠날 것이다(또는 현금을 중단할 것이다!).ㅡ 복음 비전은 리더인 우리의 소명이 사람들을 즐겁게 하기보다는 사람들이 좋아하든 싫어하든 교회가 하나님이 원하시는 모습이 되도록 돕는 것임을 깨닫게 해 줄 것이다.

- **질서 유지** 마치 교회 리더십에 대한 핵심 성구가 고린도전서 14장 40절(ㅡ모든 것을 품위 있게 하고 질서 있게 하라ㅡ)인 것처럼 여기는 자세다. 물론 교회 생활은 질서가 있어야 하고 모든 것이 적절하게 이루어져야 하지만, 분명한 복음 비전은 질서가 변화와 모험을 회피하는 핑계가 되지 않도록 막아 줄 것이다.

- **교회 생활 세세히 관리하기** 그래서 장로들이 참석자 명단, 아침 커피, 음향 시스템에 대해 상당 시간을 들여 이야기하는 것. 분명한 복음 비전은 이런 것은 다른 사람을 훈련해 맡기고, 우리는 교회에 영적 리더십을 제공하는 데 집중할 것임을 의미한다.

- **교회 경영** 장로들은 쉽게 경영에 전념해 재정, 건물, 장비에 초점을 맞추기 쉽다. 그러나 명확한 복음 리더십에서는 장로들이 다른 사람들의 은사를 활용해 이런 문제를 다루고 그들은 자신의 주요 임무에 집중하도록 한다.

- **생존** 때로 안건은 단순히 예수님 재림까지 죽지 않고 버티는 것이다. 그러나 이런 때에도 복음 비전은 우리에게 희망을 주어 하나님의 방대한 사역과 기도의 효과, 말씀의 능력, 협력의 유익 등을 상기시킨다. 복음 비전은 우리에게 관점을 갖게 한다.

- **규모 확대와 성공** 안건은 교인 수와 명성이 될 수 있으며, 교회

'성공'을 위해 무엇이든 하려고 할 수 있다. 명확한 복음 비전은 우리의 방향을 재조정하여 열정이 교회와 그 크기가 아니라 하나님의 영광과 그의 사명으로 향하게 한다. 이는 실용주의가 되지 않고 성경적 사역 모델을 따르게 한다.

장로들은 이 모든 것에 대해 어쨌든 이야기할 것이다. 그들은 전통, 여론 주도자, 질서, 경영, 생존, 성장 등을 언급할 것이다. 그러나 이런 모든 대화에서 우리는 복음 비전으로 돌아가야 한다. 복음 강조와 우선순위가 교회 생활의 원동력이 되어야 한다.

사역 실천

이 장에서 우리는 신학과 실제 사역 실천 사이에 무엇이 있는지를 살펴보았다. 즉, 복음 사역을 위한 성경적 비전이 있다. 물론 현실적으로 장로들이 직면하는 가장 긴급한 문제들은 이런 것이 아니라 사역 실천 관련 문제들이다. 이 새로운 자원을 소그룹에 사용해야 하는가? 올해도 크리스마스 행사를 해야 하는가? 오전 예배를 두 번으로 확대해야 하는가? 누가 아동 사역을 맡아야 하는가? 일상적인 선택은 끝이 없을 것이다. 우리는 강박적으로 이런 전략과 실천 문제를 다루는 데 집중하려 할 것이다. 그것들이 눈에 잘 띄고 끊임없이 압박하기 때문이다. 그러나 교회 생활의 가장 강력한 원동력은 그 뒤에 있다.

사역 전략과 실천에서 명확성, 예리함, 효과성을 이루는 데 사역을 위한 복음 비전을 깊이 생각하는 것보다 더 좋은 대안은 없다. 만약 당신이 사명, 성경적 사역의 핵심 원칙, 교회의 문화를 이끌 가치들에 대해 명확하다면, 현장의 많은 결정을 내리는 일이 훨씬 쉬워질 것이다. 왜냐하면 그것이 교회가 정말로 무엇인지에 대한 명확한 그림에 들어맞기 때문이다. 다음에는 이런 현장의 실용성을 다룰 것이다.

팀 토의 ─────────────────

Q1 당신의 교회는 사명을 명확히 정리했는가? 사명 선언문이 있든 없든, 교회 공동체는 교회가 무엇을 하려는지 확실히 알고 있는가? 그렇게 되려면 어떻게 해야 하는가?

Q2 여러분은 하나의 팀으로서, 사역을 위한 명확한 복음 비전 중심으로 연합되어 있는가? 그 비전을 어떻게 명확히 했는가? 이 장에서 논의한 여덟 범주 중 어떤 범주를 반영하고 있으며, 다른 무엇을 더 포함하고 있는가?

Q3 이전에 다루지 않았다면, 당신의 교회를 위한 명확한 복음 비전의 핵심 요소를 정리하기 시작하라. 호주복음연합의 사역 비전에서 시작해 각 분야에 대한 당신의 신념과 추가하고 싶은 다른 분야를 명확히 할 수 있을 것이다.

Q4 교회의 핵심 가치(명시 여부와 상관없음)를 논의하라. 당신의 교회가 명확히 가치 있게 여기는 것은 무엇인가? 교회 문화가 강화하는 가치는 무엇이며, 무엇을 약화하고 있는가? 그 가치가 신학적 신념과 복음 비전을 얼마나 잘 반영하고 있는가? 개인적으로 더 강조하고 싶은 가치는 무엇인가?

Q5 솔직히 말해, 장로로서 당신의 의사 결정에 영향을 주는 것이 복음 이외에 어떤 것이 있는가?

7

효과적 구조를 가진 리더십

장로들의 리더십 과제의 큰 그림은 먼저 신학적 명확성과 일관성을 개발하는 것과, 다음으로 명확한 복음 비전을 정립하고 내재화하는 것임을 보았다. 이제 살펴볼 세 번째 주요 리더십 과제는 교회 생활의 구조와 조직을 감독하는 것이다. 잘 이끌기 위해 장로들은 형태와 기능의 상호 작용, 유기체이자 조직인 교회의 역동성, 교회의 생애 주기와 규모가 교회의 삶과 사역에 미치는 영향을 이해해야 한다. 이런 사실을 감안할 때, 장로팀은 교회 생활을 위한 전체 구조를 설계할 필요가 있으며, 이 구조는 주인이 아닌 좋은 종이 되어야 한다.

앞에서 내가 낡은 차고를 새 차고로 바꾸려 했을 때 겪었던 관료주의에 대한 불만을 언급했다. 이 글을 쓰는 지금, 그 프로젝트는 몇 달째 진행 중이다. 여전히 차고는 보이지 않는다. 아무 일도 없었던 것은 아니다. 우리는 먼저 다양한 디자인을 탐색하고 여러 지역 건축업자를 조사했다. 여러 개의 견적서를 받았고, 한 회사를 선택해 상세한 계획서를 작성하고 계약을 체결했다. 그런 다음 건축업자는 건축 허가를 위해 지방 의회에 신청했으며, 여기에는 이웃의 동의 서명을 얻는 것도 포함되었다. 나는 현재 의회의 승인을 기다리고 있으며, 한편으로는 오래된 구조물을 철거하고 슬래브를 깔고 새 구조물을 세우기 위해 부지를 굴착할 준비를 하고 있다. 매우 기본적인 철제 차고를 짓기 위한 작업이다.

교회 생활에서도 효과적인 사역이 이루어지려면 많은 준비 작업이 필요하다. 위대한 사역은 저절로 일어나지 않는다. 수많은 시간, 수 개월, 수년 동안 꿈, 계획 수립, 컨설팅, 수정, 절망, 시도, 마침내 실행의 과정을 거친다. 때로 우리는 재정 확보를 기다려야 한다. 동의가 필요한데 얻기 어려울 때도 있다. 새 구조물을 세우기 위해 먼저 오래된 구조물을 철거해야 할 수도 있다. 때로는 일이 우리가 상상했던 것보다 훨씬 오랜 시간이 걸리고 힘들다.

다행히도 교회 생활에서 하는 많은 결정은 지나치게 복잡하지 않다. 6장에서 보았듯이, 명확한 복음 비전을 가지고 있다면 일상적인 결정을 내리는 일이 훨씬 단호해질 수 있다. 각 사안이 전체에서 어떤 위치를 차지하는지 알기에 훨씬 수월해진다. 그러나 교회 생활의 큰 그림은 진정한 사고와 노력을 필요로 한다. 장로들은 교회 전체가 어떻게 조직될 것인지를 정해야 한다. 이는 그리 흥미롭게 들리지 않지만 매우 중요하다. 모든 교회는 주인이 아니라 종인 효과적인 구조가 필요하다. 구조가 주인이 되면 우리는 제도에 발목 잡히고, 구조가 종이 되면 사람과 사역이 번창한다.

자유, 형식, 기능

신약 성경은 지역 교회 생활과 사역을 위한 구체적 구조에 대해 많은 지침을 제공하지 않는다. 성경은 교회 생활의 주요 기능을 규정하지만, 그 기능이 취하는 형식을 지시하는 일은 거의 없다. 기능은 말씀을 전하고, 하나님을 찬양하기 위해 교회로 모이고, 새로운 신자를 제자화하고, 젊은이들을 신앙으로 양육하며, 복음으로 믿지 않는 이들에게 다가가는 일과 같이 우리가 부름받은 과제를 말한다. 이것은 "시간을 초월하고, 불변하며, 타협 불가능한 원칙으로, 성경에 근거하고 모든 교회가 그 목적을 달성하기 위해 추구해야 하는 명령"이다.[1]

형식은 우리가 일하는 방법이다. 형식은 "일시적이고, 변화하며, 타협 가능한 실천으로, 문화에 기반하고 교회기 그 기능을 수행하기 위해 자유롭게 선택하는 방법"이다.[2] 우리는 청소년 그룹과 교리 교육 강좌(형식)를 통해 젊은이들을 제자화(기능)할 수 있고, 전도 행사와 알파 코스(형식)를 통해 잃어버린 영혼을 전도(기능)할 수 있으며, 주일 오전 10시에 한 시간 동안 전통적 의식(형식)으로 예배(기능)드릴 수 있다.

성경이 형식과 구조에 대해 상대적으로 침묵하는 것은 엄청난 누락일까, 아니면 하나님의 놀라운 지혜일까? 질문 속에 답이 있다. 진 게츠(Gene Getz)의 말처럼 "성경은 조직과 관리 방식에 대해 상대적으로 침묵한다. 이것은 계획된 것이 없어서가 아니라, 구조적 형식처럼 빨리 구식이 되는 것이 없기 때문이다."[3] 따라서 우리는 "우리 주 예수 그리스도의 지상명령을 수행하기 위해 결코 변하지 말아야 할 것과 변해야 할 것을 구별해야 한다."[4]

문제는, 이런 구분을 하는 일이 놀랍도록 어려울 수 있다는 것이다. 시간이 지나면서 어떤 형식은 특정 기능과 너무 밀접하게 연결되어서 그 형식을 변경하는 것이 배교로 여겨질 수 있다. 예를 들어, 교회는 항상 교리 교육반을 운영해 왔고, 그래서 젊은이에게 진리를 가르치는 방법이 다르게 바뀌면 신실하지 못한 일로 여겨질 수 있다. 장로들은 항상 목회적 돌봄의 수단으로 연례 심방을 해 왔기에, 목회적 돌봄을 다른 방식으로 변경하면 비성경적인 것으로 여겨질 수 있다.

따라서 지도자는 교회가 이런 구분을 이해하고 수용하도록 도와야 한다. 한때 효과적이었던 형식이 더 이상 효과적이지 않거나, 적어도 현재 우리가 아는 다른 방식보다 덜 효과적이게 되었기에 변경이 필요할 때가 있다. 우리가 사용하는 형식을 지속적으로 검토하고, 현재의 가치와 적실성을 평가해야 한다. 그것이 과거의 잔재이거나, 번거롭고 복잡해 현재의 요구를 충족하지 못하거나, 효과는 있지만 더 이상 최선의 선택이 아님을 발견할 수 있다. 반대로, 사역을 위한 우리의 복음 비전을 훌륭하게 표현하고 있어서 기꺼이 유지할 수도 있다. 형식은 반드시 복음 비전과 일치해야 한다.

유기체와 조직

효과적 사역을 위한 최상의 형식을 찾는 과정에서, 리더들은 교회가 유기체이자 조직이라는 둘 사이의 긴장 속에서 일해야 한다. 유기체로서, 교회는 유기적 전체로 움직이는 살아 있는 존재다. 교회의 삶과 활력 대부분은 구조와 형식적인 메커니즘과는 별개로 발생한다. 그리스도의 몸으로서 교회는 그분의 성령에 의해 움직인다. 그래서 누가는 사도행전에서 하나님의 말씀이 마치 살아 있는 것처럼 자라고 힘이 커진다고 기록할 수 있었다(예. 행 6:7; 19:20). 그리고 바울은 마치 나무에 대해 말하는 것처럼 복음이 열매를 맺고 자란다고 할 수 있었다(예. 골 1:6).

하나님의 말씀과 복음은 살아 있는 실재이기 때문에, 교회 생활에서 일어나는 가장 좋은 일 중 일부는 우리가 계획하지 않은 것이다. 놀랍게도 하나님이 일하신다. 우리는 전도반을 진행하고 있는데, 거기에 참석하지 않은 사람이 구원을 받을 수 있다. 우리가 기도회를 계획했는데, 참석자가 적지만 한 젊은 교인이 몇몇 친구와 함께 기도하기 시작하자 다른 이들이 동참해 정말 놀라운 성령의 역사가 일어날 수 있다. 우리는 설교를 신중히 준비하지만, 성령의 감동을 받아 즉흥적으로 한 말이 누군가의 삶에 강력하게 사용될 수 있다.

이 영적인 역동은 우리가 구조에 냉소적이 되게 할 수 있다. 그러나 교회는 또한 하나의 조직이다. 다행히도 하나님은 우리의 구조를 초월해 일하실 수 있지만, 일반적으로는 구조를 통해 일하신다. 유기체도 구조가 필요하다. 인체는 놀라운 유기체이지만, 믿을 수 없을 만큼 복잡한 많은 시스템으로 구성되어 있다. 마찬가지로 교회도 시스템과 구조가 필요하다. 예배, 영적 돌봄, 잃어버린 영혼에게 다가가는 방법을 계획하지 않는다면 어리석은 일이다. 구조는 사람들이 함께 일할 수 있도록 해 준다. 교회는 "조직화된 유기체"[5]가 되어야 한다.

문제는 시간이 지나면서 구조가 쉽게 독자적인 생명을 갖게 된다는 것이다. 종이 주인이 되어 희생을 요구하는 것이다. 그러면 어느새 우리의 큰 목적이 그 구조를 유지하는 것이 되어 버린다. 우리는 그렇게 한다고 생각하지 않는다. 우리는 사역을 지속하고 있다고 생각하지만, 실제로는 구조가 주도하고 있다. 기존 위원회에 사람이 배치되어야 하므로 누군가가 자신의 재능이 적합한지 여부와 관계없이 위원회에 배치된다. 특정 개인의 은사를 수용할 공간이 사역 구조 어디에도 존재하지 않으므로 그 사람은 교회 생활에 의미 있게 참여하지 못한다. 규칙이 상식에 우선하며 절차가 많아지고 교회는 점점 더 관료적으로 변한다. 관료적인 교회는 끝없는 견제와 균형을 통해 주도성, 자유, 자발성을 억압한다. 의사 결정은 여러 위원회를 거치면서 느리게 진행된다. 새로운 아이디어가 시스템을 통과하기 너무 어렵기 때문에 금세 죽어버린다. 혁신자들은 떠나고, 교회는 질서와 구조를 사랑하는 사람들을 끌어들인다. 어쩌면 그들은 복음 사명보다 그것을 더 사랑할지도 모른다.

구조가 주인이 될 때 사람은 이용당하거나 무시당한다. 콜린 마셜과 토니 페인의 책, 『지지대와 포도나무』(The Trellis and the Vine)에 나오는 이미지를 사용하면, 초점은 포도나무(복음의 성장)에서 지지대(복음 사역을 지원하는 조직 구조)로 옮겨진다.[6] 관리를 더 많이 하고 사역은 적게 한다.[7] 교회는 가족이라기보다는 사업체와 비슷해진다. 장로들 자신도 포도나무가 아니라 지지대로, 즉 "교인보다 기계"[8]로 초점이 기울어졌음을 깨닫게 될 것이다. 그들은 의식적으로 "단순한 조직 관리자가 되는 경향을 거부하고 대신 교회의 나침반이 예수님 안의 성숙으로 향하도록 해야 한다."[9]

팀 켈러는 유기체와 조직 사이의 이 긴장을 운동과 제도 사이의 긴장으로 연결한다. 그는 운동은 매력적인 비전이 특징인데, 이 비전은 "운동과 그 지도자들이 이루려고 하는 미래에 대한 매력적이고 생생하고 명확한 그림"[10]이라고 주장한다. 이 비전은 "매우 강력해서 희생적인 헌신의 문화를 유도한다." 이 문화에서 리더들은 거의 보수가 없을 수 있지만 매우 가치 있는 일에 참여하는 기쁨으로 보상을 받을 수 있다. 모델은 역동적이며, 카리스마 있는 리더십, 신속하고 유연한 의사 결정, 전체 그룹의 혁신, 모험, 과거기 아닌 미래에 맞춘 초점, 결과를 내는 사람에게 주어지는 일자리 등의 특징이 있다.[11]

반면 교회가 제도화되면 규칙과 절차에 매이게 된다. 의사 결정은 느리고, 혁신이 이루어진다 해도 상향식이 아니라 하향식이며, 역할, 직위, 보수에 중점을 두고, 미래를 두려워하여 전통과 관습에 집중하고, 형식적인 자격을 가진 사람들에게 일자리가 주어진다.[12]

유기체는 반드시 조직되어야 하며, 운동은 "결국 비용을 충당할 자원을 생산하는 지속 가능한 사업 모델로 정착해야 한다. 이 일에 실패하면 최고의 인재가 소진되고 비전을 향한 진전을 이룰 수 없다."[13] 하지만 이런 전환이 이루어질 때 리더들은 복음을 위한 비전을 계속 재구성해, 주 초점이 지지대가 아닌 포도나무 자체가 되게 해야 한다.

교회 생애 주기

새로 시작한 일을 결국은 더 구조화된 실체로 전환해야 하는 현실은 교회가 사람, 식물, 나비, 사업과 마찬가지로 생애 주기를 가진다는 점을 일깨운다. 에베소 교회에 대한 성경의 기록은 흥미로운 사례 연구가 된다. 이 사례는 AD 50년대 초에 설립된 이후(참조. 행 18:19) 바울의 3년 사역 아래 견고해지고(참조. 행 19:8-20:1), 아시아 전역에 큰 영향을 끼쳐 최대 11개의 교회를 탄생시키고,[14] 바울이 AD 60년대 초 에베소 교회에 편지를 쓸 때 뚜렷하게 안정적이었으며, AD 60년대 중반 디모데를 사역자로 세우게 만든 거짓 교사들의 위협을 받았고, AD 90년대에 부활하신 그리스도께서 마지막 편지를 보내오실 때까지(참조. 계 2:1-7)[15] 한 교회의 40년 역사를 보여 준다.

그때쯤에는 모든 것이 다 좋지는 않았다. 예수님은 에베소 교회의 열심과 인내를 칭찬하셨고, 거짓 가르침에 대한 거부와 진리를 지키려는 자세를 높이 평가하셨다. 그러나 그들은 신실하고 정통을 지켰어도 처음 사랑을 버렸다. 그레고리 빌은 이들의 처음 사랑이 복음에 대한 열정과 하나님 말씀 전파의 열의였다고 주장한다. 그들은 대체로 서로에 대한 사랑이나 그리스도를 향한 사랑을 잃지 않았지만, "세상에서 그분을 증언하는 방식으로 예수님을 향한 과거의 열정적인 사랑을 이제는 표현하지 않았다."[16] 교회는 어두운 세상에서 밝게 빛남으로 사람들의 삶에 빛과 소망과 사랑을 주어야 한다. 그러지 않으면 교회는 더 이상 예수 그리스도의 참된 교회가 되기를 멈춘다. 교회가

"증인의 등잔으로서 소명을 실행하지 않는다면, 그들의 등잔은 옮겨질 것이다."[17] 하나님의 은혜로, 역사는 에베소 교회가 이 경고에 귀 기울였고 "다시 번성하는 교회가 되었음"[18]을 증언한다.

에베소 교회의 생애 주기는 우리 교회의 생애 주기가 어떻게 될지를 일깨워 준다. 교회 생애 주기의 단계를 다양한 방식으로 그릴 수 있지만, 일반적인 패턴을 네 가지 단계로 요약할 수 있다.[19] 첫째, 교회 개척으로 이어지는 초기 비전이 있다. 이때는 흥분, 동기, 헌신, 열정의 시기다. 이 시기에는 자원이 부족해도 보통 큰 복음 사역을 시작한다. 교회는 역동적 유기체이며, 신선한 운동이다. 사람들은 열정적이며, 지도자들은 영감을 준다. 위대한 복음의 마음이 모든 것에 힘을 불어넣어, 교인들은 교회가 번창하는 것을 보기 위해 엄청난 희생을 한다.

이런 원초적 에너지는 얼마 동안만 지속될 수 있다. 얼마가 지나면 교회는 더 큰 안정성과 더 많은 자원을 갖추는 두 번째 단계로 나아가야 한다. 지속 가능성을 유지하려면 더 많은 구조와 시스템, 조직이 필요하다. 향후 몇 년 동안 교회는 강력하고 생존 가능한 회중으로 성장하게 된다. 팀, 제자도, 영성 함양에 대한 관심이 커진다. 교회는 부지와 건물을 확보하고, 직원을 임명하며, 고품질 프로그램을 개발할 수 있다. 그러나 위험은 편안해져서 사람들이 더 수동적이 되고 원래의 복음 비전이 희미해지는 것이다.

이 시점에서 두 가지 길이 있을 수 있다. 이상적인 경로는 이제 "지속 가능한 건강"[20]을 경험하는 것이다. 교회는 비전과 시스템 간의 긴장, 아웃리치와 영적 교육 간의 긴장을 건강하게 헤쳐 나간다. 수치적으로나 영적으로 성장할 뿐 아니라 재생산하는 교회가 되어, 예배 횟수를 늘리거나 새 교회 개척을 통해 교회 수를 배가한다. 다른 경로는 교회가 현상 유지 모드로 들어가는 것이다. 교회는 정체되었지만, 규모가 크고 강하기 때문에 매우 건강해 보일 수 있다. 그곳의 목사로 불리는 것은 영광이며, 교인들은 교회의 규모, 힘, 프로그램, 자원을 좋게 생각한다. 그러나 겉모습은 거짓일 수 있다. 실제로는 교인 수가 기본적으로 정체되고, 신앙으로 돌아오는 사람이 거의 보이지 않고, 출생과 이동으로 인한 성장이 사망자 및 타 교회 이동자와 대체로 균형을 이룬다.

교회는 수년, 심지어 수십 년 동안 그 자리에 있을 수 있지만 다음 단계의 씨앗은 이미 뿌려져 있다. 복음 비전을 새롭게 하지 않으면 교회는 네 번째 단계, 즉 쇠퇴와 궁극적인 죽음으로 나아가게 된다. 숫자가 감소하고, 회중은 노화되며, 교회는 지역 사회로부터 점점 더 멀어져서, 변화가 없다면 교회는 죽게 될 것이다. 교회는 복음 사명에 대한 새로워진 비전과 신선한 리더십을 절실히 필요로 하지만, 이 시점에서 강력한 리더와 비전가들은 이미 떠나고 없다.[21] 결국 교회가 재출발하거나 재조정되거나 부흥하지 않는다면 교회는 문을 닫고 그 아름답고 오래된 건물은 팔려서 미술관이 될 것이다. 교회가 부유하다면 죽은 이후에도 오랜 시간 열려 있을 수 있지만, 참석하는 사람은 교회가 이미 죽어서 매장되어야 함을 알고 있을 것이다.

장로들은 교회가 이 생애 주기 중 어디에 있는지를 정확하게 직시해야 한다. 여전히 살아 있는 유기체이며, 활기찬 복음 운동과 고무적인 비전을 가지고 있는가? 탄생에서 죽음에 이르는 끊임없는 움직임을 피할 수 있는 유일한 방법은 복음 비전을 지속적으로 갱신하는 것이다. 교회의 각 세대는 왜 존재하는지를 새롭게 파악하여, 하나님이 그들 앞에 두신 선교지를 찾아내고, 사역을 위한 복음 비전을 재구성하며, 교회 문화를 새롭게 해야 한다.

교회 규모에 적합한 구조

교회는 생애 주기 단계뿐 아니라 규모에 따라서도 달라진다. 규모가 교회 생활에 미치는 영향을 과소평가하기 쉽다. 작은 교회가 초대형 교회와 매우 다르다는 것은 모두가 알지만, 교인 수가 늘거나 줄 때 그 차이가 어떤 영향을 미치는지를 잊기 쉽다. 크레이그 해밀턴이 지적하듯이, "숫자가 중요한 것은 더 크거나 더 작아서 좋다는 것이 아니라, 크거나 작음이 매우 다르기 때문이다."[22]

교회 규모와 구조 사이에는 특히 밀접한 관계가 있다. 교회의 규모는 구조가 얼마나 많이 필요한지, 상향식 또는 하향식이어야 하는지, 교회를 이끌기 위한 은사와 기술은 무엇인지를 결정한다. 규모가 커질수록 복잡성의 수준도 증가한다. 이는 한 규모에서 다른 규모로 전환하는 것이 어려움이 많다는 것을 의미한다. 구조와 심지어 시스템 변화가 필요한데 교회나 장로들이 준비되어 있지 않을 수 있다. 결과적으로 많은 교회가, 그들의 구조가 뒷받침하는 규모가 그것이므로 오랫동안 같은 규모에 머문다. 또한 현실에서는 "대부분의 사람이 특정 크기의 문화를 선호하는 경향이 있으며, 불행히도 많은 사람이 그들이 좋아하는 크기의 문화가 도덕적이라고 여기고 다른 크기는 영적으로나 도덕적으로 열등한 것으로 여긴다."[23]

장로들은 교회 규모가 변화함에 따라 구조와 리더십에 큰 변화가 필요함을 알아야 한다. "대형 교회는 단순히 소형 교회의 큰 버전이 아니다."[24] 그렇다면 교회 규모에 따라 구조와 리더십은 어떤 관계를 가질까? 이들 사이의 역동이 변화할 수 있기 때문에 일반화는 다소 위험할 수 있다. 어떤 교회는 훨씬 더 크면서도 소규모 교회처럼 운영되는 문화를 발전시킬 수 있으며, 그 반대의 경우도 있을 수 있다. 하지만 교회 규모를 분류하는 단일 모델은 존재하지 않아도, 몇 가지 일반화는 도움이 될 수 있다.

일반적으로 1명에서 1,000명 사이의 교회는 다음 네 가지 크기 카테고리 중 하나에 해당한다.[25]

50명 이하 교회

호주에서는 50명 이하의 신도가 있는 교회가 무려 47%에 달하는 가장 일반적인 교회 규모다.[26] 미국에서는 이 규모의 교회가 42.7%다.[27] 전 세계의 목사들이 교인 수를 늘리기 위해 경쟁하는 듯하고, 자신의 교회가 작다는 데 종종 안타까움을 느끼지만, 실제로 대부분의 교회는 매우 작다. 가정 교회, 개척 교회, 농촌 교회 그리고 쇠퇴하는 많은 교회가 이 크기 범주에 속한다.

이 교회들은 종종 대가족처럼 운영된다. 서로 잘 알고, 자연스럽게 정기적으로나 비공식적으로 연결되는 가족과 친구들의 밀접한 네트워크가 있다. 이들은 종종 사례가 없는 목사를 두고, 장로는 이 작은 시스템의 내부 역동을 잘 아는 핵심 가족 중에서 나온다. 교회는 실제로는 주동 가족의 남녀 가장들에 의해 이끌리기도 한다. 만약 목사가 부임한다면 그는 사실상 가족 전담 목사가 되어 의사 결정에는 실제적인 영향력이 거의 없음을 알게 될 것이다. 그런 결정은 주로 가족 그룹에 의해, 종종 생일 파티와 같은 자리에서 이루어지기 때문이다! 가정 교회와 개척 교회에서는 남녀 가장의 역할이 부재할 수 있으며, 교회는 강한 대인 관계 연결성을 가진 확대된 소그룹처럼 운영된다. 의사 결정은 민주적이고 비공식적이다. 소통은 말로 이루어진다.[28]

작은 교회는 일반적으로 따뜻하고 배려가 넘치는 친근한 공동체이지만, 성장하면 상황은 변해야 할 것이다. 더 많은 조직이 필요하게 될 것이고, 의사 결정 과정도 바뀌어야 할 것이다. 30명의 친구들 앞에 서는 것은 매우 쉽지만, 다양한 많은 사람이 참여하는 예배를 인도하는 일은 전혀 다르기 때문에, 리더들에게는 더 큰 재능이 요구될 것이다. 마찬가지로 교회가 성장하면 음악, 행정, 아동 및 청소년 사역, 전도에 필요한 기술이 모두 변할 것이다. 이 전환은 그리 쉽지 않을 것이다.

50에서 200명 사이의 교회

이 규모는 작은 교회에 이어 호주에서 두 번째로 흔한 교회 규모로,

37.39%의 교회가 주간 참석자 수가 50명에서 200명 사이다. 평균 주간 참석자는 128명이며, 이는 소수의 큰 교회 때문에 왜곡된 수치다. 주간 참석자 중앙값은 50명에 불과하다.[29] 바나 그룹(Barna Group)은 이와 유사한 미국의 교회 상황에 대해 언급하면서, "교회의 현황 2016" 보고서에서 다음과 같이 말한다.

조엘 오스틴과 40,000명 이상이 참석하는 레이크우드 교회 같은 초대형 교회 및 초대형 교회 목사들의 막대한 문화적 영향에도 불구하고, 미국에서 가장 많은 교회 참석자들은 좀 더 친밀한 환경에서 예배에 참석한다. 거의 절반(46%)은 100명 이하의 교인이 있는 교회에 참석한다. 3분의 1 이상(37%)은 100명 이상 499명 이하의 중간 규모 교회에 참석한다. 11명 중 1명(9%)은 500명에서 999명 사이의 참석자가 있는 교회에 참석하며, 약간 더 적은 수(8%)는 1,000명 이상이 참석하는 매우 큰 교회에 참석한다.[30]

작은 규모에서 중간 규모의 교회는 보통 한 목사를 청빙하는데, 그가 교회 생활의 핵심 인물이 된다. 보통 그는 주요 리더, 설교자, 핵심 목회적 돌봄 제공자이며, 교회의 거의 모든 사람과 연결된 사람이다. 이 목사는 거의 모든 교회 회의에 참석하며 모든 결정에 필수적으로 참여한다. 교인들은 종종 그로 인해 교회에 등록하거나 교회를 떠난다. 만약 그가 은사가 매우 뛰어나다면 교회는 성장할 것이고, 그렇지 않으면 교회는 쇠퇴할 수 있다.

많은 사람에게 50명에서 200명 사이의 교회는 잘 돌아가지만, 이 범위의 상한선에서 역동성은 한계에 이른다. 목사를 재정적으로 충분히 지원할 수 있을 만큼 크고, 모두가 서로를 알 만큼 작으며, 핵심 사역을 운영할 충분한 자원을 가지고 있다. 아동 및 청소년 사역, 소그룹, 전도 활동, 음악팀, 장로와 집사를 선출할 만큼의 인원이 있다. 주일 예배 기도에서는 사람들의 이름을 부르며 기도해 줄 수 있다.

이 크기의 교회 장로들은 모든 사람을 알고 있으며, 현재의 이슈도 잘 알고 있다. 회의 때는 모든 긴급한 목회 문제에 대해 대화할 수 있으며, 리더십 결정에 대한 반응을 대부분 예측하고 선제적으로 대응할 수 있다. 그러나 이런 역동이 건강하게 유지되려면 의사소통이 필수적이다. 장로들은 자신들처럼 모든 사람이 모든 정보를 알고 있다고 가정할 위험이 있다.

더 큰 위험은 한 명의 유급 사역자에게 너무 많은 사역을 기대한다는 것이다. 장로들에게는 목회자를 지원하면서도 대부분의 일을 목회자에게 맡기는 경향이 있을 수 있는데, 이는 결국 탈진으로 가는 지름길이다. 이것은 또한 교회 생활에 병목현상을 일으키며, 교회의 잠재력은 목회자의 능력에 의해 제한된다.

이 규모의 교회는 일단 이 범위의 상한선에 도달하면 어려움을 겪는다. 그 이유는 교회를 잘 작동하게 하는 역동성이 압박을 받게 되기 때문이다. 그러나 변화는 매우 불편할 것이며, 그래서 이 규모의 교회는 150명 이상으로 성장할 수 있지만, 종종 그 유명한 '200명 장벽'에 부딪히게 된다. 시스템의 변화가 일어나지 않는 한 그들은 더 이상 성장할 수 없을 것이다.

200명에서 400명 정도의 교회

이 규모의 교회에서는 중요한 구조적 및 리더십 변화가 발생한다. 목사는 여전히 중요한 인물이지만, 이제 모든 교인을 알거나 돌볼 수 없다. "전임 목사가 150-200명 이상을 대상으로 개인적 목양을 할 수 없다는 것은 사회학적 사실이다. 어느 시점에서 모든 목사는 개인적으로 방문하거나 연락을 유지하거나 모든 교인에게 제대로 대응할 능력을 잃게 될 것이다."[31] 이것은 그가 조직과 다른 리더들을 이끄는 데 더 많은 시간을 보내게 되면서 초점이 변하게 됨을 의미한다. 보통 직원이 추가로 임명되어 교회 생활에 완전히 새로운 역동성이 생긴다. 그 이유는 이제 장로들과 함께 두 번째 리더십 팀이 생기기 때문이다. 두 팀의 관계는 매우 중요하다. 만약 교회 성장 과정에서 목사 혼자 이 일을 감당하게 된다면, 이제는 직원 관리 방법을 배워야 한다. 장로들도 직원에게 어느 수준의 권한을 맡겨야 할지 결정해야 한다. 그들은 더 이상 모든 중요한 결정을 직접 내리지는 않겠지만, 여전히 교회 전체를 감독해야 한다.

이 규모의 교회는 더 나은 프로그램을 개발할 자원이 넉넉하다. 교인들은 목사보다 프로그램 때문에 등록하거나 떠날 가능성이 높다. 그들은 청소년 사역, 음악 사역, 어린이 프로그램, 설교 사역 때문에 등록한다. 이것은 새로운 사역팀이 개발되고 장로들은 그 팀에 더 많은 책임을 위임하게 될 것을 의미한다. 예를 들어 선교팀, 예배위원회, 돌봄팀이 있을 수 있으며 이들 모두가 교회 생활에 영향을 미치는 결정을 한다. 장로들은 이런 그룹으로부터 의견을 수렴하고 모든 관계자에게 교회의 신학적 신념, 사명 및 복음 비전, 가치 및 문화를 명확히 알려 주어야 한다.

이런 변화는 작은 규모를 사랑했던 교인들에게 어려운 일이다. 그들은 목사가 모든 사람을 심방하지 않기 때문에 일을 잘못한다고 생각할 수 있다. 그들은 일어나고 있는 모든 일을 알지 못하기에 소외감을 느낀다. 그들은 모든 사람을 알던 때를 그리워한다. 공간과 시설에도 문제가 생긴다. 건축 프로젝트를 고려하는 것이 좋겠지만, 그것 또한 쉽지는 않다.

400명에서 1,000명 규모의 교회

이 규모의 교회는 초대형 교회(메가 처치)는 아니지만 규모감이 있으며, 다른 모든 규모와는 다소 다른 역동성을 지닌다. 이 교회는 이제 좋은 관리, 대규모 예산, 다수의 직원, 상당한 시설이 필요한 규모 있는 조직이 되었다. 이 교회는 "복잡성과 다양성"[32]으로 인해 더 작은 규모의 교회가 구별된다.

대부분의 사람이 담임 목사를 개인적으로 알지 못하며, 다른 교인들도 거의 알지 못한다. 교제와 양육은 훈련받은 자원봉사 리더들이 이끄는 소그룹 중심으로 이루어지며, 이들은 유급 목회 직원의 감독을 받는다. 직원이 더 많이 고용될수록 세분화가 이루어지고 전문가적 기준에 대한 기대가 높아진다. 이는 특히 주일 예배에 해당되며, 고품질의 설교, 음악, 심미성, 시설에 대한 기대가 증가한다. 좋은 경우 이는 사역의 탁월함을 의미하지만, 나쁜 경우 소비자 중심주의를 의미한다.

이 규모의 교회는 장로직의 작동 방식을 재평가해야 한다. 이때 받기 쉬운 유혹은 기업 모델을 채택해 장로들은 이사처럼, 담임 목사는 CEO처럼, 직원팀은 핵심 리더처럼 행동하려는 것이다. 4장에서 보았듯 이런 역동의 일부는 불가피하다. 장로들은 이사회처럼 담임 목사와 함께 비전과 방향을 설정하고 사역 전반을 지속적으로 평가한다. 그들은 목회적인 마음뿐 아니라 입증된 리더십 능력을 기준으로 선택된다. 그들은 더 높은 수준의 사역 감독을 가지고, 대부분의 사역 및 사역 의사 결정은 교회의 직원이나 사역팀에 위임한다.

하지만 2장과 3장에서 살펴본 성경적 원칙들을 타협해서는 안 된다. 장로들은 여전히 양 무리의 목자여야 하며, 단순한 사업체의 경영자가 되어서는 안 된다. 그들은 여전히 경건과 영적 성숙을 바탕으로 선택되어야 하며, 경영 경험만으로 선택되어서는 안 된다. 그들은 여전히 사역에 참여하고 개인을 사랑하고 돌보아야 한다. 교회 생활에 적극 참여하고, 환대를 실천하고, 다른 사람들을 멘토링하고 제자 훈련하며, '평범한' 교인들과 만남으로써 그들이 높은 차원의 의사 결정을 할 때에도 마음은 교회 생활의 현실과 일치될 것이다.

또한 장로들은 다른 사람을 더욱 신뢰해야 한다. 이제 그들은 많은 의사 결정의 중심에 있지 않고, 직원들과 사역팀이 교회를 형성하는 결정을 할 것이다. 따라서 장로들이 신학적 명확성과 복음 비전에 더 많은 주의를 기울이는 일이 그 어느 때보다도 중요하다. 그들은 모든 의사 결정을 통제하거나 일어나는 모든 일을 파악함으로써가 아니라, 교회 생활 전반에 걸쳐 신학적 일관성이 있고 교회의 복음 비전이 모든 사역에 스며들게 함으로써 교회의 삶을 형성해 나가야 한다.

교회 규모 측정

여기에 제시된 교회-규모 역동은 교회가 하나의 교회 내에서 여러 회중으로 변하면 다시 변화된다. 각 회중은 더 작은 교회의 역동성을 가질 수 있지만, 조직적으로는 하나의 큰 교회다.

장로팀은 규모와 十소로 인한 문제를 직면해야 한다. 그들은 "잘 작동하는 구조는 성장을 촉진하는 경향이 있고, 이는 결국 구조가 작동하지 않게 만든다"는 아이러니를 받아들여야 한다. "다시 말해, 어제의 성공과 발전은 오늘 조직의 실패와 문제를 발생하게 한다. 오늘의 성공은 내일의 문제를 보장하는 것이다."[33] 이 현실은 교회 생활의 긴장이 때로 구조 변경의 때가 되었음을 나타내는 것뿐임을 의미한다.

중요하게 선택할 것은 교회가 실제로 원하는 규모다. 규모는 옳고 그르고가 없지만, 앞서 본 바와 같이 규모는 각각 매우 다르고 장단점이 있다. 가능한 한 크게 성장하려고 할 것인가, 아니면 하나님이 성장하게 하시면 다른 교회를 개척할 것인가? 얼마나 커져야 개척할 것인가? 반대로, 하나님이 성장하게 해 주셨는데 개척을 하지 않는다면,

한 장소에서 얼마나 크게 성장할 수 있을까? 여러 장소를 둘 것인가, 아니면 예배를 여러 부로 할 것인가? 예를 들어, 만약 당신이 중간 규모의 교회 이상으로 성장하고 싶지 않다면, 어떻게 정체되지 않고 계속 복음을 전할 수 있게 할 것인가? 더 큰 교회로 성장하고 싶다면, 어떻게 교인들을 그 여정에 동참하게 하고 성장으로 인해 발생할 고통스러운 변화에 어떻게 대비하게 할 것인가?

또 다른 중요한 선택은 장로 집단의 크기다. 50명 이하의 교회는 종종 2-3명의 장로를 두며, 50명에서 200명 사이의 교회는 보통 4-8명이다. 이런 비율은 장로들이 사역적으로 매우 활동적일 수 있게 하며, 교회의 대부분의 사람들과 접촉할 수 있도록 한다. 하지만 그 이후에는 어떤 일이 일어날까? 400-800명의 교회에도 동일한 비율을 적용하면 리더십 팀을 다루기 힘들 것이다. 15명, 20명 또는 그 이상의 사람들이 한 테이블에 모이면 응집력 있고 효과적인 의사 결정을 하기 어렵게 된다.

성경에서 공식을 찾아도 답이 없을 것이다. 장로들이 자신들의 상황에서 성경적 장로직 기능에 가장 적합한 형식을 결정해야 한다. 그들은 두 가지 옵션 중 하나를 선택할 가능성이 높다. 대형 교회는 약 8-12명 정도의 장로팀을 구성하기로 결정하고, 다른 사람들을 사역 리더십과 목회 돌봄 역할을 수행하도록 임명할 수 있다.[34] 또는, 교인 전체와 목회적인 접촉을 할 수 있을 만큼 충분한 수의 장로를 둘 수도 있지만, 그중 일부를 구별하여 교회의 정규 업무를 관리하게 할 수 있다. 광의의 '목회' 장로 안에 있는 이런 '통치' 장로는 장로들 가운데서 선택되며, 과두 정치로 나아가는 것을 피하기 위해 어느 정도 로테이션을 하게 할 수 있다.[35] 또한 통치 장로들은 전체 장로 집단과 정기적으로 접촉해, 통치 집단이 맡아야 할 일과 전체 장로가 맡아야 할 일을 결정한다.

이 방식은 거의 무한히 변형될 수 있으며, 성경에 명확한 명령이 없기 때문에 교회는 성경적 장로직의 원리가 유지되는 한도 내에서 지역 교회의 상황에 맞추어 구조를 자유롭게 채택할 수 있다.

전체적 구도 설계

교회 규모가 어떻든 장로들은 전체 사역 구조를 설계해야 한다. 작은 교회의 구조는 보통 매우 간단하고 유기적이다. 조직할 것이 별로 없기 때문이다. 하지만 교회가 성장함에 따라 전체 조직은 꽤 복잡해질 수 있다. 직원과 회중과 사역이 다수일 경우, 교회는 많은 책임과 소통의 선을 가진 복잡한 조직도를 개발할 것이다.

이런 모습이 성경에서 어떻게 나타나는지를 찾으려 하면, 우리는 다시 한번 형식이 아니라 기능에 초점이 맞춰져 있음을 발견할 것이다. 누가는 사도행전에 부록으로 조직도를 덧붙이지 않았다. 일례로 우리는 에베소의 여러 가정 교회가 어떻게 조직되었는지 전혀 알 수 없다. 에베소 장로들은 그 교회들을 어떻게 감독했을까? 각 교회에 장로들이 있었을까? 모든 교회를 포함한 공식적인 사역이 있었을까?[36]

신약 성경이 기능에 중점을 두고 있음을 고려하여, 일부 교회는 교회의 핵심 목적을 중심으로 전반적인 구조를 만들려고 노력한다. 호주에서는 이것을 일반적으로 "5M 사역"이라고 부르는데, 이는 릭 워렌(Rick Warren)이 『목적이 이끄는 교회』(*The Purpose Driven Church*)에서 처음 언급한 교회의 다섯 가지 목적을 따른 것이다. 워렌은 지상 계명과 지상 명령이 다음과 같은 교회 생활 목적으로 이끈다고 주장한다.[37]

- **찬양**(Magnify) 우리는 예배 중에 하나님의 임재를 기린다.
- **선교**(Mission) 우리는 전도를 통해 하나님의 말씀을 전한다.
- **회원**(Membership) 우리는 하나님의 가족을 우리의 교제에 포함한다.
- **성숙**(Maturity) 우리는 제자 훈련을 통해 하나님의 백성을 교육한다.
- **사역**(Ministry) 우리는 섬김을 통해 하나님의 사랑을 보여 준다.

이 방식은 전체 구조가 우리가 하는 일의 **이유**에 초점을 맞추게 한다. 예를 들어, 단순히 부모에게 훌륭한 서비스를 제공하고 아이들을 행복하게 하는 데 집중하는 어린이 사역을 운영하는 대신, 그 사역 가운데 교회의 다섯 가지 주목적이 전개되어야 함을 상기시킨다.

이 방식은 또한 각 구성원이 성장할 수 있는 경로를 조성한다. 교회의 외부 사역을 통해 다가온 이들이 교회의 회원이 되고, 그들이 성숙으로 나아가게 하며, 다시 사역으로 나아가게 한다. 경로 사고(pathway thinking)는 우리가 프로그램 자체에 목적을 두지 않고, 모든 것을 사람들이 그리스도 안에서 성장하도록 돕는 수단으로 보는 것을 의미하므로 소중하다.

이 다섯 가지 목적은 핵심 리더들이 여러 교회 사역에서 5M을 발전시키는 책임을 지는 교회 구조로 이어질 수 있다. '찬양' 리더는 모든 주일 사역팀(예배 리더, 음악팀, AV팀, 성경 봉독자 등)을 감독하며, 아동, 청소년, 소그룹 사역은 물론 모든 영역에서 하나님을 예배하고 기뻐하는 태도를 발전시키도록 한다. '성숙' 리더는 소그룹 리더와 아동 및 청소년 리더를 감독하여, 이 사역의 열매가 그리스도 안에서 성숙되게 한다. '선교' 리더는 교회의 전도 전략을 감독할 뿐 아니라, 모든 다른 사역에 선교 초점을 심어 주기 위해 노력할 수 있다. 대형 교회에서는 보통 핵심 직원이 이런 다양한 영역을 감독하는 반면, 소형 교회에서는 목사, 장로, 다른 사역 리더가 이를 서로 배분할 수 있다.

다른 모든 전체적 시스템과 마찬가지로 이 접근 방식에도 약점, 모호성, 중복, 공백이 존재한다. 어떤 시스템도 완벽하지 않다. 교회의 삶은 어떤 하나의 시스템으로 나타낼 수 있는 것보다 더 복잡하고 종합적이기 때문이다. 이것은 '목적' 모델의 주요 대안에도 해당된다. 더 일반적으로 교회는 전체 교회 생활을 목표 집단을 중심으로 구조화한다. 여기에는 어린이 사역, 청소년 사역, 소그룹 사역, 돌봄 사역, 선교 및 전도 사역, 주일 사역(환영, 멀티미디어, 음악, 예배 인도 포함) 등이 있다.

소형 또는 중형 교회에서는 이런 구조가 상당히 간단하다. 왜냐하면 사역이 많아야 대여섯 개 정도이기 때문이다. 그러나 교회가 성장할수록 상황은 더 복잡해지며, 잠재적으로 수십 개의 사역 분야가 생길 수 있다. 그러면 감독과 명확성을 위해 이 분야들을 소집단으로 분류하고, 목사를 임명해 핵심 사역 분야를 감독하도록 해야 한다.

모든 교회에 통할 한 가지 모델을 제시하는 것은 불가능하지만, 전체적인 조직의 필요성은 피할 수 없다. 장로들은 교회 생활의 전반을 연결하고 조정하는 포괄적인 구조를 설계해 소통, 지원, 보고 경로를 명확하게 만들어야 한다. 만약 장로들이 각 사역의 의사 결정을 직접 하겠다고 고집하면 교회의 잠재력은 심각하게 제한받을 것이다. 목사, 핵심 사역 리더, 사역팀이 교회 생활의 다양한 영역을 발전시키도록 허용하려면, 장로들은 더 높은 수준의 리더십을 발휘해야 할 것이다. 주 초점은 사역에서 의사 결정을 내리는 것이 아니라 신학적 명확성을 사명, 복음 비전, 가치, 문화에 대한 분명한 의식과 함께 제공하는 것이다. 그들은 관료화와 제도화를 피하기 위해 가능한 한 작은 구조를 목표로 해야 한다. 그러나 각 사역이 교회의 전체 사명에 기여하는 방법을 명확히 하기 위해 충분한 조직 구조를 갖출 필요도 있다.

마지막 경고

구조가 중요하다는 것을 보았다. 그러나 관계가 더욱 중요하다는 것을 기억해야 한다. 때때로 교회는 거버넌스, 구조, 조직 설계에 집착해 이런 것들이 건강한 교회의 단순한 하인에 불과하다는 것을 잊는다. 그것들은 지지대다. 가장 중요한 것은 포도나무다. 훌륭한 구조가 있지만 사람들이 사랑받고, 양육되고, 제자화되고, 하나님의 가족으로 포용되지 않는다면 실제로 훌륭한 구조가 아니다. 나쁜 문화를 가진 훌륭한 구조는 나쁜 것이고, 구조는 형편없지만 훌륭한 복음 문화가 있는 교회는 잘 운영될 수 있다. 구조를 바로잡는 노력을 하되, 오직 하나님을 섬기고 그분의 사명을 진전시키며 그분의 백성을 사랑하는 방식으로 해야 한다.

팀 토의

Q1 당신의 교회는 생애 주기에서 어느 지점에 있는가. 그리고 잠재적인 정체나 쇠퇴를 막기 위해 어떤 노력을 하고 있는가?

Q2 당신의 교회는 어떤 규모이며, 그 규모의 특정 강점과 약점은 무엇인가? 더 큰 규모로 성장하고 싶다면, 그 성장에 따른 변화와 대가는 무엇인가? 더 커지는 것을 원하지 않는다면, 어떻게 복음의 성장을 계속 유지할 것인가?

Q3 당신의 교회의 전반적인 구조 설계를 토의하며 평가하라.
- 교회가 지나치게 구조적 또는 비구조적인가?
- 가장 적절한 장로팀의 규모는?
- 장로팀이 사역 번창과 증식을 위해 지나치게 개입하거나 불개입하지 않는가?
- 모든 사역의 직원과 리더들이 자체적으로 결정할 수 있는 것과 없는 것, 서로 간의 관계, 장로와의 관계에 대해 명확성을 가지고 있는가?

PART 3

교회 사역을 형성하는

대표 사역
리더십

8

선교 리더십
지역과 세계를 향한 복음 전파

장로들이 교회 생활 세부 사항까지 관리해서는 안 되지만, 세 가지 사역 분야는 대표 사역으로 거의 다른 모든 영역의 신학적, 문화적, 실천적 기준을 제공한다. 이런 사역에 대한 감독은 장로들에게 매우 중요한 일이 되어야 한다. 첫 번째 대표 사역은 선교 사명이다. 복음에 충실하기 위해 교회는 외부 지향적이고, 세계적 사고를 가지며, 전도할 수 있도록 성도들을 효과적으로 준비시켜야 한다. 우리는 이 사명을 달성하기 위한 방법을 논의할 것이며, 교회 생활의 이 측면이 자주 무시되거나 소외된다는 점을 인식할 것이다.

수년 동안 우리 가정은 비싼 플루트로 연주되는 매우 길고 느린 소리에 매일 괴롭힘을 당했다. 그 연습은 끝이 없어 보였다. 매력적인 멜로디나 극적인 기교는 없었다. 그것은 나중에 이루어질 일이었다. 우리 딸이 입술 모양과 음색을 완벽하게 다듬으며 각 음에 작고 점진적인 변화를 일으키는 데 한두 시간이 걸렸다. 인내하기 힘들었지만,

그 자체가 교육이었다. 나는 훌륭한 공연 뒤에 얼마나 많은 지루한 훈련과 집중이 있는지 깨닫기 시작했다. 관객이 기뻐할 수 있으려면 먼저 무대 뒤에 힘든 노력이 있어야 한다.

교회 생활에서도 비슷한 일이 일어난다. 교회가 지속적으로 건강하려면 반드시 올바르게 해야 할 기본 사항들이 있다. 기초를 바로 세우는 것은 엄청난 노력이 필요하고 종종 화려하지 않지만, 그 노력은 가치가 있다. 하나님의 친절하고 은혜로운 보살핌 아래에서 열매 맺는 사역은 일반적으로 이 일을 잘 수행함으로써 세워진다.

그렇다면 지역 교회의 음색 연습은 무엇일까? 교회 생활에서도 비슷한 일이 발생한다. 시간이 지나면서 소속감을 느낄 수 있는 교회가 되도록 장로들이 배후에서 오랫동안 신중하게 진행해야 하는 일은 무엇일까? 우리는 이미 장로들이 명확한 리더십을 제공해야 하는 주요 분야를 살펴보았다. 앞에서 보았던 도표로 돌아가면, 먼저 교회의 신학적 신념을 명확히 하고 지키는 일의 중요성에 대해 생각했다(5장).

도표 8.1. 명확한 리더십에 이르는 단계

다음 장(6장)에서는 하나님이 교회에 주신 사명을 정립하고 성경에 근거한 복음 비전을 명확히 정리하는 중요한 일에 집중했다. 우리는 또한 이 비전이 반드시 가치와 문화를 의식적으로 이끌어 그것이 사명과 복음 비전을 교회 생활에 정착시킬 수 있도록 해야 한다는 것을 보았다.

그 지점에서 우리는 전략으로 나아간다. 즉, 무엇을 어디에서 언제 어떻게 누가 이 사명을 감당할 것인가를 다룬다. 7장에서 보았듯이, 효과적인 사역 구조를 개발하는 데는 교회 규모, 교회 생애 주기, 전반적인 교회 조직과 같은 요소들의 영향을 이해하는 전략적 사고가 필요하다.

장로들이 교회의 실제 사역 실천을 시작할 때 추가적인 전략이 필요해진다. 여기서, 즉 교회의 일상생활과 사역에서 모든 것이 표현된다. 이미 살펴보았듯이 교회에는 일반적으로 다양한 사역 분야가 있지만, 그중 세 가지는 대체로 대표 사역으로 간주되어야 한다. 선교와 전도, 말씀과 예배, 돌봄과 제자 훈련이 교회 생활 전체의 분위기를 결정한다. 이 세 가지는 모든 다른 것의 템포를 결정한다. 따라서 이 세 가지 음색을 제대로 맞추기 위해 무대 뒤에서 더 노력할 가치가 있다. 장로들이 이런 분야를 세세하게 관리할 필요는 없지만, 세 가지가 교회의 신학적 신념, 사명 및 복음 비전과 완전히 일치하는 분명한 초점을 갖고 있는지 확인해야 한다.

이 장과 다음 두 장에서는 이 세 분야를 다룬다. 선교와 전도부터 시작하겠다. 왜 여기서 시작해야 할까? 한 가지 이유는 그렇게 하지 않으면 다른 두 대표 사역에 상당한 결핍이 있을 것이기 때문이다. 선교와 전도는 말씀 사역과 효과적인 제자 훈련의 핵심 요소다. 그러나 여기서 시작해야 하는 두 번째이자 훨씬 더 설득력 있는 이유는, 선교와 전도를 첫 번째에 두지 않으면 이것이 결코 대표 사역으로 자리 잡지 못할 위험이 크기 때문이다. 안타깝게도 많은 교회에서 이런 일이 일어난다. 선교와 전도는 교회 생활에서 가장 쉽게 무시되는 분야인 것 같다.

추진력

커다란 사륜 구동 화물 트럭이 거대한 이축 트레일러를 끄는 모습을 상상해 보자.[1] 교회의 장로들은 교회 여행에 필요한 모든 것을 뒤에 실어 놓았다. 설교 사역을 짐칸 중앙에 안전하게 고정해 두었다. 능숙한 손길로 청소년 사역, 시무 관리, 음악 및 소그룹을 단단히 묶어 놓았다. 모두 큰 패키지이지만 제자리에 있고 잘 보호받고 있다. 장로들은 어느 정도의 노력 끝에 관리와 운영을 확고하게 만들었다. 다양한 다른 사역과 교회 일들이 실렸고, 트럭과 트레일러는 넘칠 만큼 가득 차 있다. 장로들은 얼마나 많은 것이 있는지, 그리고 일부 패키지는 얼마나 크고 다루기 힘든지 조금 놀라고 있다. 하지만 여전히 적재하기 어려운 패키지 하나가 남아 있다. 때때로 장로들은 그것을 트레일러의 뒤에 그냥 올려놓기도 한다. 그러면 차가 덜컹거릴 때 떨어져 버린다. 다른 때는 위에 불안정하게 균형을 잡고 있지만, 트레일러가 진흙에 빠져서 짐을 가볍게 해야 할 때는 항상 첫째로 빠져나온다. 장로들을 비롯한 대부분의 교회 사람들은 안타까워하고 그러지 않기를 바라지만 항상 그렇게 되는 것 같다.

그 어려운 패키지는 물론 선교 및 전도 상자다. 많은 교회가 슬픈 경험을 하는 것은 곧, 그 상자를 유지하는 것이 가장 어려운 일이라는 것이다. 가장 쉽게 떨어지는 것이 바로 그 상자다. 모든 것이 정리될 때까지 본격적인 전도 노력을 미루고 싶지만, 모든 것은 결코 정리되지 않는다.

이번에는 다른 교회와 다른 장로팀과 다른 차량을 상상해 보자. 다시 한번, 모든 일반적인 패키지가 안전하게 제 위치에 있다. 그러나 이번에는 선교 상자가 보이지 않는다. 이것이 보이지 않는 것은 감사하게도 가장 좋은 이유 때문이다. 그들의 여행에서 선교는 더 이상 추가해야 할 사역이 아니다. 오히려 전체 짐을 움직이는 엔진이다. 그것은 차량의 후드 아래에 있어 그들이 하는 모든 것에 동력을 공급한다. 그것이 옆으로 떨어지거나 남겨질 방법은 없다. 그것이 모든 것을 움직인다.

이것이 이상적인 지역 교회다. 6장에서 보았듯이 교회의 선교 사명이 복음을 가지고 나아가 사람들을 제자 삼고, 그들을 그리스도 안에서 세우며, 예배 공동체로 모이게 하는 것이라면, 이는 가능하면 한 번 하는 사역이 아니라 교회 생활의 가장 핵심이자 영혼이다. 교회는 하나님이 주신 사명을 감당하고 있다. 그것이 가야 할 길이다.

물론 이 비유에서 우리는 존 파이퍼(John Piper)의 유명한 말을 기억해야 한다. "선교는 예배가 없기 때문에 존재한다."[2] 교회가 하나님의 선교에 헌신하는 이유는 선택받은 모든 자가 아직 구원을 받지 않았고, 그들이 구원받기 전까지 예수님은 재림하시지 않을 것이기 때문이다. 선교 사명의 목적은 하나님이 창세전에 선택한 자들을 모으는 것이다. 그들은 그리스도께 부름받고 그분의 몸 안으로 들어와야 한다. 그들은 참되고 살아 계신 하나님을 예배하는 자가 되어야 하며, 이제부터 영원토록 그래야 한다. 영원한 영광이 임하면 선교 사명은 성취될 것이며 더 이상 전도할 필요가 없을 것이다. 그러나 그때까지 전도 활동은 교회 소명의 핵심이다. 따라서 파이퍼의 통찰은 이 비유를 더 확장한다. 예배는 목적지다. 그것이 교회가 향하고 있는 곳이다. 교회의 모든 사역은 하나님을 영화롭게 하고 그분을 영원히 기뻐하는 것을 지향해야 한다. 그러면 하나님의 선교가 우리를 이 목적으로 이끌어 간다.

지역 교회들이 이 현실에 더 가까워지려면, 장로들은 선교 사명을 진지하게 우선시하는 리더십을 제공해야 한다. 하지만 그것은 무엇을 의미하는가? 어떻게 하면 교회 생활에서 선교 사명이 추진력이 되고, 뒷전으로 사라지는 패키지가 되지 않도록 할 수 있을까?

외부 지향

복음 전도의 일을 '할 일' 목록에서 제거하기 위한 몇 가지 세련된 전략을 찾으려는 유혹을 피해야 한다. 오히려 많은 교회에 필요한 것은 복음 전도를 지역 교회의 핵심 사업, 대표 사역으로 여기는 획기적 사고 전환이다.

근본적인 사고 전환은 내부 지향적 시선에서 외부 지향적 시선으로 바뀌는 것이다. 대부분의 교회가 시간이 흐르면서 내부 지향적으로 변한다. 교회가 성장함에 따라 점점 더 많은 사람을 목양해야 하고, 교인들은 자연스럽게 교회가 자신과 자녀들을 잘 돌봐 주기를 기대한다. 그들은 사역에 대해 피드백을 하고, 자신들의 돈으로 교회를 지원하며, 목사, 장로, 교회 생활에 대한 자신의 생각을 가지고 있다. 교회 밖의 사람들은 자신의 삶에 참여해 달라고 외치지 않기 때문에 점점 더 많은 시간, 돈, 에너지가 구원받은 이들에게 집중된다. 또한, 우리와 같은 생각을 가진 사람들과의 상호 작용이 우리와 다르게 생각하고 사는 사람들과 관계를 맺는 것보다 훨씬 쉽다. 우리는 항상 우리와 비슷한 사람들인 교인들에게 집중하는 것을 더 편안하게 느낄 것이다. 사실 그것이 우리의 사고방식이 된다. 그들과 우리 중에서 우리를 선호하는 것이다. 이런 자기 집중이 커지면, 의도치 않게 복음 전도를 결정적으로 죽이게 된다. 왜냐하면 선교 사명을 우선하는 것이 내부 지향적 교회에게는 고통스럽도록 불편하기 때문이다.

1986년에 이미 존 밀러(John Miller)는 내부 지향적 교회의 여러 특성을 설명했다. 그는 "잃어버린 영혼의 **위험**에 대한 무관심"[3]이라는 터널 시야를 언급했다. 그는 또한 공유된 우월감, 비판에 대한 극단적 민감성, "좋은 것" 선호 경향, 반복적인 대화와 잡담에 참여하는 경향, "선구자적" 리더의 부재, 생존에 불과한 그릇된 목적 등을 제시했다.[4]

그의 주장에 따르면, 이런 만성적인 자기 집중성의 기저에는 성령의 능력에 대한 믿음 결여, 사람들이 삶을 변화시키는 하나님의 능력에 대한 기대 부재, 영적인 삶에 대해 도전하는 대화 부족이 있다.

밀러의 진단은 내부 지향적 교회의 문제가 영적인 것이라는 점이었다. 그렇다면 장로들의 첫 번째 임무는 교회의 영적 건강을 감사하는 것이다. 그들은 교회를 영적 무관심과 안일함으로 이끄는 모든 문제를 다루기 시작해야 한다. 그들은 잃어버린 영혼의 위험에 대한 무관심, 복음 전파와 관계없는 내부 논쟁, 교회의 전통이나 신학에 대한 잘못된 자부심, 편안함을 추구하고 배가 흔들리지 않기를 바라는 만연한 열망에 도전해야 한다. 장로들 스스로는 현 상태에 의문을 제기하고 사명에 열정적인 선도적 리더가 되어야 한다.

내부 지향적 교회가 회개하도록 요구하는 동시에 복음 전도의 열정, 하나님의 영광을 위한 열심, 그분의 능력에 대한 큰 확신으로 이끄는 불을 지펴야 한다. 하나님은 평범한 장소에서 평범하게 사는 평범한 사람들의 삶에 역사하기를 기뻐하시지만, 그분의 능력은 특별하고, 그분의 성령은 저항할 수 없으며, 그분의 말씀은 제지할 수 없다. 하나님의 능력과 임재에 대한 큰 관점만이 사람들이 모험하고, 전도의 길을 나서고, 담대하게 말하고, 과감히 사랑하고, 실질적으로 희생하고, 관대하게 환대하고, 값없이 섬기고, 기대를 품고 기도할 수 있도록 유도한다.

따라서 내부 지향적 교회를 치료하는 것은 바로 복음 자체다. 우리가 품고 나아가야 할 복음은 우리 자신도 끊임없이 필요로 하는 복음이다. 교회는 우리의 삶을 더 좋게 만들어 주겠다고 약속하는 하나님에 대한 편협하고 치유적인 복음이 아니라, 하나님이 어떤 분인지와 그분이 이 세상에서 어떤 일을 하시는지 거대한 비전을 제시하는 "땅끝까지 구원"[5] 복음으로 충만해야 한다. 이 큰 복음이 매주 우리의 마음을 감동시켜야 한다. 우리는 모든 사람의 충성을 요구하는 하나님의 능력, 거룩함, 영광에 대한 새로운 이해가 필요하다. 우리는 하나님의 의와 공의와 다가오는 심판에 대한 긴급한 진리를 들어야 한다. 우리는 모든 사람의 두 가지 영원한 운명인 천국과 지옥의 현실에 직면해야 한다. 우리는 아들을 보내셔서 그를 믿는 모든 이의 죄를 지고 벌을 받게 하신 하나님의 놀라운 은혜에 대해 들어야 한다. 우리는 이 세상은 곧 없어지고 영원은 영원히 지속된다는 것을 상기해야 한다.

이 큰 복음의 현실이 성령의 능력으로 우리의 미음에 새겨질 때 우리는 영적으로 깨어나고 가능한 한 최대한 복음을 전파하는 삶을 살 것이다. 당신의 교회는 얼마나 영적으로 살아 있고 긴박감을 가지고 있는가?

글로벌 마인드

외부 지향적 시각은 또한 글로벌 시각이어야 한다. 지역 교회의 레이더에 선교 사명을 올리더라도, 우리의 초점이 매우 지역적일 위험이 있다. 어떤 교회는 지역 전도에 대한 진지한 노력 없이 해외 선교사에게 집중하는 반면, "많은 교회가 가까이 있는 지역에 다가가는 데 몰두한 나머지 성경에 나오는 세계적 관점을 잃어버렸다."[6] 우리는 주된 초점을 세계에 두면서, 지역 전도를 통해 세상에 대한 하나님의 사랑과 모든 민족을 제자 삼으라는 명령, 땅끝까지 증인이 되라는 위임을 구체화해야 한다.

세계적으로 생각할 때, 최근 수십 년간 일어난 놀라운 변화를 돌아볼 필요가 있다. 세계 교회는 이제 백인과 서양이 주류가 아니다.[7] 비서구권의 기독교인 수가 더 많고 교회 성장 속도가 더 빠르다. 인도, 중국, 나이지리아와 같은 나라들이 미국, 영국, 유럽, 호주에 선교사를 보내고 있다. 2020년 기준 약 28,039명의 선교사를 파송한 한국은 이제 세계에서 두 번째로 많이 선교사를 파송한 국가가 되었다.[8] 동시에 다수의 이민자가 서구의 인종 구성을 바꾸어 놓았다. 우리는 복음을 들고 열방으로 가야 한다. 그러나 이 임무는 열방이 우리에게로 왔기 때문에 어떤 면에서 더 쉬워졌다.

선교와 **선교사**라는 용어는 해외 선교와 관련 있고, **전도**와 **아웃리치**는 국내에서 일어나는 일이었다. 그러나 이런 구분은 도움이 되지 않는다. '선교사'라는 말은 많은 국가에서 "식민 제국주의, 문화적 우월성, 종교적 불관용"의 뉘앙스를 가지고 있어서 다소 문제가 되며, 실제로는 서구도 비서구 세계와 마찬가지로 선교지이고, 전도는 두 환경에 모두 적용되는 교회의 주된 소명이다.[9]

그러므로 복음 사역을 이야기할 때 우리는 세계, 즉 해외와 뒷마당에 대해 이야기해야 한다. 지역 선교는 세계 선교의 한 부분일 뿐이다. 하나님의 마음은 열방을 향해 있으며, 그분은 "각 나라와 족속과 백성과 방언에서"(계 7:9) 큰 무리를 모으고 계신다. 브루스 디플(Bruce Dipple)은 교회가 선교를 중심에 두는 것이 어떤 모습인지 요약하면서, 다음과 같은 하나의 지표를 제시한다. "모든 교인이 세계 그리스도인으로서, 복음과 관련된 세계의 상황 그리고 그들과 그들의 교회가 세계 교회 성장에 기여할 다양한 방법을 알고 있다."[10]

우리는 어떻게 이 지점에 도달할 수 있을까? 우리의 노력을 이끄는 것은 하나님의 세계적 복음 계획에 대한 강력한 비전을 끊임없이 제시하는 설교가 되어야 한다. 그 이후에는 다양한 국가에서의 선교를 지속적으로 강조하고, 박해받는 교회를 위해 대담하게 기도하며, 10/40 창 선교를 위한 기금을 우선시하고,[11] 해외 선교 사역자를 채용한 후 성기적으로 그들에게 편지를 쓰고, 그들을 위해 기도하며, 교인들을 보내 심방하고 격려해야 한다. 또한 우리는 타 문화 선교를 포함, 복음 사역을 위해 교인들을 적극적으로 모아야 한다.

선교 문화

외부 지향적이고 세계적으로 사고하는 교회를 만드는 일은 교회 생활에서 복음 문화를 육성하는 것이라고 할 수 있다. 6장에서 교회의 복음 비전이 모든 것을 이끌어야 한다는 점을 보았다. 따라서 스타일과 복장 규정, 예배 형식과 언어, 음악과 미학, 건물과 배치에 대해 생각할 때, 우리 눈에 보이는 구원받은 사람들의 편안함이 아니라 잃은 자들을 향한 선교 사명을 염두에 두어야 한다. 일부 교인들은 교회가 복음이 아니라 자신들을 우선 생각해 주기를 원하기 때문에 불만족할 수 있다. 그들은 새로운 사람들은 전혀 호감을 느끼지 못하는 낡고 촌스러운 건물을 집처럼 편안해할 수 있다. 그들은 전도 대상이 되는 사람들은 낯설어할지라도, 수십 년 동안 불렀던 노래 가사와 멜로디에 집착할 수 있다. 그들은 1950년대에 통했던 소통 방식을 선호할 수 있지만, 그것이 교회에 새로 오는 사람들에게는 부담이 될 수 있음을 깨닫지 못할 수 있다. 그들은 특정 복장 규정에 강하게 집착해 많은 사람에게 그들은 맞지 않는다는 신호를 보낼 수 있다.

이런 문제는 근본적인 복음 비전에 집중함으로써만 제대로 해결할 수 있다. 그러면 선교와 관련하여 교회의 비전은 무엇이 되어야 하는가? 마이클 고힌(Michael Goheen)은 『열방에 빛을』(A Light to the Nations)에서 성경 전체의 궤적이 "선교적"이라고 설명하면서, "선교적 교회론"이 실제로 어떻게 보일 수 있는지를 정리하는 장으로 결론짓는다. 교회의 선교에 대한 그의 관점은 우리가 여기서 강조한 전도와 제자 훈련 초점보다 넓지만, 선교적 초점을 갖기 원하는 교회를 위해 그가 제시한 13가지 관점은 대위임령을 진지하게 받아들이고자 하는 모든 교회에 시사점을 제공한다. 고힌은 오늘날 서구에서 선교 사명에 충실한 지역 공동체는 다음과 같다고 주장한다.

• 우리의 선교적 정체성을 키워 주는 예배가 있는 교회

- 복음 설교로 힘을 얻는 교회
- 공동 기도에 헌신하는 교회
- 대조적인 공동체로 살아가려고 노력하는 교회
- 자신의 문화적 맥락을 이해하는 교회
- 세상에서의 소명을 위해 선교적 만남이 훈련된 교회
- 유기적으로 전도하도록 훈련된 교회
- 이웃과 세계의 필요에 깊이 개입하는 교회
- 선교에 헌신하는 교회
- 잘 훈련된 지도자가 있는 교회
- 믿음으로 자녀를 양육할 준비가 된 부모들이 있는 교회
- 세계 선교를 위해 양육하는 소그룹이 있는 교회
- 그리스도의 몸의 연합을 추구하고 표현하는 교회[12]

이 목록은 작지 않다. 그리고 교회의 외부 지향적 사역을 부수적인 프로그램, 몇 가지 행사, 슬로건으로 축소하는 일이 부적절함을 제대로 보여 준다. 우리의 복음 전도 문제를 해결하기 위해 자원을 구매하려는 경향은 아쉽게도 불충분하다. 선교 사명이 교회의 영혼에 스며드는 데는 총체적인 전략이 필요하다.

다음으로, 고힌의 첫 세 가지 전략이 예배, 설교, 기도와 관련된다는 점이 주목할 가치가 있다. 다음 장에서 보겠지만, 교회의 사명은 이 대표적인 사역에 깊이 뿌리내려야 한다. 나머지 열 가지 중 두 가지 주제가 눈에 띄어 우리의 관심을 요구하는데, 하나는 훈련으로, 복

음 전도 훈련, 지도자 훈련, 부모 훈련이 포함된다. 또 다른 하나는 지역 교회와 지역 사회, 이웃, 주변 문화, 세계와의 관계다. 교회가 이두 문제에 어떻게 대응하느냐에 따라 교회의 복음 문화에 큰 영향을 미칠 것이다.

교인을 준비시키는 방법

복음 전도의 열정이 교회 생활 깊숙이 스며들기 위해서는, 교인들이 복음을 전하는 데 능숙하도록 훈련하는 것이 필수적이다. 하지만 훈련에도 여러 종류가 있다. 고힌이 설명하듯, 일부는 "복음 전도가 좋은 소식보다는 선전이나 매끄러운 판매 홍보처럼 보인다. 우리는 사람들을 그리스도께로 인도해야 한다는 압박감을 느낀다. 우리가 모두 설득력 있는 판매원이나 재치 있는 변호사, 유창한 연설가가 될 수는 없으니 불안함이 생기는 것도 당연하다."[13] 대신, 우리는 교인들이 일상생활에서 "복음을 대화" 중에 자연스럽게 말할 수 있도록 무장시켜야 한다.[14] 그리스도인은 네 단계 복음 제시를 위한 황금 기회를 기다리거나 강요하기보다는, 자연스럽고 유기적인 방식으로 자신의 믿음을 나누어야 한다. 베드로는 그리스도인들이 점점 소외되고 무신론적인 사회의 압박을 느끼는 우리와 같은 세계에서, 복음 제시가 아니라 우리가 가진 소망에 대한 이유를 제시하라고 말한다(벧전 3:15). 그는 우리가 준비되어야 한다고 강조한다.

사람들의 질문에 대답하여 준비된 복음을 증언하는 베드로의 모델은 교인들이 "그곳"에 있으면서 "질문하고 싶은" 삶을 살 때 가능하다. 그리스도인이 평범한 일상생활에서 생활하고, 일하고, 행동하고, 거래하고, 섬기고, 창조하고, 사랑하고, 공부하고, 놀고, 마시고, 주고, 말하는 방식은 불신자와의 대화로 이어질 것이다. 교회의 임무는 그들이 다르게 살다가 기회가 생기면 쉽게 이야기할 수 있도록 준비시키는 것이다. 그들은 어떻게 질병과 시련을 극복하는지, 가족생활을 왜 그렇게 하는지, 일터에서 기준으로 삼는 윤리는 어떤 것인지, 현재의 경제적 또는 정치적 위협을 어떻게 보는지, 자녀들에게 진정으로 바라는 것은 무엇인지, 독신이든 결혼했든 문제없는 이유는 무엇인지, 이웃을 위해 봉사하는 이유는 무엇인지 등에 대해 이야기할 수 있어야 한다. 이것이 바로 "일상생활과 밀접하게 연결된 유기적 전도"다.[15]

마크 그린(Mark Greene)은 그의 교재에 딸린 스터디 가이드에서 사람들의 "전선"(frontline)을 "비기독교인들과 접촉하며 주중 상당 시간을 보내는 장소"라고 말한다.[16] 그다음 그는 일상생활을 하는 신자들이 전선에서 하나님을 섬기도록 "6M"으로 준비시키려고 한다.

- **경건한 성품의 모델**(Model godly character) "힘든 때든 편한 때든, 까다로운 사람을 만나든 좋은 사람을 만나든" 성령의 열매를 드러내기
- **선한 일 하기**(Make good work) "다른 사람을 섬기고, 인류 번영에 기

여하며, 피조물의 청지기가 되는 선한 일을 하는 것을 의미함"

- **은혜와 사랑을 전하기**(Minister grace and love) "필요한 사람들에게 실
  질적인 돌봄과 친절을 베풀 뿐 아니라, 어렵거나 평범한 상황에
  서 반응하는 방식을 통해"
- **문화 만들기**(Mold culture) 작은 일을 다르게 함으로써 그곳을 조금
  더 지상 천국으로 만들려고 노력함
- **진리와 정의의 대변자 되기**(Be a Mouthpiece for truth and justice) "불공
  정하거나 불건전하거나 진실하지 못한 것을 반대하고, 진실하고
  정의롭고 선한 것을 찬성하는 말을 하는 것"
- **복음 전달자 되기**(Be a Messenger of the gospel) "예수님이 당신의 삶
  에 해 주신 일과 모든 사람에게 제공하시는 것을 나눌" 기회를 위
  해 기도함[17]

신자를 준비시키기 위한 강좌도 유용하지만, 우리는 이런 종류의 훈
련을 교회 생활의 토양에 심어야 한다. 이것이 설교, 소그룹 공부, 개
인 간증, 교회 캠프, 친교 식사에 특징으로 나타나야 한다. 삶에서 그
리스도를 드러내는 사람들의 짧은 간증, 초청된 전문 강사가 아니라
일상에서 믿음을 나누는 평범한 신자들이 인도하는 교회 캠프가 불을
지필 수 있다. 변증학의 도움을 받아 신자들이 일반적인 반대와 질문
에 답할 수 있도록 준비시키고, 그들이 경험한 혼란스러운 상황을 극
복할 수 있도록 도울 필요가 있다. 충격적이게도 사회는 우리가 "나쁜
사람"이라고 말한다. 그래서 우리는 가능한 한 최고로 나쁜 사람이 되

는 방법을 배워야 한다.[18] 교인들은 이런 종류의 훈련을 거부하지 않고, 오히려 간절히 원할 것이다. 그것이 그들이 찾고 있는 도움이다.

전도 활동이 혼자 하는 일이 아닐 때 교인들에게 도움이 될 것이다. 혼자라고 느낄 때는 큰 부담이 된다. 하지만 소그룹에서 자주 이 주제에 대해 이야기하고, 가족과 친구들을 위해 기도해 주는 친구들이 있다면, 그리고 불신자를 위한 부담 없는 단기 강좌나 이벤트가 교회에서 정기적으로 열려서 누군가를 초대할 수 있다면, 그 일은 덜 부담스러울 것이다.

교회의 초점이 교회에서 봉사하도록 준비시키는 것에서 자신의 전선에서 그리스도를 위해 살도록 준비시키는 것으로 전환된다면, 사역에서 상당한 진전을 볼 수 있을 것이다.

지역 사회와 연결하기

그리스도인 개인뿐 아니라 교회도 믿지 않는 사람들의 삶과 연결되어야 한다. 각 교회의 인접 선교지는 자신의 지역 사회다. 교회는 소금과 빛으로, 언덕 위의 도시로 지역 사람들의 삶에 가시적인 영향을 미쳐야 한다.

우리는 교회의 사명이 매우 집중적임을 보았다. 핵심 과제는 제자를 삼고, 제자를 양육하며, 제자를 예배 공동체로 모아 더 많은 제자를 삼기 위해 나아가는 것이다. 교회는 사회복지 기관이 아니다. 교회의 사명은 사회 개혁 프로그램을 수립하는 것이 아니다. 그러나 지역 사회 참여를 노골적인 전도로 대체해서는 안 되며, 교회가 그 지역 사회에서 분리되어 무관심하게 살아가도록 허용해서도 안 된다. 교회의 사명은 어둠의 세상에서 사랑하고 그리스도의 빛을 비추는 것이다.

단지 우리 예배당이 큰길가에 있다고 해서 사람들이 들어올 가능성이 점점 낮아지고 있기 때문에, 우리가 그들에게 찾아가는 것이 점점 더 필요해진다. 교회는 사람들과 접촉해 그들이 교회의 빛을 보고 사랑을 경험할 수 있게 해야 한다. 교회는 지역 사회의 필요와 관심사에 진정으로 연결되는 방법을 찾아야 한다. 빈곤, 외로움, 슬픔, 가족 역기능, 새로 이사해 온 사람, 실직자, 친구를 찾는 아기 엄마, 요양원에 버려진 노인 등의 필요가 만연하기에, 교회는 그리스도의 이름으로 섬길 수 있는 방법을 멀리서 찾을 필요가 없다. 지역 사회를 대상으로 하는 사역은 교인들이 이웃과 연결될 수 있는 귀중한 경로를 제공하며, 선교를 위한 또 다른 전선을 만들어 준다.

효과적 구조를 가진 사명

외향적이고 세계적인 시각을 가진 교회, 구성원들이 일상의 증인으로 나설 수 있도록 준비시키고 자신도 지역 사회와 연결된 교회는 그저 마법처럼 생기지 않는다. 사명의 초점을 개발하고 유지할 수 있도록 전략과 구조를 마련해야 한다. 케빈 하니(Kevin Harney)는 "아웃리치는 교회의 문화, 즉 교회의 삶과 사역의 모든 측면에 엮어야 한다. 교회의 모든 사역에 전도에 대한 열정을 접목할 때, 아웃리치는 단순한 프로그램 이상이 될 것이다"라고 강조한다.[19] 그는 또한 복음 전도와 아웃리치가 교회의 구조 안에서 차지할 수 있는 세 가지 위치를 제시한다.

어떤 교회에서는 교회 로비에 자리 잡고 있다. 거기에는 세계 지도와 교회가 지원하고 기도하는 해외 선교사들의 사진이 걸린 게시판이 있다. 선교는 해외 선교, 타 문화 선교를 의미한다. 문제는 일부 교회에서 이것을 다른 모든 것의 대체물로 여긴다는 것이다. 해외 선교를 위한 기도, 헌금, 열정은 칭찬할 만하고 매우 성경적이지만, 이것으로 지역 전도를 대체하는 것은 교회의 사명을 포기하는 것이다.

이런 교회가 발전하는 큰 방법은, 두 번째 접근법인 아웃리치 위원회를 만드는 것이다. 이제 이 팀은 지역 선교 사역을 우선시해 행사를 계획하고, 교인을 훈련시키고, 메시지를 전파해 새로운 사람들을 이끌어 들이는 방법을 브레인스토밍한다. 아웃리치 위원회는 교인들이 친구, 이웃, 지역 사회에 나아가도록 동기를 부여한다. 하지만 문제는 그들은 열정적이지만 대다수 교인이 그렇지 않다는 것이다. 몇 가지 좋은 일이 일어나 전도에 마음이 있는 몇몇 사람들은 크게 격려받을 수 있다. 그러나 대다수는 다른 사역에 바빠서 교육에 참석하지 않으며, 안전지대를 벗어나기 때문에 친구들에게 다가가거나 행사에 초대하지 않는다. 하니는 일부 소극적인 교인뿐 아니라 핵심 리더들도 그렇다고 지적한다. 그들은 위원회의 훌륭한 최신 아이디어보다는 자신의 사역 영역에 집중하기를 원한다.

이런 현상에 대응해 하니는 세 번째 대안을 제안하는데, 그것은 대규모 구조적 변화를 포함한다. 아웃리치팀은 복음 전도에 열정적인 소수의 사람들로 구성되기보다는 교회의 모든 주요 리더들로 재구성된다. 그는 교회 내 모든 사역의 주요 리더들로 구성된 "아웃리치 강화팀"[20]을 설립할 것을 권한다. "이제 전도는 구별된 위원회나 사역팀의 영역이 아니다. 실로 교회 내 모든 사역의 책임이다. 아웃리치를 이끄는 사람들은 교회의 생활 전체에 영향을 미친다."[21] 한 사람이 그 팀을 이끌며 지속적으로 전도 열정을 불어넣고, 팀원들(즉, 모든 사역의 리더들)을 전도와 아웃리치에 적극 참여하도록 고무시키고 지원하며, 그들을 준비시켜 교회의 모든 사역에 아웃리치 초점이 스며들게 한다.[22] 하니의 모델에서는 팀 리더가 이 사역 리더들을 매달 만나 훈련, 책임, 지원을 제공한다. 그는 이 팀 리더가 목사이거나 그와 가까운 동료여야 한다고 권하는데, 이는 "고위 목사가 참여하지 않는 것은 심각한 장애물"이기 때문이다.[23]

물론 이것이 성경에 명시된 구조는 아니지만, 교회의 장로들에게는 심각한 도전이다. 이 도전은 두 가지 수준에서 발생한다. 첫째, 어떻게 하면 효과적인 전도 및 아웃리치 구조를 보장할 것인가? 접근 방식은 게시판 방식일까, 위원회 방식일까, 아니면 모든 사역의 주요 리더들이 외부 지향적인 사고방식을 발전시켜야 하는 방식일까? 둘째, 더 힘든 도전은 장로로서 전도에 대해 이야기하고 사람을 임명하는 것에 그치지 않고, 스스로 참여할 것인가 하는 점이다. 장로들이 목사에게 아웃리치와 전도에 시간을 투자하도록 요구할 것인가? 장로팀은 이 일에 대해 서로 책임을 요구할 것인가?

핵심 업무

장로들은 지역 교회의 지도자로서 진지하게 대화를 나눠야 할 것이 있다. 물론 그들은 단순히 이야기하는 것 이상을 해야 하지만, 덜 하지도 않아야 한다. 이 장에서 우리는 선교가 교회의 대표 사역이 되어야 한다는 것을 보았다. 이를 달성하기 위해 장로들은 선교를 교회 생활의 원동력으로 자리 잡게 해야 하며, 그것이 뒤로 처지지 않도록 해야 힌다. 이는 그들이 선교에 대해 자주 이야기하고, 쉬지 않고 기도하고, 끊임없이 홍보하고, 결단력 있게 전략을 세우며, 무엇보다도 선교를 교회의 아름다운 사역으로 사랑해야 한다는 것을 의미한다. 좋은 소식을 전하는 자의 발이 아름답다면, 복음을 분명하고 매력적이며 적절하고 지속적으로 선포하는 교회도 아름답다. 장로들은 복음이 모든 믿는 자에게 구원을 주는 하나님의 능력이라는 것을 확신할 때 비로소 교회 생활에서 선교가 마땅히 차지해야 할 자리를 부여할 것이다. 사람들의 삶이 복음의 능력으로 변화되는 것을 보는 것보다 더 기쁘고 아름다운 것은 없다.

팀 토의

Q1 당신의 교회가 건강하고 외부 지향적인 복음 공동체라는 증거가 있는가? 교회가 지나치게 내부 지향적이라는 지표가 있는가?

Q2 교인들은 세계 복음 사역에서 당신의 교회가 자리한 위치와 그들이 세계 교회의 성장에 기여할 방법을 얼마나 잘 이해하고 있는가?

Q3 교회 생활에서 전도와 아웃리치를 어떻게 구조화하고 있는가? 이것이 당신의 교회가 가장 중요하게 생각하는 것의 중심이 되도록 구조화되어 있는가?

Q4 앞으로 12개월 동안 당신과 교인들이 일상의 최전선에서 그리스도의 적극적인 증인이 되도록 준비할 방법을 토의하라.

9

주일 리더십
말씀과 예배

주일 예배는 교회의 가장 두드러진 대표 사역이다. 장로들은 복음 중심적이고, 하나님을 영화롭게 하는 예배의 초점과 형태를 감독할 책임이 있다. 예배의 요소와 순서, 하나님 말씀의 설교와 사역, 음악과 찬송 방식, 예배 인도 방식, 공동 예배의 물리적 환경과 아름다움은 결합하여 강력한 패키지를 형성한다. 장로들이 이런 핵심 문제에 대한 관점을 더 명확히 표현할수록, 공적인 공동 예배에 대해 더 큰 명확성을 제공할 수 있다.

세 가지 대표 사역 중에서 예배는 가장 눈에 띄고 가장 형성적이다. 이때는 전체 양 무리가 모여 서로뿐 아니라 하나님과도 만나는 시간이다. 예배는 하나님이 말씀하시는 만남이기에 말씀이 가장 중요한 자리를 차지한다. 하나님은 말씀을 통해 부르시고, 죄를 깨우치시고, 정결하게 하시고, 도전하시며, 위로하시고, 임무를 주신다. 교회 생활에서 예배를 위해 함께 모이는 때보다 더 중요한 순간은 없다. 따라서 양 무리를 돌보는 장로들에게는, 하나님 말씀의 사역과 하나님 백성의 공적 예배를 감독하는 것이 가장 중요한 책임이다.

8장에서 선교와 전도에 초점을 맞추어 교회의 대표 사역을 이끄는 장로의 역할을 고려하기 시작했다. 선교와 전도가 교회 생활의 모든 측면에 울려 퍼지게 하지 않으면 하나님의 선교와 불일치하게 되고, 결국 대부분 배제될 가능성이 있기 때문이다. 그러나 우리는 존 파이퍼의 말, "선교는 예배가 없기 때문에 존재한다"를 주목했다. 그는 계속해서 이렇게 말한다. "예배가 궁극적이지 선교가 궁극적인 것이 아니다. 왜냐하면 하나님이 궁극적이지 사람이 궁극적이지 않기 때문이다. 이 시대가 끝나고 구속받은 수많은 사람이 하나님의 보좌 앞에 엎드릴 때, 선교는 더 이상 존재하지 않을 것이다."[1]

모든 시대, 모든 세계에서 하나님은 그분을 영원히 예배하고 기뻐할 구속받은 다민족 공동체를 모으신다. 복음 사역이 진행되면서 점점 더 많은 사람이 하나님을 기뻐하며 오직 하나님께 합당한 예배를 드리게 된다. 예배가 구속의 최종 목표이므로, 주일 예배는 교회 생활의 정점이라고 할 수 있다.

주일의 대표 프로그램

콜린 마셜과 토니 페인은 『포도나무 프로젝트』에서 주일을 깃발로 삼는 일에 대해 이야기한다. 그들은 이렇게 주장한다. 우리가 주일에 하는 일이 "교회 공동체로서 우리가 하는 모든 일의 색채와 방향을 설정한다. 주일은 집결 지점, 깃발, 심장부이며, 즉 어떤 은유를 사용해 설명하든지 이 정기적인 행사는 사람들의 공동체를 구성하고 정의하고 결합시킨다."[2] 그들은 또한 "주일은 우리가 교회로서 가장 '우리'인 곳, 즉 우리가 한 회중으로서 공동체의 성격과 목적과 '문화'가 가장 명확하게 표현되는 곳이다. 우리가 무엇을 하려고 하는지 가장 자주, 가장 분명하게 소통하는 곳이다"[3]라고 말한다. 우리는 이를 우리 교회 공동체에 전달하고, 방문자들에게 공개적으로 전달한다. 이는 교회가 자신의 신학적 신념, 사명과 복음 비전, 가치, 문화를 공개하는 순간이다. 모든 것을 모든 사람이 보도록 드러낸다.

공동 예배에서 일어나는 일이 교회 생활의 색조를 결정한다. 예배가 문화의 일부가 되지 않으면 교회 생활에 어떤 것을 접목하기 어렵다. 예를 들어 이전 장에서 설명한 것처럼 우리가 외부 지향적이고 선교 중심인 교회를 원하지만 주일에는 거의 전적으로 내부 지향적이라면, 선교는 2차적이고 필수적이지 않다는 메시지를 보내는 것이다. 우리가 따뜻하고 배려하는 교회 공동체를 세우고 싶어 하지만 예배가 경직되고 비인격적이라면, 이 대표 사역이 다른 메시지를 전달하므로 험난한 싸움을 해야 할 것이다. 주일은 우리의 가치를 반영해야 한다.

예배는 우리의 신학을 보여 주는 전시장도 된다. 예배의 모든 순간에 우리가 믿는 바가 선포된다. 설교하고, 기도하며, 노래하고, 성례전에 참여하면서 우리의 신학적 신념을 표현하고 구현하게 된다. 주일 예배를 설명하는 데 사용하는 언어조차 신학적으로 의미가 크다. 일부 복음주의권에서는 주일 교회에 대해 예배라는 말을 사용하지 않는 것이 일반화되었다. 우리는 일주일 내내, 모든 생활에서 하나님을 예배한다는 것을 알기에, 또 구약의 예배 언어가 신약에서 특별히 예배 의식에 적용되지 않고 우리의 모든 삶에 적용된다는 것을 감안했을 때, 주일의 특별한 점은 하나님을 예배하는 것이 아니라 서로의 교화를 위해 모이는 것이라고 주장하는 이들도 있다.[4] 주일 모임이나 집회(예배 의식이 아님)의 본질은 다른 신자들과 만나서 서로 은사를 사용함으로써 믿음을 세우는 것이라는 논리다.

카슨은 이 견해의 장점을 인정하면서도 지혜롭게 질문한다. "신약성경은 하나님의 백성이 개인 생활과 가정에서 하나님을 예배해야 하고, 그리고 나서 모일 때는 공동체로서 예배해야 함을 강조한다고 말하는 것이 더 낫지 않을까?"[5] 교회의 주일 집회를 예배라고 하지 않는 것은 교회의 중심 초점을 빼앗는 일이다. 주일 집회에는 실제로 수평적 차원이 있다. 하나님의 백성이 만나서 서로를 세워 준다. 하지만 교인들이 하나님과 함께 만날 때, 더 정확히 말하면, 하나님이 은혜로 그들과 만나실 때 세움을 얻는다. 항상 자기 백성을 부르고 모으시는 하나님이 주일에 예배하기 위해 모인 우리를 만나신다.

교회의 장로들에게는 하나님이 주신 책임이 있는데, 그것은 예배 시간이 하나님 중심적이고 하나님을 영화롭게 하도록 하는 것이다. 예배를 감독할 때 특히 다섯 가지 핵심 사항에 주의를 기울여야 한다. 즉, 예배의 디자인 또는 형태, 하나님 말씀의 선포, 교회의 음악과 노래, 예배 인도 방식, 예배 의식의 미학과 환경의 영향이다. 이 다섯 가지 모두는 매우 형성적이어서, 예배자 개인과 교회의 전체 삶에 깊은 영향을 미친다.

예배의 형태

첫째, 장로들은 공동 예배의 전반적인 디자인과 형태를 감독해야 한다. 그들은 교회가 모일 때 어떤 일이 일어나는지를 책임진다. 리건 던컨(Ligon Duncan)은 이를 간결하게 요약해, 우리는 성경을 읽고, 성경을 설교하고, 성경을 노래하고, 성경을 기도하고, (성례전에서) 성경을 본다고 주장한다.[6] 성경을 전석으로 따르는 것이 예배가 성경적이고 하나님을 영화롭게 하도록 보장하는 방법이다.

장 칼뱅의 제네바 예전에서, 예배는 성경 구절(시 124:8)로 시작되고, 그 후 죄의 고백과 용서의 말씀, 이어서 십계명으로 진행된다. 다음으로 성령의 조명을 위한 기도를 하고, 성경 읽기와 설교가 이어진다. 그 뒤에 헌금, 도고, 사도신조가 있었다. 칼뱅이 매주 하길 원했지만 실천하지 못했던 성찬식에는 주기도와 성찬 제정의 말씀이 포함되며, "시므온의 노래"와 "아론의 축복"이 둘 다 노래로 이어진다. 전체 예배에는 시편 찬송이 포함된다.[7]

예배 의식 안에 성경이 정말 많이 담겨 있다. 하나님의 말씀이 예배자들이 하나님의 임재 속에서 보내는 시간 전체를 형성했다. 예배의 요소는 명확하고 간단했다. 다양한 방식의 말씀 사역 외에도 찬양, 기도, 헌금, 성례전, 교회의 역사적 신앙 고백이 있었다.[8]

이 요소들은 약간의 변형이 있었지만 수 세기에 걸쳐 기독교 예배의 대들보가 되어 왔다. 개혁자들과 청교도에게 이 요소들은 웨스트민스터 신앙 고백에 가장 명확하게 표현된 예배의 규정적 원리의 논리적 결과였다.

참하나님을 예배하는 합당한 방법은 그분 자신에 의해 제정되었으며, 따라서 그분의 계시된 뜻에 의해 제한되므로, 사람들의 상상과 방법, 또는 사탄의 제안에 따라 어떤 가시적 표현이나 성경에 규정되지 않은 다른 방법으로 예배드릴 수 없다(웨스트민스터 신앙 고백 21.1).

불행히도 이 규정적 원리는 종종 더 많은 빛보다는 열을 낳았다. 그러나 이 원칙은 매우 간단하다. 교회가 공동 예배에서 하나님과 만날 때, 우리는 성경의 명령과 선례에 따라 행해야 한다는 것이다. 하나님의 말씀은 우리가 하나님과 함께 모이는 방법을 보여 준다. 공동 예배에서 우리가 행할 일의 목록은 모든 교회에서 꽤 비슷하게 정리된다. 말씀 읽기와 선포, 기도와 찬송, 성례전, 주님의 사역을 위한 헌금이 그것이다. 규정적 원리를 따르지 않는 교회들도 보통 이런 것을 공동 예배의 중심 요소로 가지고 있다.

그러나 이런 요소들이 예배의 핵심 요소라면, 이것들은 어떻게 조합되어야 할까? 예배 요소의 형태와 구조는 교회의 전례로 알려져 있으며, 실제로 비전례적 교회도 전례를 가지고 있다. 그것을 **전례**라고 부르지 않을 수도 있다. 그런 교회는 아마도 **예배 순서** 또는 **진행표**라고 부를 것이다. 그러나 어떤 이름을 사용하든, 모든 교회는 일이 이루어지는 표준적인 순서를 개발한다.

선택된 순서가 중요한 이유는 이것이 매주 반복되면서 매우 형성적이 되기 때문이다. 우리가 예배를 형성하고, 다음에는 예배가 우리를 형성한다. 그렇다면 올바른 전례를 제공하는 장과 절로 돌아가는 것이 좋을 것이다. 그러나 자주 보았듯이, 성경은 우리의 실천을 위한 처방을 거의 제공하지 않는다. 신약의 예배에 대한 가장 완전한 묘사는 사도행전 2장 42-47절과 20장 7-12절, 고린도전서 14장 26-40절에서 나온다. 이들 본문은 신자들이 모였을 때 했던 일들을 묘사하지만, 시간이 포함된 순서시는커녕 예배 순서도 말해 주지 않는다. 그러면 성경의 지시가 없는데 어떻게 공동 예배를 가장 유익하게 구성할 수 있을까?

브라이언 채플은 역사적으로 예배는 복음에 의해 형성된다는 것이 한결같이 답이 되어 왔다고 주장한다. 그는 "세대를 거치면서, 교회 예배 순서의 일반적인 패턴은 본질상 복음의 진행 패턴을 반영한다"[9]고 주장한다.

복음 자체에 형태가 있으며, 이는 이사야가 주의 영광의 환상을 본 경험에서 빛나게 포착된다. 이사야의 선지자 소명은 매우 독특했지만, 하나님과 그의 만남은 성경 전반에서 알 수 있는 패턴을 따랐다. 만남은 높고 뛰어난 하나님 자신으로 시작된다. 그것은 거룩하고 위엄 있으며 영광스러운 분과의 만남이다. 복음은 창조자이자 만유의 주이신 이 하나님을 모든 사람과 모든 피조물이 예배해야 한다고 선언한다. 실제로 성경 전체에서 하나님은 자기 백성과 모든 민족, 모든 피조물에게 그분을 예배하라고 부르신다.

그러나 우리는 그분의 임재 안에서, 이사야가 그랬듯이 우리의 완전한 죄악성과 무가치함을 깨닫는다. 하나님과 비교해 우리가 누구인지 알게 될 때 우리는 파멸될 존재임을 알게 된다. "화로다 나여"라는 고백은 하나님의 거룩함에 대한 올바른 반응이다. 하나님의 영광은 우리의 절박한 필요를 고백하게 만든다. 그러나 이사야가 제단에서 정결케 함을 경험했듯이, 우리도 그와 같은 경험을 한다. 우리는 그리스도의 피로 용서받고 하나님과의 교제로 들어간다. 그리하여 이제 우리에게는 기도로 교통할 길이 열려 있으며, 그의 자비에 대한 응답으로 우리는 우리의 삶을 거룩하고 기뻐하시는 산제물로 드린다. 이사야는 주님의 부름에 응답하여 앞으로 나아가 주님이 원하시는 어디로든 보냄받을 준비가 되었다. 마찬가지로 우리는 하나님께 드리는 예배로 우리의 삶을 드린다. 그의 말씀으로 준비한 우리는 은사를 사용해 세상에서 그분의 선교에 참여한다. 신자로서 우리는 그의 영광스러운 임재로 들어 올려져 영원히 그를 예배하게 될 때까지 이 일을 할 것이다.

이것이 복음의 기본 형태, 즉 하나님의 영광, 우리의 죄악, 그분의 은혜, 우리의 반응이다. 이 패턴은 창조에서 나타난 하나님의 영광, 인간의 타락, 그리스도 안에서의 구속, 교회의 사명과 만물을 최종적

새롭게 하심으로 이어지는 성경 이야기 속에 나타나 있다. 이것은 성전 예배에 분명히 드러나는데, 거기서 하나님의 장엄한 거룩이 지성소에서 드러났고, 이것은 제사장들이 예배자들을 중보하며 그들의 죄를 위해 제물을 바치도록 요구했다. 그런 다음 제사장들은 백성을 대신하여 성소에 들어갔는데, 그곳의 촛대, 진설병, 향단은 하나님과의 깊은 교제를 나타냈다.

복음의 패턴은 하나님이 그분의 백성을 부르시고, 정결하게 하시고, 성별하시고, 그들과 교제하시고, 그들을 보내시는 성경의 언약 구조에도 내재되어 있다.[10] 그리고 이는 에베소서 2장 1-10절에 묘사된 것처럼 그리스도인의 경험에서도 나타난다. 그 움직임은 거룩하신 하나님을 거스른 범죄에서 시작하여, 오직 믿음에 근거한 자비, 하나님이 우리를 위해 준비하신 선한 일로 이어진다.

이런 각 시나리오에서, 형태는 유사하다. 즉, 하나님의 영광에서 죄의 고백, 용서의 확신, 하나님과의 교제, 그리스도 안에서의 새 삶으로 이어진다. 따라서 이 복음의 패턴이 우리가 하나님께 드리는 공동 예배의 기본적인 형태를 자연스럽게 결정한다.

- **경배** 우리는 삼위 하나님에서 시작해 그분의 위엄과 사랑, 능력의 아름다움을 생각한다. 우리는 그분이 우리를 예배하라고 부르심을 알고, 찬양과 경배로 응답한다.
- **고백** 우리는 그토록 거룩하신 하나님 앞에 설 본래적 권리가 우리에게 없다는 것을 깨닫는다. 우리의 죄악성을 의식하고 그에

따라 죄를 고백하며 하나님 앞에 자신을 낮춘다.

- **복음의 확신** 우리는 또한 복음이 우리와 같은 죄인을 위해 하나님의 은혜를 선언하고 그리스도를 믿는 모든 이에게 용서를 약속한다는 것을 안다.

- **복음의 응답** 복음의 은혜를 알게 되었기에 우리는 감사로 응답하고, 감사의 예물을 드리고, 아버지 하나님께로 가까이 나아가 그분 앞에 우리의 필요와 소원을 기도로 내어놓는다. 또한 그분의 자비와 은혜를 이야기하며, 우리의 삶에 이루어진 그분의 역사에 대한 증언을 듣거나 그분의 이름으로 이루어진 사역에 집중할 수 있다.

- **말씀의 사역** 하나님의 은혜로 구원받은 우리는 이제 그분의 말씀 아래로 나아간다. 성경은 우리를 먹이고 준비시켜서, 하나님을 위해 살도록 명령한다. 말씀은 성례전에서 가시적으로 나타나며, 하나님의 구원 사역을 기억하게 할 뿐 아니라 우리의 믿음을 강화하고 영양을 공급하도록 설계되어 있다.

- **파송** 예배를 위해 모였던 우리가 이제 예배를 위해 흩어진다. 우리는 하나님의 축복 아래 떠나, 세상 모든 곳으로 가서 하나님을 알고 사랑하며 섬기라는 사명을 부여받는다. 그분은 여기서 또는 영광 중에 다시 만날 때까지 우리를 지켜 주실 것이다.

세부 사항은 변이가 있지만, 이것은 지난 2,000년 동안 다양한 교회 전통의 수많은 예전의 형식이었다.[11] 이것이 성경의 명령이라는 것은 지나친 주장이다. 그러나 우리가 함께 모일 때 하는 일을 정리해야 하므로, 예배의 요소를 복음 자체의 형태를 중심으로 정리하는 것은 매우 지혜롭다. 그렇게 함으로써 복음이 반복적으로 재연된다. 하나님 백성이 매주 복음을 되새기면서 복음이 그들 마음에 새겨진다. 또한 불신자들이 설교뿐 아니라 전체 예배에서 복음의 메시지를 보고 듣는 동안 복음이 드러나게 된다.

그러므로 장로들은 예배가 단순히 임의로 이루어지는 것이 아니라, 신중하게 구성되도록 해야 한다. 그것은 소중한 일이다. 왜냐하면 앞서 말했듯이, 예배의 형태가 우리를 형성하기 때문이다. 예배의 형식은 형성적이다. 만약 교회가 복음에 깊게 뿌리내리기 원한다면, 매주 예배에서 복음 이야기를 재현하는 것보다 더 좋은 방법이 있겠는가?

하나님 말씀의 선포

장로의 예배 감독 임무 중 두 번째는 하나님의 말씀 사역을 지키는 것이다. 우리는 이미 성경적인 예배에서 성경의 중요성을 언급했다. 예배 내내 하나님은 자신의 말씀을 통해 백성에게 말씀하고 계신다. 그러나 우리가 멈춰서 그분이 우리에게 하시는 말씀에 주의를 기울이는 것은 특히 설교에서다. 우리가 설교를 경청하는 것은 목사의 말을 듣기 위해서가 아니라 하나님이 하시는 말씀을 듣기 위해서다. 그분의 말씀은 "교훈과 책망과 바르게 함과 의로 교육하기에 유익하다"(딤후 3:16). 주님에 의해 철저히 준비된 설교자는 큰 인내와 세심한 가르침으로 사람들이 듣고 싶어 하는 것이 아니라 그들이 들어야 할 것을 전달하며 고치고, 꾸짖고, 격려한다(딤후 4:2-5). 그는 좋은 소식을 전하는 전령으로서 설교하며, 생명을 주는 복음 소망을 선포한다. 이 복음 없이는 누구도 구원받을 수 없고, 복음으로 인해 삶이 극적으로 그리고 영원히 변화된다.

하나님의 말씀을 선포하는 일에서 장로들의 책임은 무엇인가? 일부 장로들은 설교의 은사가 있을 수 있다. 장로들이 목사의 도움을 받아 설교하는 법을 배우면, 그들은 영적으로 성장하고, 성경 지식이 증가하며, 소통 기술이 향상되고, 어쩌면 그들의 목사 소명을 더 깊이 이해하게 될 것이다. 그러나 장로들이 설교를 하든 하지 않든, 그들은 하나님 말씀의 사역을 감독하는 큰 책임이 있다.

강단 지키기

장로들이 양 무리를 지키는 일의 중요한 차원은 강단을 지키는 것이다. 다양한 시스템의 교회 정치가 설교자의 임명과 감독을 다르게 배치할 수 있지만, 장로들은 항상 양 무리가 잘 먹을 수 있도록 보장할 책임을 지닌다. 이를 위해서는 하나님의 말씀을 명확하고 신실하게 설교하도록 하는 것이 필요하다.

설교 감독은 여러 면이 있다. 장로들은 먼저 설교자들이 잘 수행할 자격을 갖추었는지 확인해야 한다. 하나님의 말씀은 성경을 잘 다룰 줄 알고, 신학적으로 바르고, 교회의 복음 비전과 일치하는 경건한 사람들에 의해 선포되어야 한다. 설교자는 교회에서 가장 눈에 띄고 영향력 있는 리더십 역할 중 하나를 수행한다. 그들이 성경을 펼칠 때, 그들은 하나님과 그분의 본질, 인간과 인간의 본질, 세상과 세상이 어떤 모양이어야 하는지에 대한 진리를 전달한다. 그들이 이 진리를 전달하는 방식은 교회가 하나님, 인간, 세상에 대해 어떻게 생각하는지를 형성할 것이다. 그래서 장로들은 신학과 복음 비전이 교회의 비전과 일치하는 설교자를 고집할 것이다.

설교는 또한 교회의 문화를 형성한다. 설교자의 어조(태도 및 스타일), 언어(진리를 표현하는 방식), 강조점(가장 중요하다고 강조하는 것), 선택된 전투(설교자가 주목하는 것) 등의 반복적인 영향을 통해 교회의 어조, 언어, 강조점, 의제가 형성된다. 강단에서 방어적이고 반동적이며 내향적이고 조심스럽고 회의적인 교회 문화를 만들거나, 선교 지향적이고 복음 중심적이고 외부 지향적이고 제자 삼는 문화를 만드는 것이 가능하다. 설교는 경건하거나 경솔한 예배, 의미 있거나 의미 없는 예배, 따뜻하거나 차가운 예배를 만들어 낼 수 있다. 설교자가 종종 분위기를 결정하므로 장로들은 설교자의 신중한 목자가 되어, 그의 어조와 강조점이 교회 어조와 강조점과 일치되도록 해야 한다.

설교 사역의 중요성을 인식한 장로들은 또한 설교를 위해 구별된 사람들이 자신의 임무에 성실히 헌신할 수 있도록 해 주어야 한다. 설교는 지적으로나 영적으로나 정서적으로 힘든 일이다. 따라서 장로들은 목회자들이 교인을 위해 풍성한 음식을 준비하는 데 주된 시간을 투자하도록 고집해야 한다. 장로들은 목사의 주간 스케줄이 수많은 행정 업무로 복잡해지도록 하지 말고, 그가 하나님의 말씀을 깊이 탐구하여 매주 귀한 보물을 가져오도록 여유를 주어야 한다.

일부 목사는 게으름에 빠지기 쉬운 반면, 많은 이가 너무 많은 일을 하려 한다. 유진 피터슨(Eugene Peterson)은 "바쁘지 않은 목사"를 옹호하며, 목사는 생각하고 기도하고 묵상하며 다른 사람들에게 영적 안내자가 될 시간을 가져야 한다고 주장했다.[12] 장로들이 그들의 목회자-설교자가 하나님의 말씀에 충분히 집중하고 깊이 탐구하여 깊이와 명료성을 가진 메시지를 준비할 수 있도록 한다면, 하나님 백성을 잘 섬기는 것이다.

유익한 피드백 제공

장로들은 설교 사역에 좋은 피드백을 제공함으로써 설교자와 회중 모두를 축복할 수 있다. 솔직히 말해 회중의 피드백 대부분은 불확실하다. 설교자 곁에는 그의 설교를 사랑하고 거의 모든 메시지에 박수를 보내는 소수의 팬, 말씀이 자신에게 어떻게 전달되었는지를 진지하게 숙고하는 소수의 경건한 경청자, 그의 설교를 싫어해 장기적으로 비판하는 소수의 대적, 아무 말도 하지 않거나 별 의미 없는 말을 하는 대다수의 소극적 청중이 있을 수 있다. 하지만 설교자는 피드백을 원하고 필요로 한다. 그들은 자신의 설교가 미치는 영향을 평가하는 데 도움이 필요하며, 적절한 격려와 건설적인 비판으로부터 유익을 얻을 수 있다. 이를 제공할 수 있는 가장 좋은 위치에 있는 이가 장로다.

젊은 설교자에게는 개별 설교에 대한 피드백이 필요하지만, 경험이 풍부한 설교자에게는 전반적인 사역에 대한 피드백이 일반적으로 더 유익하다. 장로들은 주기적으로 설교 검토 일정을 잡아서 이 일을 할 수 있다. 그들은 교인들로부터 의견을 구하고, 설교가 교회 생활에 미치는 영향을 검토하는 체계적인 방식을 채택할 수 있다. 설교의 네 가지 주요 요소에 대한 피드백이 유익하다.

- **내용** 설교가 성경적으로 신실한가? 성경을 정확하게 해석하여 사람들이 본문의 요점을 이해할 수 있게 했는가? 설교의 성경적, 신학적, 영적 통찰이 신선했는가? 설교가 하나님, 즉 성부, 성자, 성령이 누구이신지에 대해 영광스러운 관점을 제시하는가? 설교가 그리스도와 그분의 구속 사역을 드높이는가? 복음이 분명히 선포되며, 좋은 소식으로 들리는가? 설교 사역에서 전반적인 균형이 있는가? 장로들은 주제, 교리, 강조점, 적용이 적절하게 분포되어 있는지 고려해야 한다. 그들은 또한 교회의 필요에 맞춰서 향후 시리즈와 강조점을 찾는 데 적극 참여해야 한다.
- **구성** 설교가 따라가기 쉬운가? 잘 구조화되어 있고, 논리적이고, 통일성이 있는가? 청중의 관심을 끌고 유지했는가? 설명, 적용, 예화가 적절한 균형을 유지했는가?
- **연결** 설교가 교회의 필요와 관련 있는가? 다양한 사람, 상황, 연령대, 영적 상태와 연관되는가? 설교는 마음에 와닿는가, 아니면 단지 머리에만 말하는가? 신자뿐 아니라 불신자를 향해서도 이

야기하는가? 장로들은 회중이 설교에 어떻게 반응하는지를 평가하기에 적절한 위치에 있다. 회중이 이후에 설교에 대해 이야기하는가? 사람들이 설교로 인해 성장하고 변화하고 있다는 증거가 있는가? 다른 사람들을 데려와 말씀을 듣게 하는가?

• **소통** 설교자는 명확하게 소통하는가? 흥미롭고 몰입되는가? 전달 방식(어조, 속도, 음량, 스타일, 자세, 특이함, 언어)에서 유용하거나 유해한 것이 있는가?

장로팀이 연 2-3회 정도 이 문제를 두고 논의하면서 목사들의 설교 사역을 격려하고 강화할 수 있다. 만약 설교자가 특정 분야에 어려움을 겪고 있다면, 추가적인 훈련이나 코칭을 받을 수 있도록 도와줄 수 있다.

교회의 음악과 노래

장로들이 감독해야 할 세 번째 영역은 교회의 음악과 노래다. 설교가 예배의 중심이지만, 많은 교회에서 예배의 요소 중 가장 빠르게 열기를 고취하는 것은 음악과 노래다. 이는 감정적인 문제이며, 당연히 그렇게 될 수 있다. 음악은 중요하다. 진리를 표현하고, 하나님께 기도하고 찬양하며, 우리 영혼의 깊은 갈망을 표현하는 강력한 수단이 된다.

따라서 장로들은 다시 한번 교회의 음악과 노래에 대한 성경의 원리를 적용하는 데 도움을 주는 교회의 주도적인 리더 역할을 감당해야 한다. 그들이 음악을 직접 이끌지는 않지만, 교회의 음악이 하나님과 복음 사역에 어떻게 기여할지를 명확히 해 음악 리더들을 이끌어야 한다. 채택해야 할 가장 분명한 원리는 성경적으로 건전하고 교회의 신학에 완전히 일치하는 것만 노래해야 한다는 것이다. 노래하는 신학은 설교하는 신학만큼이나 강력하고 기억에 남을 수 있다. 마이클 레이터(Michael Raiter)와 롭 스미스(Rob Smith)는 모든 집회의 두 가지 설교에 대해 이렇게 말한다.

첫째 설교는 강단에서 전달되며, 산문으로 하나님의 살아 있는 말씀을 설명하고, 해석하고, 선포한다. 둘째 설교는 성가대석에서 이끌어지며, 노래로 동일한 하나님의 살아 있는 말씀으로 상기시키고, 격려하고, 가르치고, 훈계한다. 그러므로 두 설교가 동일한 진리를 선포하는 것이 얼마나 중요한가.[13]

과거에는 찬송가 가사를 대부분 신학자들이 쓰고, 음악은 다른 사람들이 작곡했다. 오늘날에는 음악가가 작사와 작곡을 모두 하는 것이 더 일반적이지만, 그들이 능력 있는 음악가일지라도 좋은 신학자는 아닐 수 있다. 교단 찬송가가 없는 교회들은 다양한 출처에서 음악을 수집해 사용하며, 그중 일부는 우리의 신학적 입장과 꽤 다를 수 있다. 따라서 각 노래의 가사뿐 아니라 전체 레퍼토리의 신학이 성경적으로, 신학적으로 건강한지 확인하는 것이 필수적이다.

또 다른 핵심 원리는 성경의 찬송가인 시편의 예에서 나온다. 시편은 영감받았고, 바로 그 목적을 위해 수집된 것이므로 예배에서 사용되어야 할 뿐 아니라, 우리가 부르는 노래의 다양성을 크게 증진시켜야 한다. 교회는 동일한 노래를 발전시키는 경향이 있지만, 시편은 놀라운 다양성을 보여 준다. 하나님 백성은 승리와 기쁨의 목소리로 찬양의 노래를 불렀다. 그러나 하나님 앞에 자신의 죄를 쏟아 내며 고백하기도 했다. 그들은 상황에 대해 한탄하고 슬퍼하며 하나님께 불평하고 그분께 불만과 아픔을 내놓았다. 그리고 그들은 왕과 그 영광을 노래했다. 창조와 그 아름다움을 노래했다. 하나님의 과거 역사와 놀라우심을 되새기는 역사를 노래했다. 그들은 긴 노래, 짧은 노래, 반복적인 노래를 불렀다. 다양한 주제를 감안할 때 빠른 노래와 느린 노래도 불렀으리라 추정할 수 있다. 성경의 찬송가에서 영감을 받은 건강한 교회 찬양은 매우 다양할 것이다.

세 번째 원리는 음악 반주가 하나님의 백성이 노래할 수 있도록 도와줘야지 그들을 압도하거나 단순히 즐겁게 해서는 안 된다는 것이다. 종교개혁의 큰 개혁 중 하나는 성도를 성가대로 만든 것이었다. 장 칼뱅은 시편을 부활시켰고, 마르틴 루터는 하나님의 백성이 하나님의 진리를 노래할 수 있도록 찬송가를 작곡하고 의뢰했다. 교회는 그저 훌륭한 음악을 수동적으로 듣는 것이 아니라 노래했다. 건강한 교회의 찬양은 음악이 성도가 마음을 다해 노래할 수 있도록 격려하고 지원하는 방식으로 인도된다. 이것은 우리 문화에서는 상당히 드물다. 다른 어떤 상황에도 음악 그룹이 '청중'을 주요 가수로서 지원하는 경우는 거의 없다. 음악가와 음향 기술자는 다른 무대 음악 상황으로부터 신호를 받는 것이 아니라 교회 예배라는 독특한 역동성을 바탕으로 일해야 한다.

회중의 노래보다 음악가의 연주에 초점을 두면 불만이 생길 수 있다. 일부 교회는 여전히 오르간에 깊이 매진하며, 마치 그것이 경건한 예배의 표지인 것처럼 생각한다. 다른 교회들은 고품질의 밴드를 갖는 것에 똑같이 매진하며, 마치 그것이 예배의 우수성에 필수인 것처럼 생각한다. 하지만 두 가지 열정 모두 놀랍게도 최근에 생겨난 것이다. 신약 성경에는 악기에 대한 언급이 없을 뿐 아니라, 8세기까지는 공동 예배에서 악기가 사용되지 않았다.[14] 초기 700년 동안 악기가 없었다는 것이다! 악기가 공동 예배에 들어설 자리가 없다고 주장하려는 것이 아니다(일부는 그렇게 주장하기도 하지만). 다만 종종 이들에게 주어지는 두드러진 위치에 의문을 제기하는 것이다.

악기와 음악 스타일을 선택할 때 또 다른 원리를 생각해야 한다. 교회의 음악은 교회의 세 가지 임무를 담당해야 한다. 즉, 사람을 즐겁게 하기보다는 하나님을 영화롭게 해야 하며, 명확하고 이해할 수 있고 잘 정리된 성경적 진리를 노래함으로써 하나님 백성이 신앙으로 세워지는 데 도움이 되어야 한다. 또한 교회에 나와 있지만 아직 그리스도을 영접하지 않은 불신자들에게 증거가 되어야 한다.

장로들은 음악과 노래 방식이 교회의 사명과 복음 비전을 최대한 반영하도록 명확성을 확보해야 한다. 음악과 노래에 대한 결정이 전통을 유지하거나 사람을 행복하게 하거나 자신의 개인적 취향에 맞춰지거나 문화적으로 유행을 따라서는 안 된다. 오히려 그것을 복음의 문제로 여기며, 사람들이 노래로 하나님을 예배하도록 특정 시간과 장소에서 최선이라고 기도하며 믿는 것을 선택해야 한다.

장로들은 음악과 노래가 하나님과 복음에 대한 강력한 메시지를 전한다는 사실을 인식해야 한다. 교회는 공동체와 방문자들에게 어떤 메시지를 전하고 있는가? 교회의 음악은 기독교가 구식이거나 따분하거나 고상하거나 엉망이거나 무의미하거나 단조롭다는 메시지를 보내는가? 아니면 기독교가 영원하면서도 현대적이고, 경의롭고 기쁘며, 실질적이고 접근 가능하며, 심오하면서도 단순하다는 메시지를 전달하는가? 이것이 복음의 모습이므로, 음악도 이렇게 되어야 한다.

예배 인도

예배의 요소와 순서가 정해지면, 한두 사람이 앞에서 예배를 인도한다. 그들이 예배를 인도하는 방식은 예배 경험을 더욱 형성하므로, 예배 인도 감독이 장로들이 주의를 기울여야 할 네 번째 영역이 된다.

장로들은 누가 예배 인도를 하게 할지 결정해야 한다. 역사적으로 예배 의식은 목사가 인도했고, 앞에는 한 사람만 있었다. 지금은 목사, 장로, 성도들이 예배를 인도하는 것이 더 일반적이다. 그때 그들의 영성과 성숙도가 교회 전체에 영향을 미칠 것이다. 리처드 백스터는 설교자들에게 매우 현명한 말을 했다.

> 당신의 마음이 거룩하고 천국 상태에 있을 때, 교인들도 그 열매를 누릴 가능성이 높다. 당신의 기도, 찬양, 교리는 그들에게 달콤하고 천국의 것인 듯 느껴질 것이다. 그들은 당신이 하나님과 함께 많은 시간을 보냈을 때 이를 느낄 것이다. 당신의 마음을 가장 많이 차지하는 것이 그들의 귀에도 가장 많이 들릴 것이다.[15]

예배를 인도하는 사람들에게도 같은 말이 적용될 수 있다. 그들이 노래를 소개하든 기도를 인도하든 예배의 다른 요소를 진행하든, 예배를 인도하는 사람은 영적으로 성숙하고 겸손해야 하며, 하나님과의 긴밀한 관계 안에서 살고 있어야 한다.

그들은 또한 성경적 예배에 적합한 태도와 인격으로 인도해야 한다.[16] 지나치게 자유롭거나 덤벙거리는 예배 인도자는 하나님의 초월성을 반영하지 못해 경외의 반응을 적절히 이끌어 내지 못할 것이다. 반대로 지나치게 형식적이고 심지어 냉랭한 인도자는 하나님의 편재성을 반영하지 못해 사랑과 기쁨과 확신의 반응을 제대로 이끌어 내지 못할 것이다. 그들의 언어에서부터 감정 표현, 복장에 이르기까지 모든 것이 메시지를 전달한다. 잘 인도하는 교회에서는 그 메시지가 교회의 복음 비전과 일치할 것이다. 인도자들은 전달하는 것에 대해 신경 쓸 것이다. 사람들을 맞이하는 방법, 기도하는 방법, 광고 방법 등 모든 행동에 의도가 있을 것이다.

예배 인도자의 큰 영향력을 고려할 때, 장로들은 앞에서 인도하는 모든 이에게 적절한 훈련이 이루어지도록 해야 한다. 이 훈련이 광범위할 필요는 없지만 매우 의도적이어야 하며, 기도를 인도하거나, 노래를 소개하거나, 성경을 읽거나, 광고를 하거나 그 모든 것이 하나님의 백성을 세우는 방식으로 이루어지도록 해야 한다.

보완주의 교회의 장로들은 여성이 예배를 인도하거나 의식의 일부를 인도할 수 있는지 결정해야 할 것이다. 보완주의 관점은 자격 있는 남성이 앞에서 오직 말씀을 전하는 것만 아니라 모든 것을 인도해야 함을 의미할까? 여성이 기도하고, 성경을 읽고, 노래를 인도하고, 어린이 대화를 이끌 수 있을까? 초기 교회의 예배가 의자가 줄지어 있는 대강당이 아니라 가정 환경에서 이루어졌던 점을 감안할 때, 그 상호 작용적 환경에서 남성과 여성의 참여와 상호 작용은 어떻게 이루어졌으며(참조. 고전 11:2-16; 14:26-40), 이것이 오늘날 우리의 공적 예배의 맥락에서 어떻게 번역될까? 이런 것에 관한 대화는 장로들이 해야 할 중요한 논의로, 이를 통해 남성과 여성이 하나님을 예배하는 데 서로 보완적인 역할을 할 수 있도록 교회에 명확한 메시지를 전달해야 한다.

예배의 환경과 미학

장로들이 감독해야 할 예배의 마지막 측면은 예배를 위해 모이는 장소의 환경과 미학이다. 스위스 개혁가 울리히 츠빙글리는 1520년대

취리히에서 교회를 개혁할 때, 단순히 전례만 개혁한 것이 아니라 건물에서 로마 가톨릭 예배의 모든 흔적을 없앴다. 그는 모든 유물, 성상, 제단, 촛대, 십자가, 장식을 제거했다. 그림은 부서지고 불태워졌으며, 벽은 하얗게 칠해졌고, 오르간은 해체되어 제거되었고, 성가대는 폐지되었다. 그의 신학은 전체 예배 공간을 재구성했다.

늘 그렇다. 고딕 성당은 하나님의 장엄함과 위엄을 강력하게 전달하며 예배자가 작게 느껴지도록 설계되었다. 반대로 많은 현대 교회 건물은 로비가 주요 특징이며 쇼핑몰처럼 설계되었다. 이는 사람들을 환영하고, 예배 전후에 사람들과 어울릴 수 있는 장소다. 모든 교회의 건물 내부에서 강단의 위치와 크기, 밴드의 가시성, 조명, 꽃, 배너, 촛불, 십자가, 색상과 질감 등 미적 요소에 따라 메시지가 전달된다.

19세기에는 예배의 미학 운동이 일어났다. 이 운동은 낭만주의와 자유주의와 함께 진행되었다. 18세기 합리주의의 영적 빈곤에 반발해 낭만주의는 감정과 주관성을 강조했다. 음악은 이런 감정을 표현하는 최고의 매체가 되었으며, 자유주의 교회에서는 글로 되거나 말로 된 말씀보다 더 높은 위치를 차지하게 되었는데, 이는 음악이 본질적으로 영적이며 영혼을 고양시키는 힘이 있다고 여겨졌기 때문이다. 또 다른 미적 요소들도 소중히 여겨졌다. 화려한 고딕 및 중세 건축에 대한 재평가는 다채롭게 장식된 파이프와 웅장한 소리를 가진 오르간이 선호되는 악기로 떠오르게 했다. 스테인드글라스 창, 장식된 좌석, 복장을 갖춘 성가대 등 모두가 예배는 "본질적으로 우리가 드리는 것이 아니라 경험하는 것"이며, "그 경험의 질이 효과적인 예배의 척도"[17]

라고 보는 주관적 초점을 강화하는 데 기여했다.

분명 미학은 우리를 감동시킬 수 있지만, 우리를 구원할 수는 없다. 외적인 아름다움을 사용해 영적인 느낌을 불러일으킬 수 있지만, 그렇게 하는 것은 본질적으로 위험하다. 그 위험은 누군가가 자신의 영혼에서는 쉽게 감동을 느낄 수 있지만, 하나님과는 올바른 관계를 가지지 못할 수 있다는 것이다. 복음만이 우리를 하나님과 바른 관계로 이끌 수 있다. 그러므로 초점이 성경에서 음악, 조명, 촛불, 의식 및 외적인 아름다움으로 옮겨질 때, 기독교 예배의 핵심에서 벗어나게 된다. 그래서 종교 개혁자들은 예배 공간을 단순화하려고 했다. 그들은 초점이 말씀과 성례전에 있기를 원했다. 그들은 복음의 진리가 두드러지기를 원했고, 중세 로마 예배에서 일어났던 것처럼 회중이 공연을 보지 않고 말씀을 들으면서 예배하길 원했다. 그들은 하나님의 백성이 성가대가 되어 하나님께 찬양하기 원했지, 앞에 있는 전문가들의 공연을 즐기기 원하지 않았다. 그들은 초점이 주관적인 경험을 위한 미적 보조물에 있지 않고, 보이지 않는 하나님에 있기를 원했다. 츠빙글리는 이 관점을 적용하는 데 어떤 것도 아끼지 않았다.

츠빙글리가 너무 지나쳤는가? 아이러니하게도 엄격하고 단순한 환경 또한 복음 메시지를 왜곡할 수 있다. 하나님이 멀리 계신 것처럼 보이고, 하나님과의 만남이 형식적이거나 심지어 위압적으로 느껴질 수 있다. 초기 교회는 3세기 후반까지 엄숙한 예배 장소나 사실상 어떤 종류의 교회 건물에서도 모이지 않았다. 초기에는 성전 뜰에서 모였고, 때로 두란노의 강의실(행 19:9) 같은 공공장소에서도 모였다. 초기 신자들은 대부분 집에서 모였는데, 이는 아마도 예배를 위한 이상적인 미적 요소일 것이다. 예배는 하나님의 가족이 한 집에 모여 노래하고 기도하고 성경을 듣고 떡을 나누는 것이었다. 집은 따뜻함, 친밀함, 친교, 사랑, 환대의 공간이다. 미학적으로 보기 좋고, 가족이 식사하고 일하고 쉬고 손님을 접대하는 기능적 공간이기도 하다.

오늘날 교회 공동체는 아름답거나 기능적이거나 또는 두 가지 모두를 갖춘 시설을 누릴 수 있지만, 우리는 건물이 무엇인지 결코 잊어서는 안 된다. 그것은 성전이 아니라 장소다. 새 언약의 예배는 물리적 위치가 아니라 그리스도의 중보 사역과 성령의 능력에 초점을 맞추기 때문에, 예배는 허름한 예배당이나 야외, 또는 지하 가정 교회에서도 풍부하고 강력할 수 있다. 하나님의 영은 미적 요소를 필요로 하지 않는다. 그렇더라도 미적 요소는 불가피하며, 교회의 장로들은 그들이 모이는 공간이 주일에 어떤 메시지를 전달할지를 고려해야 한다.

다시 말하지만 교회에는 사명이 있으므로, 믿지 않는 방문자들에게 메시지가 미치는 영향을 고려해야 한다. 원칙적으로, 그들은 교회가 얼마나 부유하고 인상적인지 또는 얼마나 허름하고 구식인지에 따라 감명을 받지 않는다.

강력한 패키지

이제까지 장로들이 예배를 감독할 때 고려해야 할 다섯 가지를 살펴보았다. 예배의 요소와 순서, 하나님 말씀의 설교와 사역, 교회의 음악과 노래에 대한 접근 방식, 예배 인도 방식, 공동 예배의 물리적 환경과 미적 요소가 결합되어 강력한 패키지를 형성한다. 이 선택들이 교회의 모습을 형성한다. 예배는 실로 대표 사역으로, 매주 모이는 이들을 강력하게 교육하고 교회의 본질을 공적으로 선언한다.

장로들은 앞에 나서서 예배를 인도할 수도 있고 인도하지 않을 수도 있지만, 무대 뒤에서 예배가 진정으로 하나님께 영광을 돌리고 성도들을 세워 주며 복음을 진전시키도록 함으로써 양 무리를 돌본다.

팀 토의

Q1 당신의 교회의 예전(예배의 구조와 순서)은 어떤 방식인가? 예배가 복음을 반영하고 강화하도록 설계되어 있는가?

Q2 장로들은 설교 사역을 어떻게 감독하는가? 정규 설교자들은 유용한 피드백과 건설적인 비판을 받는가?

Q3 교회의 음악과 노래가 교회의 사명을 얼마나 잘 전달하는가? 음악이 전달하는 핵심 메시지는 무엇인가?

Q4 누가 예배를 인도하는가? 누가 예배를 인도해야 하는가? 그들의 태도와 행동이 교회의 예배에 어떤 영향을 미치는가?

Q5 교회의 예배 공간 미학은 어떠하며, 어떤 메시지를 전달하는가? 그 메시지는 복음 전파에 도움이 되는가?

10

목자 리더십
돌봄과 제자 훈련

지금까지 우리는 교회의 두 가지 대표 사역인 선교와 예배를 살펴보았다. 장로들이 감독해야 할 세 번째 대표 사역 영역은 교인들에 대한 돌봄과 제자 훈련 방식을 감독하는 일이다. 이 장에서는 목회적 돌봄과 제자 훈련은 함께 가며, 둘 다 그리스도 안에서 영적 성장과 성숙을 촉진하는 데 초점을 맞춘다는 것을 보게 될 것이다. 우리는 장로들이 채택할 수 있는 다양한 전략과 장로들이 참여시킬 수 있는 다양한 이들을 탐구해, 사람들이 격려받아 그리스도 안에서 성장할 수 있도록 돌보는 교회 공동체를 만드는 방법을 살펴볼 것이다.

사람들이 교회에 등록하고 떠나는 이유를 생각해 보면 흥미롭다. 사람들은 종종 설교, 목사, 음악, 훌륭한 프로그램, 어쩌면 신학에 이끌려 교회에 등록한다. 그러나 얼마 후에는 다른 이유로 떠날 수 있다. 사람들이 교회가 돌보지 않는다고 느끼기 때문에 교회를 떠나는 것은 드문 일이 아니다. 그들은 교회가 진정한 공동체, 진실한 관계, 사람을 돌보는 지도자가 있는 곳이기를 기대했다. 그러나 그렇지 않을 때 실망하고 떠난다.

그들의 기대는 비현실적인 것이 아니다. 교회는 의미 있는 관계가 자라나는 사랑과 은혜가 넘치는 공동체여야 한다. 그리고 장로들은 그리스도의 대리 목자로서 그분의 피로 사신 양 무리를 돌보아야 한다. 그들은 상한 갈대를 꺾지 않고 꺼져 가는 심지를 끄지 않으시는 양의 큰 목자이신 예수님의 사랑과 연민을 반영해야 한다(마 12:20). 예수님은 사람들에게 시간을 내셨다. 교회도 그래야 한다.

돌봄이 중요하지만, 무엇이 좋은 돌봄인지 논란이 있을 수 있다. 어떤 사람들은 사랑받는 느낌을 주는 교회를 원한다. 그들은 함께 차를 마시며 대화해 줄 목사, 그들의 작은 위기마다 귀 기울여 줄 장로, 끝없는 관심을 원하는 그들의 욕구를 충족해 줄 교회 공동체를 원한다. 그러나 이것은 성경에서 말하는 목회적 돌봄이 아니다.

그렇다면 좋은 돌봄은 어떤 모습이어야 하며, 누가 돌봄을 해야 하고, 어떻게 돌봄이 이루어져야 하는가? 이를 결정하고 효과적인 돌봄 사역이 이루어지게 하는 것은 장로팀의 중심 과제 중 하나다. 이것은 교회의 또 다른 대표 사역으로, 교회 생활의 많은 부분의 분위기를 결정한다. 이 장에서는 성경적 돌봄의 세 가지 핵심 원칙을 고찰한 후, 장로들이 어떻게 지역 교회의 돌봄 모델을 개발할 수 있을지 살펴보겠다.

돌봄의 원칙

성경을 살펴보면, 목회적 돌봄은 **영적 돌봄이며, 다양한 형태를 취하고, 많은 사람을 포함함**을 알 수 있다. 각 측면은 필수적이다.

성경적 돌봄은 영적 돌봄이다

목양적 돌봄의 가장 중요한 관심사는 사람들이 그리스도 안에서 성장하게 하는 것이다. 그렇다. 우리는 심방하고, 사람들의 친구가 되어주고, 그들에게 관심을 갖기 원한다. 여기에는 신체적, 사회적 필요도 포함된다. 그러나 우리가 그렇게 하는 이유는 사람들을 예수님께 더 가까이 인도하기 위해서다. 우리의 목표는 사람들이 삶의 모든 기복 속에서도 그리스도를 붙드는 법을 배우고, 그분 안에서 자신이 필요한 모든 것을 찾으며, 그분에 대한 신뢰가 깊어지고, 그분에게서 기쁨을 찾고, 주님이 두신 모든 상황에서 그분을 섬기게 하는 것이다. 진정한 돌봄은 사람들을 선한 목자에게로 인도한다. 모든 문제를 해결하고 사람들을 행복하게 만드는 것은 우리의 일이 아니다. 상처를 싸매고 마음을 치유하며 영원한 소망을 주실 수 있는 그리스도께 안내하는 우리의 소명이다.

영적 성장과 성숙은 바울 사역의 궁극적인 목표였다. 그는 골로새서에서 이렇게 말했다. "우리가 그를 전파하여 각 사람을 권하고 모든 지혜로 각 사람을 가르침은 각 사람을 그리스도 안에서 완전한 자로 세우려 함이니 이를 위하여 나도 내 속에서 능력으로 역사하시는 이의 역사를 따라 힘을 다하여 수고하노라"(골 1:28-29). 바울은 사람들이 그리스도 안에서 성숙해지고 완전해지고 온전해지도록 노력했다. 에베소서 4장에서 사도, 선지자, 복음 전하는 자, 목사와 교사의 사역의 궁극적인 목표를 설명하면서 그는 "이는 성도를 온전하게 하여 봉사의 일을 하게 하며 그리스도의 몸을 세우려 하심이라 우리가 다 하나님의 아들을 믿는 것과 아는 일에 하나가 되어 온전한 사람을 이루어 그리스도의 장성한 분량이 충만한 데까지 이르리니"라고 말한다(엡 4:12-13).

이것이 목자의 돌봄의 목표여야 한다. 장로들은 단순히 심방 대상 목록을 작성하고 사람들을 체크하거나 그들의 영적 삶에 대해 심문하는 것을 목표로 삼아서는 안 된다. 또한 그들이 사람들과 친목을 다지는 것에 안주해서도 안 된다. 비록 압박 많은 세상에서 사람들과 편안한 시간을 가지는 일은 금과 같아도 말이다. 목표는 사람들이 그리스도 안에서 성장하도록 돕는 것이어야 하며, 이는 시간과 노력이 필요하다.

그래서 영적 돌봄과 제자 훈련을 병행해야 한다. 우리는 너무 자주 이를 분리해 생각한다. 돌봄 사역도 있고 제자 훈련 사역도 있지만, 이 구분은 아무 의미가 없다. 우리가 누군가를 돌볼 때, 우리는 그 사람을 제자 훈련시키고 있는 것이다. 우리는 그가 그리스도 안에서 성장하고, 그리스도와 동행하고, 그리스도께 믿음을 두고, 그리스도를 사랑하고, 그리스도를 섬기도록 돕고 있다. 우리는 새로운 신자나 심각한 병에 걸린 오랜 성도를 제자 훈련할 수/돌볼 수 있다. 우리는 대학에 다니는 젊은 여성이나 이혼 중인 중년 남성을 제자 훈련할 수/돌볼 수 있다. 모든 목회 상황에서 우리의 목표는 그 사람이 주님과 더 굳건하게 동행하도록 하는 것이다. 주님이 그/그녀의 힘과 지혜와 의로움이시기 때문이다.

이것을 잊어버릴 때, 목회적 돌봄은 거의 완화 치료에 불과하게 된다. 우리는 사람들을 위로해 기분이 조금 더 나아지게 하려고 심방한다. 우리는 사람들이 불평하기 때문에 그들을 행복하게 하기 위해 돌봄을 제공한다. 우리의 목회 일은 반응적이지 주도적이지 않으며, 문제를 해결하고 불을 끄뜨리는 데 초점이 맞춰져 있다. 목회 관심사는 문제, 필요, 불만에 의해 주도된다. 문제가 해결되고 사람들이 위로받고 상황이 해소되면 우리는 할 일을 다했다고 느낀다.

그러나 아마도 실제로는 그렇지 않을 것이다. 그 사람이 그리스도 안에서 성장했는가? 그녀가 성숙했는가? 그가 시련 속에서 주님을 섬겼는가? 좋은 돌봄은 사람들을 도와, 그들이 삶의 모든 희로애락 속에서 성장하게 하는 것이다.

이 돌봄은 젊은이, 노인, 독신, 가족, 과부 등 모든 종류의 사람을 위한 것이다. 여기에는 특히 영적으로 모든 종류의 사람이 포함된다. 영적 돌봄의 대가였던 청교도들은 자주 양 무리를 다양한 영적 상태의 관점에서 바라보았다. 예를 들어, 마르틴 부처(Martin Bucer)는 그의 1538년 고전 『영혼의 참된 돌봄에 관하여』(Concerning the True Care of Souls)에서 잃은 양을 어떻게 찾고, 유리하는 양을 어떻게 회복시키며, 다치고 상한 양을 어떻게 싸매고 치유하며, 약한 양을 어떻게 강하게 하

고, 건강하고 강한 양을 어떻게 지키고 먹여야 하는지를 다루었다.[1]
윌리엄 퍼킨스(William Perkins)는 그의 1592년 설교학 교재 『예언의 기술』(*The Art of Prophesying*)에서 일곱 가지 유형의 청중에 대해 이야기했다. 첫째, 무지하고 가르칠 수 없는 불신자, 둘째, 가르칠 수 있지만 무지한 불신자, 셋째, 지식은 있지만 겸손해지지 않은 사람, 넷째, 이미 겸손해진 사람, 다섯째, 이미 믿는 사람, 여섯째, 다시 타락한 사람, 마지막으로 혼합된 상태에 있는 사람이다.[2] 또 다른 분류는 19세기 찰스 브리지스(Charles Bridges)의 위대한 저서 『기독교 사역』(*The Christian Ministry*)에서 찾아볼 수 있는데, 여기서는 불신자, 무지하고 무관심한 사람, 자기 의의 사람, 거짓 신자, 육적 및 영적 신념을 가진 사람, 어린 그리스도인, 배교자, 확립되지 않은 그리스도인, 확고하고 일관된 그리스도인을 처음으로 구분한다.[3]

주목할 만한 점은, (불신자라는 단어의 사용은 제쳐 두고) 구원받지 못한 자들과 아직 교회에 속하지 않은 자들이 모든 목회자의 최우선순위로 여겨졌다는 것이다. 전도는 진정한 목회적 돌봄의 일부로, 우리가 "이 우리에 들지 아니한 다른 양들"(요 10:16)을 구원하려는 노력이다. 목회적 마음을 가진 사람과 전도적 마음을 가진 사람을 구분하는 일은 드문 일이 아니다. 그러나 이런 구분은 성경적이지 않다. 구원받지 못한 양을 신경 쓰지 않는다면 어떻게 목회적 마음을 가지고 있다고 할 수 있겠는가? 사람들을 사랑하여 "고생하며 기진[한]" 양들(마 9:36)에게 하나님의 은혜를 전하려 하지 않는다면 어떻게 전도적 마음을 가지고 있다고 할 수 있겠는가?

신자와 불신자 사이에 존재하는 이런 영적 상태들을 관찰하는 것이 중요하다. 이런 다양한 상태 때문에 다양한 치료법이 필요하다. 이것은 바울이 "게으른 자들을 권계하며 마음이 약한 자들을 격려하고 힘이 없는 자들을 붙들어 주며 모든 사람에게 오래 참으라"(살전 5:14)고 말한 것에 암시되어 있다.

하나님 백성의 다양한 영적 필요 때문에 다양한 방식의 돌봄이 필요하다. 이것은 목회적 돌봄의 두 번째 성경적 원칙으로 연결된다.

성경적 돌봄은 다양한 형태를 취한다

역사적으로 목회 돌봄의 가장 유서 깊은 전략은 심방, 즉 가정 방문이었다. 집, 병원, 직장, 교도소 등 사람들이 있는 곳을 방문하는 일은 많은 이에게 큰 도움이 되어 왔다. 이런 방문은 영적인 대화를 나눌 수 있는 훌륭한 기회를 제공한다.

출생과 사망, 약혼과 결혼, 취직과 실직, 정신적 또는 신체적 질병 등 일상생활의 정규적인 리듬은 모두 장로들이 방문해 울고 경청하고 기도하고 웃고 성경을 읽음으로써 사랑을 보여 줄 기회를 제공한다. 이런 소중한 순간에 양 무리와 함께하지 않는 것은 목회에서 가장 풍부한 경험을 놓치는 것이다. 집을 정기적으로 방문하면 장로들이 양 무리를 더 잘 알게 되고 그들의 필요, 염려, 꿈, 아픔을 들을 수 있다. 이것은 다시 설교, 가르침, 계획, 의사 결정에 영향을 미친다. 목자들은 양 무리를 알아야 하며, 심방은 그들을 알 수 있는 전략적인 방법이다.

그러나 심방이 가치가 있지만, 그것은 목회적 돌봄과 제자 훈련 도구 상자에 있는 하나의 도구일 뿐이다. 목회적 돌봄과 제자 훈련 방법에는 공식적, 비공식적인 다양한 옵션이 있다. 우리의 과제는 각 상황에 가장 적합한 도구를 선택하는 것이다. 현재의 문화적 맥락에서는 심방이 더 이상 주요 도구가 되어서는 안 될 수도 있다.[4]

돌봄과 제자 훈련 사역의 주요 도구는 **설교 사역**임을 잊어서는 안 된다. 이것은 돌봄을 위한 강력하고 전략적인 수단이다. 여기서 양 전체를 동시에 목양하므로, 가장 효과적인 돌봄의 형태가 된다. 사랑의 목회자로서 목사는 다양한 사람들에게 하나님의 말씀을 전할 기회를 가진다. 성령의 능력으로 그는 약한 자를 격려하고, 게으른 자에게 경고하며, 무지한 자를 인내로 가르치고, 열정적인 자를 격려하고, 교만한 자를 겸손하게 하며, 낙심한 자에게 힘을 줄 수 있다. 영혼의 다양한 상태에 맞춰 말함으로써, 사람들이 설교가 자기를 위한 것이라고 느끼게 할 수 있다. 그는 또한 성경이 삶에 대해 어떻게 말하고 우리의 마음 상태를 다루는지 본을 보일 수 있다. 목사는 교회의 삶에서 지속적인 돌봄과 제자 훈련을 위한 기초를 놓는다.

돌봄과 제자 훈련을 위한 또 다른 강력한 도구는 **소그룹**이다. 그들을 소그룹, 성장 그룹, 가정 그룹, 복음 공동체, 제자 훈련팀 또는 다른 무엇으로 부르든 상관없다. 소그룹의 핵심은 교회 내 모든 사람을 사랑하고 돌보는 것은 어렵지만, 열 명 정도의 사람들과는 더 풍부한 관계를 맺을 수 있다는 것이다. 소그룹은 각 사람이 그리스도 안에서 성장할 수 있도록 사랑하고, 기도하고, 섬기고, 돌보고, 위로하고, 강

화하고, 서로를 돕는 장소가 된다.[5]

심방과 유사하지만 종종 매우 다른 느낌과 맛을 가지는 또 다른 도구는 단순히 **누군가와 만나 커피를 마시는 것**이다. 내가 일하는 멜버른에는 강력한 커피 문화가 있으며, 이는 친구, 동료, 비즈니스 파트너, 직원, 가족 등 사람들과 시간을 보내는 사회적으로 허용된 좋은 방법 중 하나다. 커피 마시자고 누군가를 초대하는 것은 배려를 나타낸다. 이는 함께 삶에 대해 대화할 수 있는 편안한 환경을 제공한다. 아마 다른 문화에는 버거, 차이(chai), 맥주를 마시는 방법이 있을 것이다. 어떤 환경이든 음식, 음료, 대화에는 목회 전략적인 면이 있다.

다음으로는 돌봄을 보여 주는 비공식적 방법으로 현대 생활의 일부분이 된 **문자, 이메일, 전화** 같은 것이다.[6] 이런 것은 소통의 강력한 수단이다. 시기적절한 메시지는 정말 큰 역할을 할 수 있다. 그것은 우리가 누군가를 생각하고 그를 위해 기도하고 있음을 보여 준다. 또한 대면 대화가 불가능할 때도 연결을 유지할 수 있게 해 준다.

이런 방법들 외에 간소하게 **예배 후 대화**를 추가할 수 있다. 대부분의 교회는 예배 후에 교제 시간을 가지며, 이는 장로들과 다른 돌보는 사람들에게 최적의 시간이다. 장로들은 이런 시간을 중요하게 여기고 다양한 사람과 만나 의미 있는 대화를 나누어야 한다. 교회는 사람들이 하나님을 만나고 그분 말씀을 듣기 위해 모인 곳이므로, 예배 전후에 영적인 문제에 대해 이야기하는 것은 상대적으로 쉽고 적절하다. 젊은이나 여성과 일대일 대화를 나누기에 안전한 환경이기도 하다. 이런 상황이 아니면 어색하거나 부적절할 수도 있기 때문이다.

그리고 **환대**(손 대접)를 실천하라는 성경의 명령이 있다. 가정은 사랑을 보여 주고 따뜻한 대화를 나누도록 하나님이 주신 환경이다. 교회 예배 후에 새로운 사람을 초대하거나, 이웃과 바비큐를 즐기거나, 젊은이들을 저녁에 초대하는 등 사람들을 집으로 초대하는 것은 더 깊은 관계로 이어지는 문을 열어 준다. 장로의 자격 중 하나가 환대하는 사람이어야 한다는 데는 좋은 이유가 있다. 저녁 식탁은 다른 사람들과 이야기하고 웃고 울고 기도하기에 가장 좋은 장소 중 하나다. 다시 말해, 장로가 아내와 함께 독신자나 여성과 교제할 수 있는 환경이다. 다른 환경에서는 일대일 대화가 불편하거나 현명하지 않을 수 있기 때문이다.

돌봄과 제자 훈련 사이의 관계를 고려할 때, 돌봄을 위한 또 다른 환경은 **제자 훈련** 또는 **멘토링 관계**다. 멘토링은 사실 의도적인 관계의 맥락에서 오랜 기간 지속적으로 이루어지는 영적 돌봄이라고 할 수 있다. 이는 누군가의 영적 안녕을 위해 장기간 투자할 수 있는 훌륭한 기회다. 다시 말해, 다양한 관계가 형성될 수 있다. 불신자와 함께 일대일로 성경 읽기, 새 신자를 제자 훈련하기, 젊은 사역 리더를 멘토링하기, 경험이 풍부한 리더와 만나 그들의 지속적인 신실함을 격려하기, 이 모든 것이 목회적 돌봄이다.

마지막으로, 많은 돌봄이 **다른 교회 사역들**의 환경에서 이루어진다는 것을 알아야 한다. 돌봄은 어린이 및 청소년 사역, 독신 사역, 남성 및 여성 사역 등에서 이루어진다. 이런 사역은 다른 사람들을 격려하고 훈련시키고 도전하고 기도하며 돌보는 데 중요한 환경이다. 이런 사역은 사람들을 그리스도 안에서 성장하도록 돕기 위해 존재하며, 이는 목회적 돌봄의 본질이다. 사역팀들도 돌봄과 제자 훈련을 위한 환경이다. 사람들이 음악팀이나 기술팀에서 함께 섬기거나, 한 그룹의 사람들이 함께 교회를 청소하는 과정은 우리가 서로를 돌보고 격려하고 제자 삼을 수 있는 환경이다.

최소한 여덟 가지 돌봄 수단을 식별하는 요점은 장로들이 교회 생활 전반에 걸쳐 풍부하게 다양화된 돌봄 방식을 고려해야 한다는 것이다. 신약 성경에는 모든 사람에게 동일하게 적용되는 돌봄 모델이 없다. 돌봄을 자신이 선호하는 전략(예. 심방, 멘토링, 소그룹 등)으로 좁히지 않아야 한다. 오히려 다양한 종류의 사람들에게 어떻게 해야 최선의 돌봄을 제공할 수 있을지를 생각해야 한다. 젊은이를 돌보는 방식은 노인을 돌보는 방식과 매우 달리야 할 수 있으며, 독신 여성을 돌보는 것은 유부남을 돌보는 것과 다를 것이다. 이미 영적으로 매우 잘 지지받고 있는 사람에 대한 돌봄은 도움을 요청하는 사람에 대한 돌봄과 다를 것이다.

장로들 스스로 이런 다양한 도구를 사용하겠지만, 각 장로가 모든 도구를 사용할까? 아마 아닐 것이다. 그들 모두가 심방이나 가정 방문을 훌륭히 수행할까? 아마 아닐 것이다. 모두가 누군가와 커피 마시러 나가는 것을 좋아할까? 그렇지 않을 것이다. 그러나 장로팀 전체가 이런 많은 형태의 돌봄에 적극적으로 참여하고 교회 생활 속에서 풍부한 돌봄의 환경을 감독한다면, 그들은 양 무리의 책임 있는 목자가 될 것이다.

이런 다양한 돌봄의 형태는 돌봄과 제자 훈련의 세 번째 핵심 원칙으로 자연스럽게 이어진다.

성경적 돌봄은 많은 사람의 은사를 필요로 한다

장로들은 양 무리의 목자이지만, 이것이 그들 자신이 모든 영적 돌봄을 제공한다는 의미는 아니다. 종종 이런 관점이 지배적이었고 심방이 이를 위한 좋은 도구로 여겨졌지만, 이런 방식의 지혜에 대해 의문을 제기할 필요가 있다. 한 가지 이유는, 돌봄에는 여러 가지 방법이 있으며 심방은 이용 가능한 많은 도구 중 하나일 뿐이라는 점이다. 일부 사람들, 특히 노인들은 이런 방문을 좋아할 수 있지만, 다른 사람들은 그들이 거의 알지 못하는 장로가 일 년에 한 번 방문하는 것을 돌봄으로 여기지 않을 수도 있다. 이는 침해적이고 부적절하다. 또한 장로들이 개인적으로 돌볼 수 없는 교인이 많으며, 특히 여성이 그렇다. 장로들이 여성을 적절히 돌볼 수 있는 일부 환경을 언급했지만, 다른 많은 여건에서는 매우 바람직하지 않다.

하지만 장로들이 교회의 모든 목회 돌봄을 스스로 제공하려 하지 말아야 하는 더 깊은 이유가 있다. 그들에 대한 성경의 명령은 모든 것을 다 하라는 것이 아니라, 성도들을 훈련시켜 서로 돌볼 수 있게 하라는 것이다. 에베소서 4장 12-13절에서 바울은 목사-교사가 성도들을 무장시켜(온전하게 하여) 사역을 하게 해야 한다고 설명한다. 그들이 모든 사역을 스스로 하는 것이 아니라 성도들이 사역을 할 수 있도록 준비시키는 것이다.

장로들은 어떤 사역을 위해 성도들을 준비시켜야 하는가? 모든 종류의 사역이라고 할 수 있지만, 하나가 다른 모든 것 위에 두드러진다. 그것은 "서로"라는 사역이다. 서신서는 서로 해야 할 일과 하지 말아야 할 일에 대해 약 47번 정도 언급한다. 양 무리의 구성원이 서로를 위해 해야 할 일을 살펴보면 흥미롭다. 가장 자주 반복되는 명령은 서로 사랑하라는 것이다(예. 롬 12:10; 살전 4:9; 벧전 1:22; 요일 3:11, 23; 4:7, 11-12; 요이 1:5). 하지만 '서로'에 대한 것은 이 외에도 많다.

- 서로 존경하라(롬 12:10).

- 서로 화합하라(롬 12:16).

- 서로를 받으라(롬 15:7).

- 서로 종노릇하라(갈 5:13)

- 서로 짐을 지라(갈 6:2).

- 사랑으로 서로 용납하라(엡 4:2).

- 서로 친절하고 동정심을 가지라(엡 4:32).

- 서로 용서하라(엡 4:32).

- 서로 복종하라(엡 5:21).

- 서로 격려하라(살전 4:18).

- 서로를 세우라(살전 5:11).

- 서로 사랑과 선행을 하도록 격려하라(히 10:24).

- 서로 비방하지 마라(약 4:11).

- 서로에게 불평하지 말라(약 5:9).

- 서로 죄를 고하라(약 5:16).
- 서로를 위해 기도하라(약 5:16).

이 중에서 목자의 일로 보이는 것은 무엇인가? 명확한 대답은 "모두 그렇다!"다. 교회에는 목자—리더가 있지만 교회의 생활 전체와 친교에는 목회적 성격이 있어야 한다. 교회 리더를 임명한 목적은 모든 돌봄을 담당하라는 것이 아니라 서로 보살피고 제자 삼는 사람들로 가득 찬 교회가 되도록 감독하고 격려하며 준비시키는 것이다.

이런 배려하는 교회 공동체를 어떻게 하면 만들 수 있을까? 이 목록의 가장 위에는 **목자들의 모범**이 있어야 한다. 비록 그들이 모든 개인을 직접 돌보지 않더라도 모든 종류의 사람들에 대한 돌봄을 보여 주어야 한다. 비록 그들의 돌봄이 포괄적이지 않더라도 대표적이 되어야 하며 다양한 삶의 상황과 영적 상태에 있는 사람들에게 개인 시간을 내어 주어야 한다. 장로들은 사랑과 은혜가 풍성한 교회 분위기를 만들어야 한다. 그런 교회에서는 사람이 중요시하며, 각 개인이 하나님의 형상으로 창조되고 그리스도의 피로 구속되었기에 소중히 대우받는다.

돌보는 집사는 '서로' 교회를 만드는 데 또 다른 훌륭한 도움이 된다. 교회마다 집사의 역할과 사역을 이해하는 방식이 다르지만, 빌립보서 1장 1절과 디모데전서 3장 8-13절과 같은 본문을 보면 집사들이 장로들과 함께 섬겼음이 분명하다. 신약 성경에서 '집사'라는 단어는 '종'을 의미하며, 집사들이 어떻게 섬기는지를 엄격히 정의하지는 않지만, 교회의 역사는 일반적으로 사도행전 6장 1-4절을 기준으로 삼아 왔다. 이 선택된 이들은 "접대를" 위해 임명되어, 과부들을 위한 음식 분배를 책임졌다. 돌봄의 실천적인 사역, 즉 자선의 사역은 사도들의 기도와 말씀 사역과 함께 확립되었다. 이렇게 이해하면, 집사로 구성된 돌봄팀은 다른 사람들을 향한 마음, 자선의 은사, 교회 안팎 사람들을 위한 실질적인 돌봄을 촉진할 수 있는 능력을 가진 사람들로 이루어질 것이다. 그들의 사역은 다시 분위기를 설정하며, 그들은 많은 교인이 서로 돌보도록 이끌 수 있는 좋은 위치에 있다.

목회적 돌봄에서 이미 **소그룹**의 가치를 주목했다. 소수의 사람이 정기적으로 함께 모여 나누고 성경 공부를 하고 기도하면서 수많은 '서로'가 실제로 실천될 수 있는 자연스러운 환경을 만들어 낸다. 이 그룹은 또한 사기 그룹 밖의 사람들을 돌보도록 격려받을 수 있으며, 이는 구성원들이 자신과 자신의 편안한 범위를 넘어서는 사고를 하도록 자극한다.

특히 돌봄에 **여성이 참여**하게 하는 것이 중요하다. 여성은 선천적으로 돌보는 태도를 지니고 있으며, 남성 장로보다 필요한 부분을 훨씬 더 빨리 알아차릴 수도 있다. 게다가 남성이 아내가 아닌 여성을 깊이 돌보는 것이 부적절하다는 점을 이미 언급했다. 교회에서 여성이 여성을 돌보도록 해야 한다. 즉, 방문하고 격려하고 제자 훈련하고 멘토링하고 지원하며 친구가 되어 주어야 한다. 디도서 2장 3-5절에서는 나이 든 여성이 젊은 여성을 위한 사역을 하도록 특별히 언급하고 있으며, 마찬가지로 나이 든 남성도 젊은 남성에게 그래야 한다. 따라서 돌보는 교회 공동체를 만드는 데는 여성과 노인을 모두 참여시키는 것이 성경이 요구하는 일이다.

교회에 다른 사람들을 돌보는 **특별한 은사**를 가진 사람들이 있을 것이다. 어떤 사람은 훈련받은 상담가일 수 있고, 어떤 사람은 지혜와 통찰력의 은사를 가지고 있다. 또 어떤 사람은 다른 사람을 깊이 사랑하고 그들에게 시간을 투자할 마음을 가지고 있다. 현명한 장로팀은 개개인의 특별한 재능을 활용할 것이다. 경건하고 성숙한 부부는 젊은 커플/부부의 혼전 상담을 이끌거나 힘든 결혼 생활을 돕도록 부탁받을 수 있고, 현명하고 배려심 깊은 여성은 힘들어하는 젊은이를 보살피도록 부탁받을 수 있다. 에바브라와 같은 마음을 가진 남자는 교회의 기도 사역에 참여하게 될 것이다. 장로들이 목양을 잘하는 방법 중 하나는 하나님 백성의 돌봄과 제자 훈련 은사가 교회의 건강을 위해 사용되도록 하는 것이다.

영적 돌봄, 다양한 형태, 많은 사람 포함하기라는 세 가지 원칙이 돌봄과 제자 훈련 접근 방식을 형성해야 한다. 이를 바탕으로 장로들은 지역 교회의 돌봄과 제자 훈련을 위한 모델을 개발할 수 있을 것이다.

건강한 돌봄 모델 정착시키기

성경이 사역의 구조를 제공하지 않는다는 것을 반복적으로 살펴보았다. 따라서 지역 교회의 목회적 돌봄을 위한 구조를 성경에서 찾을 수 없다. 장로들의 임무는 늘 그러듯이 지금 이 문화에서 양 무리에게 가장 좋은 것을 성경의 원칙을 적용하며 찾아내는 일이다.

우리는 역사적으로 많은 교회가 목회 심방을 주된 도구로 선택했음을 보았다. 이것은 종종 각 장로가 어떤 그룹을 책임지고 적어도 일 년에 한 번씩 그들을 방문하도록 구조화되었다. 어떤 교회들은 이런 돌봄의 대부분을 사역팀에 위임한다. 장로들은 교인을 적극적으로 돌보는 데 헌신하는 집사팀, 목회 돌봄팀, 기도팀을 조직하고 감독한다. 장로들은 필요에 따라 관여하고, 돌봄은 주로 이 팀들이 제공한다. 또 다른 교회들은 소그룹을 주된 돌봄 도구로 선택한다. 모든 교인은 소그룹의 일원이 되도록 권고받으며, 주로 이곳에서 지지, 돌봄, 기도, 교제 등의 지원을 받는다. 목사, 장로, 돌봄팀도 방문해 도움을 줄 수 있지만, 그들의 역할은 소그룹의 돌봄을 보조하는 역할이다.

이런 접근 방식은 각각 장점이 있지만, 하나의 접근 방식만으로는 충분하지 않다. 세 가지 원칙인 영적 돌봄, 다양한 형태, 많은 사람의 참여는 다양한 돌봄 모델이 필요함을 시사한다. 그 모델들의 모습은 교회의 규모, 목사, 장로 및 기타 구성원들의 은사, 지역적 요인에 따라 달라질 것이다. 다양한 접근 방식을 개발할 때, 다음 다섯 가지를 수행하면 도움이 될 것이다.

교육하기

첫째, 장로들은 목자–교사로서 목회적 돌봄에 대해 교회를 교육할 필요가 있다. 그들은 앞서 살펴본 돌봄의 성경적 원칙과 그들이 채택하기로 한 돌봄 모델을 교인들에게 가르쳐야 한다. 교회 전체가 장로들이 교회의 돌봄을 감독하지만 모든 돌봄을 제공할 수는 없음을 이해하는 것이 필수적이다. 다양한 돌봄 도구에 대한 설명이 이루어져야 하며, 돌봄과 제자 훈련, 돌봄과 전도의 경계가 허물어져야 한다. 교인들이 각각의 돌봄 공동체 형성에 얼마나 중요한 역할을 하는지를 아는 것도 매우 중요하다.

돌봄에 대한 교육에서는 종종 기대를 명확히 할 필요가 있다. 목회자가 모든 사람을 방문하거나 모든 목회적 문제를 처리할 것이라는 기대가 있을 수 있으며, 장로들이 매년 모든 사람을 방문하거나 모든 돌봄이 돌봄팀이나 소그룹에 의해 제공될 것이라는 기대가 있을 수 있다. 이런 기대가 교회가 채택한 돌봄 모델과 일치하지 않으면, 사람들은 단순히 자신들의 기대와 일치하지 않기 때문에 돌봄이 부족하다고 느낄 것이다. 지혜로운 장로들은 교회에서 돌봄과 제자 훈련에 대해 자주 이야기하며, 누가 무엇을, 어떻게, 왜 하는지를 명확히 할 것이다.

동참하게 하기

다양한 돌봄 모델에서 장로들이 해야 할 두 번째 일은 많은 사람이 교회의 돌봄 및 제자 훈련 사역의 일원으로 동참하게 하는 일이다. 장로들은 직접 모든 돌봄을 제공하려는 것이 아니라 풍부한 관계 및 사역 네트워크를 감독하려 하므로, 가능한 한 많은 사람을 돌봄 및 제자 훈련에 적극적으로 동참시키려 할 것이다.

그들은 소그룹 리더들을 십여 명으로 이루어진 작은 돌봄 공동체를 만들 수 있는 핵심 인물로 동참시킬 것이며, 구성원들이 자기 그룹을 삶의 다양한 상황에서 서로 도와 그리스도 안에서 성장하게 하는 모임으로 만들도록 권유할 것이다.

장로들은 교회의 돌봄 사역에서 여성들을 핵심 인물로 참여시켜 다른 여성들을 돌보고, 돌봄팀에 동참하며, 제자 훈련에 적극 참여하도록 권할 것이다. 또한 장로들은 다양한 목회 상황에서 도움을 줄 선천적 재능을 가진 구성원들을 주의 깊게 살펴볼 것이다. 그들은 돌봄팀, 집사팀, 기도팀을 위해 사람들을 모집할 수 있다. 그들은 각 사역 분야에서 사역 리더들이 돌봄과 제자 양육을 극대화하도록 돕는다. 교회 전체는 '서로'에게 힘쓰며 지속적으로 돌보는 공동체가 되도록 격려받을 것이다.

교회 생활의 또 다른 돌봄 제공자 그룹은 부모들이다. 장로들은 부모들이 자녀를 목양하도록 도움으로써 양 무리를 목양한다. 가정은 아이들과 청소년들이 영적 돌봄과 신앙 훈련을 받는 주요 장소다. 따라서 총체적인 교회의 돌봄 모델은 이 점에 중점을 두어야 하며, 부모들이 자녀를 실질적이고 신체적으로뿐 아니라 영적으로도 돌볼 수 있도록 그들을 격려하고 준비시켜야 한다. 사실 이것은 부모들의 가장 중요한 소명이며, 따라서 그들은 교회가 이 진리를 강조하고 자신들이 소명에 충실하도록 교육하게 해야 한다. 교회는 가족이 영적 대화, 성경 교육, 신앙 교육, 기도 및 가정 예배가 잘 이루어지는 건강한 가족생활을 중시하도록 교육해야 한다.

교회는 부모들이 교회에 과도하게 헌신하는 것을 만류하고, 가정에 온전히 헌신하게 할 정도로 용기를 가져야 한다. 부모들이 자녀를 "주의 교훈과 훈계"(엡 6:4)로 양육하도록 훈련하고 지원하는 것은 장로들이 할 수 있는 가장 전략적인 투자 중 하나다. 건강한 그리스도인 가정에서 자란 아이들은 앞으로 오랫동안 교회 생활에서 열매를 맺을 것이다.

준비시키기

장로들이 명심해야 할 세 번째 사항은 그 일을 위해 준비되어야 할 사람이 부모만은 아니라는 점이다. 다른 많은 사람이 돌보기를 원하지만 어떻게 해야 할지 몰라 무슨 말을 해야 할지, 어떻게 도울 수 있을지 확신이 없다. 교회는 종종 실제적 돌봄, 즉 식사, 교통, 집 청소, 잔디 깎기, 아이 보기 등에는 탁월하지만, 많은 사람은 영적 돌봄을 제공하는 데 무능하다고 느낀다. 기본적인 교육을 제공하면 돌봄에 대한 불안을 해소하고 '서로' 돕는 활동에 더 적극적이 되게 할 수 있다. 일부 위기는 보통 교인의 능력을 넘어설 수 있고, 일부 상황은 장로, 목사, 상담가, 심리학자, 의사에게 의뢰해야 할 수 있다. 그러나 보통 그리스도인도 서로에게 독특하고 소중한 사역을 할 수 있다.

나는 종종 교회들로부터 돌봄을 주제로 세미나를 진행해 달라는 초청을 받는다. 이 교육은 사실상 '돌봄 개론'에 불과하지만, 그 기본적인 것도 사람들의 삶에는 상상 이상으로 도움이 되고 의미가 있다. 또한 그 기본적인 것은 우리가 생각하는 것보다 덜 알려져 있고 덜 실천

되고 있다. 따라서 사랑과 공감을 표현하는 방법, 경청하는 방법, 영적인 대화를 하는 방법, 성경을 사용해 다른 사람을 돕는 방법, 사람들을 위해 그리고 사람들과 함께 기도하는 방법, 누군가와 장기간 신실하게 함께하는 방법을 다루는 짧은 교육은 가치가 있다.

장로들 자신도 이런 돌봄의 기본 기술에 익숙해야 하며, 다른 사람들도 그렇게 할 수 있도록 준비시키는 것이 중요하다. 하지만 짧은 교육 세미나가 소중하긴 해도, 수업을 듣는 것만으로는 돌봄 기술을 개발할 수 없다. 그들은 '현장 교육'을 받으면서 다른 사람들을 돌보는 능력이 성장한다. 이미 잘 돌보는 이들이 다른 사람을 데리고 다니면서 그 일이 어떻게 이루어지는지 보고 스스로 시작하게 해야 한다.

참여하기

넷째, 장로들은 단순한 이사회의 일원이 아니라 교회의 삶과 사역에 적극적으로 관여하는 목사들이므로, 교회의 목회 사역과 관계망에 참여할 것이다. 그들은 각각의 은사, 개인적 상황, 가용 시간을 고려해 다양한 방식으로 목회 돌봄에 참여할 수 있다. 그들은 많은 사람의 삶에 적극적으로 참여하기 위해 공식적, 비공식적 돌봄 도구를 모두 활용할 것이다.

현재 다른 기독교 사역에 전임으로 종사하는 교회 장로인 나는, 교회에서 전임으로 일하던 때보다 교회 생활에서 목회 활동에 참여하는 일이 훨씬 줄었다고 느낀다. 현재 나는 성장 그룹 하나를 맡아서 매주 연락하고 기도하고 교제하고 있으며, 아내와 나는 최대한 환대를 하려고 노력하고 있다. 주일 접촉을 최대로 하려고 노력하며, 예배 후에 다양한 사람들과 소식을 나누고 매주 같은 몇몇 사람이나 친구들과만 대화하지 않도록 한다. 나는 몇몇 개인에게 주의를 기울이고, 필요하면 심방을 하는데, 특히 장로가 해결해야 할 문제가 있을 때는 더욱 그렇게 한다.

장로들은 더욱 복잡한 목회 상황과 교인 문제가 관련될 때마다 참여하게 될 것이다. 그들은 잠재적 교인을 만나고, 길에서 벗어난 교인을 징계하며, 어려움을 겪는 교인을 돕기 위해 노력할 것이다. 하지만 어려운 상황에만 관여하지 않도록 주의해야 한다. 그렇게 하면 소진될 위험이 있을 뿐 아니라, 실제로는 좋은 일들이 많이 있는데 문제와 어려움만 보고 편견을 갖게 될 수 있다. 목사와 장로들이 기쁜 일과 어려운 일, 새 교인과 기존 교인, 적극적인 목회 돌봄과 수동적인 목회 돌봄 등 다양한 목회 상황에 노출되는 것은 건강한 일이다.

4명, 6명, 8명 또는 그 이상의 장로들이 다양한 사람과 상황에 참여하고 교회의 돌봄과 제자 양성 사역 네트워크에 적극적으로 참여한다면, 그들이 함께 모여 교회 생활에 대해 논의할 때 그들은 사람들의 삶이 어디에 있는지, 일이 어떻게 진행되고 있는지에 대한 상당히 큰 그림을 서로 그리게 된다.

평가하기

장로의 교회 생활 참여는 그들의 다섯 번째 임무인 돌봄 및 제자 훈련에 대한 지속적 평가의 기초가 된다. 장로들의 감독 책임은 그들이 양 무리 전체가 잘 목양받도록 해야 함을 의미한다. 작은 교회에서는 거의 모든 사람이 삶에서 어느 위치에 있는지 명확히 파악할 수 있을 것이다. 그들은 누가 어려움을 겪고 있는지, 누가 최근에 결석했으며 타락의 길로 갈 가능성이 있는지, 누가 멘토링이나 제자 훈련이 필요한지, 누가 새로 와서 돌봄과 격려가 필요한지, 누가 믿음이 강하고 건실한지를 알게 된다.

큰 교회에서는 장로들이 각 성도를 알 가능성이 낮지만, 교회의 전반적인 돌봄 사역에 대한 감을 가질 수 있다. 그들은 사람들의 삶에 적극 참여하고 있으므로, 그 과정에서 다양한 이야기를 듣게 된다. 그들은 사역팀 및 돌봄팀의 리더들과 접촉하면서 중요한 필요와 기회를 파악한다. 심각한 문제는 모두 그들에게로 전달되기에 깊은 문제들을 알게 되며, 할 수 있는 한 도와주려고 하기에 사람들의 개인 시정을 알게 된다. 장로들은 모여서 어디에 노력을 더 들여야 하는지, 특정 상황에 누가 개입하는 것이 최선인지, 어디에 더 많은 훈련이 필요한지, 어떤 상황을 전문 상담가에게 의뢰해야 하는지, 어디에 급박한 일이 일어나 진화해야 하는지를 평가할 수 있다.

종종 장로들은 목회적 관심사에 대해 함께 고민할 것이다. 파탄에 이른 결혼 생활, 중독적인 행동, 학대 상황, 불만을 품은 교인들, 징계 등은 기도와 마음을 살피는 대화뿐 아니라 탈진과 비탄의 재료가 된다. 양의 목자가 된다는 것은 무거운 짐이다. 그러나 바로 이것 때문에 장로팀과 다양한 돌봄 모델이 필수적이다. 장로들은 목사의 일이 이미 많기 때문에 어떤 상황으로부터 목회자를 보호해야 할 수도 있다. 할 수 있는 조치를 다 했음에도 한 가족이 떠나는 것을 슬픔 속에서 볼 때가 있다. 그들은 자신의 기술이나 능력을 넘어서는 필요가 있음을 인식하며, 그때 그들이 할 수 있는 최선은 훌륭한 성경적 상담자를 찾도록 돕는 것이다. 또한 장로직을 수행하면서 더 이상 감당할 수 없다는 개인적인 느낌을 가질 때가 있는데, 그러면 형제들과 솔직하게 나누고, 그들은 우리를 위해 기도하며 짐을 나누어 진다. 이것이 장로들의 '서로'다.

고귀한 임무

효과적인 돌봄 사역과 지속적인 제자 훈련을 개발하고 감독하는 일은 건강한 교회의 핵심이다. 이를 올바르게 하기 위해 어떤 노력도 아끼지 않아야 한다. 이것은 많은 개인의 삶뿐 아니라 교회 전체의 안녕에 강력한 영향을 미치는 대표 사역이다.

양 무리의 목자로서 장로들은 양을 돌본 일에 대해 목자장이신 주님께 보고드릴 것을 안다. 이것은 중대한 책임이다. 그러나 이것은 또한 우리의 궁극적인 위안이다. 이 사람들은 주님의 초장 안에 있는 양이다. 그분은 선한 목자시며 오직 그분만 양들의 영혼을 먹이고, 상처를 치유하며, 사망의 음침한 골짜기에서 그들을 위로하고 인도하며, 영원한 거처로 인도하실 수 있다. 우리의 임무는 그들을 치유하고 고치고, 즐겁게 하는 등 그들이 필요로 하는 모든 일을 하는 것이 아니다.

우리의 임무는 그들을 구원할 수 있고 그들이 필요로 하는 모든 것이 되시는 예수님에게 그들을 이끄는 일이다. 교회의 돌봄 사역은 단지 이것, 양 무리를 선한 목자께로 인도하는 것이 목표다. 이것은 그 직분을 사모하는 사람들의 고귀한 임무 중 하나다.

팀 토의

Q1 모든 교인에게 효과적인 목회 돌봄을 보장하기 위해 어떤 구조와 전략이 마련되어 있는가? 교회 전체가 이 방식과 이를 채택한 이유를 잘 알고 있는가?

Q2 목사와 장로들이 돌봄과 제자 훈련에 참여하는 방법을 토의하라. 각자는 어떤 돌봄 도구를 사용하고 있는가?

Q3 교회 안의 많은 사람을 서로 돌보는 일을 더 잘하도록 준비시키기 위해 어떤 교육을 제공하는가? 어떻게 하면 교인들이 좋은 돌봄을 제공하는 사람이 될 수 있을까?

Q4 돌봄 공동체를 만드는 데 가장 크게 문제되는 것은 무엇이며, 이를 어떻게 해결할 수 있는가?

PART 4

현장에서 드러나는

탁월한
리더십

11

현장을 이끄는 장로

장로들이 단순한 이사회 이사에 그치지 않으려면, 교회의 일상생활과 사역에 전념해야 한다. 따라서 이 장에서는 장로들이 교회의 일상생활에서 리더로서 행하는 몇 가지 실제적인 일에 주목하려고 한다. 각자의 은사와 능력에 따라 이 일을 해야 하지만, 어디에서 어떻게 섬기든 장로들은 항상 세 가지, 즉 핵심 신념을 전달하고, 사역 마인드를 본보이며, 복음 일꾼을 배가하는 일을 해야 한다.

중계석에 있는 스포츠 해설자가 현장에 있는 해설자에게 생중계를 넘긴다. 과거 대단했던 한 테니스 선수가 경기에 방해되지 않도록 코트 옆에서 낮은 목소리로 자신이 직접 본 것에 대한 소감을 전한다. 최근에 은퇴한 한 축구 스타가 사이드라인에서 마이크를 들고 군중의 함성 속에서 목소리를 높여 의식을 잃은 선수의 몸 상태를 전달한다. 경기가 끝난 후, 그는 아직 숨을 헐떡이며 땀을 흘리는 선수와 첫 인터뷰를 하는 기회를 잡는다. 선수는 억제할 수 없이 기뻐하거나 완전히 낙담한 표정을 짓는다.

이 비유에서 장로들은 누구일까? 중계석의 해설자인가, 가까이에서 경기를 보는 과거의 전문가인가, 현장에서 땀 흘리는 선수인가? 아니면 코치석에서 잘 준비된 경기 계획의 실행을 감독하는 사람인가? 아니면 심각한 부상에 대처하기 위해 현장으로 달려가는 의료진인가? 또는 응원하는 팬인가? 이런 역할 중 어느 것으로든 장로들이 하는 일을 유용하게 설명할 수 있다. 그들은 해설자, 코치, 의사, 응원단이며, 가장 중요하게는 현장의 선수다. 그들이 하는 일 대부분은 회의에서 이루어지지만, 다음 장에서 볼 수 있듯이 장로의 중요한 일은 매일의 교회 생활 속에서 수행된다. 좋은 장로는 매주 경기장에서 사역에 참여하며 사람들과 어울린다. 그래서 이 장에서는 현장, 즉 교회의 일상 생활에서의 장로들의 리더십에 초점을 맞춘다.

그들은 교회 생활에 참여할 때 리더로서, 그들의 고유한 은사에 따라 참여한다. 이 두 역동이 모두 중요하다. 첫째, 그들이 일반적인 교회 생활에서 섬길 때 그들은 교회의 리더로서 그렇게 한다. 이것은 장로가 반드시 자신이 섬기는 사역에서 리더십 위치에 있음을 의미하지는 않지만, 그는 항상 리더십의 영향을 행사함을 의미한다. 그는 환영 사역이나 소그룹의 일원일 때도 장로의 역할을 멈추지 않는다. 둘째, 장로들은 고유한 은사에 따라 교회 생활에 참여한다. 이미 보았듯이 팀 방식의 가치는 그들이 각자의 고유한 능력, 역량, 시간 제약, 가족 역동 및 경험에 맞추어 다양한 위치에서 활동함으로써 함께 전체 경기를 강화한다는 것이다.

이런 역동을 고려할 때, 장로들이 담당하는 특정 역할이나 활동에 관계없이 발전시킬 수 있는 현장 리더십의 세 가지 전선이 있다. 그들은 핵심 신념을 전달하고, 일관되게 사역 마인드를 본보이며, 많은 일꾼들을 배가하는 방법으로 교회 생활을 이끈다. 이 세 가지 리더십 전략을 곧 탐구할 예정이지만, 먼저 현장에 있는 몇몇 장로들의 모습을 간단히 살펴보겠다.

네 명의 좋은 장로

매주 교회에서 좋은 일을 하는 네 명의 장로의 모습을 그려 보자.

해리는 공적 연설자는 아니지만 목회적으로 뛰어난 사람이다. 그는 사람들을 방문할 때 최상의 모습을 보인다. 심방 중에 그는 자주 말씀을 열어 다른 이들을 격려하고, 기도할 때는 항상 복음을 염두에 둔다. 그는 사람들과 함께하는 것을 좋아하며 이메일, 문자 메시지, 일대일 대화로 격려한다. 이런 상호 작용 속에서 교회의 가치가 자연스럽고 자발적으로 흘러나온다. 교회와 사람들에 대한 그의 사랑은 전염성이 강하다. 그는 많은 사람의 어깨를 두드리며 그들이 어떤 분야에서든 발전할 수 있도록 격려했다. 그는 그들에게 함께할 수 있는 다른 사람을 소개해 주었고, 어울릴 방법에 대한 팁을 주었다. 그는 또한 인턴 한 명을 멘토링하며 강력한 대인 관계 기술을 개발하도록 도와준다. 때때로 그는 돌봄팀을 위한 교육에 참여하기도 한다. 누가 보더라도 그는 훌륭한 장로다.

게리는 전혀 다르다. 음악가인 그는 창의적이고, 예술적이며, 섬세하고, 약간 내성적이다. 그는 음악팀을 이끌지는 않지만 팀 안에서 매우 활발히 활동한다. 그는 그 환경을 조용히 격려하고, 훈련하고, 가르치는 데 사용한다. 팀에 자주 영적 자극을 제공하며, 연습 시작 때 간단한 기도를 인도하고 기도하는 자세를 일깨운다. 그는 음악 사역이 교회의 사명을 잘 반영하고 그 자체가 목표가 되지 않게 하는 일에 탁월하다. 그는 팀이 진정 무엇을 위해 존재하는지를 끊임없이 상기시킨다. 또한 팀 리더를 멘토링하고 함께 사역을 논의하며 음악과 노래가 교회의 복음 비전과 일치되도록 충분한 기회를 제공한다.

래리도 다르다. 그는 앞에서 사람들을 이끄는 데 능하며, 때때로 설교하는 것도 즐긴다. 그는 긍정적이고 경쾌한 남자로, 쉽게 다른 사람들을 고무시킨다. 모두가 래리처럼 행복해지고 싶어 한다. 그러나 사람들이 그를 소중히 여기는 것은 그의 매력적인 인성만이 아니다. 그는 교회가 하는 일의 이유를 예리하게 이해하고 있다. 비즈니스 분야의 고위 임원으로 일하고 있는 그는 고급 기획과 전략을 이해한다. 그는 핵심 사역 리더들과 함께 더 나은 시스템을 개발하기 위해 상당한 시간을 보냈다. 목사는 실제로 래리에게 자신을 코칭해 달라고 요청했고, 그래서 그들은 매달 일대일로 만난다.

배리는 소그룹 하나를 이끌고 있다. 그는 젊은 장로이고, 어린 가족과 긴 노동 시간으로 인해 현재 교회에서 할 수 있는 최선의 방법이 소그룹을 이끄는 것이다. 그는 보통 성경 공부를 인도하지만, 공동 리더를 훈련시키고 있기도 하다. 그들은 가끔 만나서 성경 공부와 그룹 리더십에 대해 이야기한다. 배리는 그룹의 사명을 매우 분명하게 알고, 그들 그룹이 교회의 사명을 발전시킬 수 있는지에 대한 비전을 반복해서 제시한다. 그는 아내와 함께 정기적으로 환대를 실천하며, 이것을 다른 사람들과 가까워질 수 있는 최고의 기회라고 생각한다. 그는 끊임없이 사람들과 교회의 핵심 신념에 대해 이야기하고 그들이 섬기도록 격려한다. 그러나 사역 마인드를 본보이는 동시에 건강한 경계를 갖는 것이 어떤 모습인지도 보여 준다.

해리, 게리, 래리, 배리는 모두 현장의 훌륭한 장로들이다. 그들의 이름이 가장 큰 영감을 주진 않더라도, 그들이 매주 하는 일은 영감을 준다. 그들은 고유한 은사, 성격, 여유 시간을 고려해 핵심 신념을 전달하고, 사역 마인드를 본보이며, 많은 일꾼을 배가하고 있다. 이들 각각의 리더십 전략은 자세히 논의할 가치가 있다.

핵심 신념 전달하기

장로들이 교회의 모습을 결정하는 강력한 신학적 신념(5장)과 교회의 사역에 대한 명확한 복음 비전(6장), 그리고 열매 맺는 사역이 되도록 하는 효과적인 구조(7장)를 개발했다면, 그들은 교회의 건강과 초점에 대한 일단의 신념을 습득했을 것이다. 여기에 세 가지 주요 사역, 즉 선교(지역 및 세계) 사역(8장), 말씀과 예배 사역(9장), 돌봄 및 제자 훈련 사역(10장)에 대한 구체적인 신념을 추가했다. 많은 기도, 씨름, 사색, 토의 및 의사 결정의 결과는 그들이 이끄는 교회에 대해 깊이 확신하고 열정적으로 붙드는 신념의 풍성한 집합이 될 것이다.

효과적인 리더십의 대부분은 이런 신념이 의제를 설정하고, 대화를 결성하며, 교회의 일상생활에서 결정 사항을 알리는 일이다. 앨버트 몰러(Albert Mohler)는 그의 책 『리더십의 신념』(The Conviction to Lead)에서 명확한 신념이 효과적인 리더십에 얼마나 중요한지를 설명한다. 그는 **신념**을 "우리가 가지고 있는 단순한 믿음이 아니라, 우리를 **붙잡고** 있는 믿음"[1]이라고 정의한다. 그런 다음 이렇게 주장한다.

> 정말 중요한 리더십은 신념이다. 리더는 전략과 비전에서부터 팀 빌딩, 동기부여, 위임에 이르기까지 모든 것에 관심을 가지는 것이 당연하지만, 진정한 리더의 마음과 생각의 중심에는 다른 모든 것을 이끌고 결정짓는 신념이 있다.[2]

우리가 열정적으로 믿는 것이 모든 것, 즉 우리의 선택, 우리가 정하는 우선순위, 우리가 내리는 결정을 형성한다. 따라서 장로들은 교회의 핵심 신념을 명확히 한 후, 그 신념을 주도적인 위치에 두게 될 것이다. 그들은 어디를 가든지 당파적인 말을 늘어놓거나, 자동적으로 교회의 사명 선언문이나 핵심 가치를 반복한다는 것이 아니다. 오히려 그들은 깊고 소중하게 간직한 신념을 본질적으로 구현할 것이다.

이런 신념은 안에서 저절로 흘러나올 것이다.

그것은 장로들의 대화에서 끊임없이 그리고 자연스럽게 드러날 것이다. 장로가 심방을 하거나, 소그룹에 참여하거나, 예배의 일부분을 인도할 때, 교회의 복음 비전이 그의 발언 방식에 영향을 미칠 것이다. 그들은 본질적으로 교회의 신학적 입장을 반영하고, 조성된 문화에 따라 말하며, 교회의 사역관에 맞추어 소통할 것이다.

교회 지도자들은 잃어버린 영혼, 공동체, 교회, 성경, 복음에 대해 이야기하는 특정한 방식을 개발한다. 효과적인 리더의 말을 듣다 보면, 그가 반복적으로 사용하는 언어를 통해 그의 핵심 강조점을 곧바로 파악하게 된다. "능력 있는 리더들은 동일한 메시지, 동일한 확신, 동일한 원칙을 드러내는 것으로 알려져 있다."[3] 나는 팀 켈러가 도시를 사랑하고 섬기는 것에 대해, 우리는 생각보다 쇠가 낳시만 감히 상상하는 것보다 더 많이 하나님께 사랑받고 있다는 것에 대해 이야기할 것을 기대한다. 또한 존 파이퍼가 하나님의 영광, 열정과 소원, 아름다움과 위대함, 그리스도를 보고 누리는 것, 그리고 그분 안에서 영혼이 만족하는 것에 대해 말할 것을 기대한다. 이런 리더들은 자신의 확신을 전달하는 언어를 개발했고, 그 언어는 강력하고 형성적이다.

그렇다면 당신의 교회에서는 어떤 언어를 사용하는가? 당신은 사람들과 잃어버린 영혼, 다른 교회, 지역 사회, 복음, 성경, 죄, 성별, 성을 비롯한 다른 많은 핵심적 문제에 대해 어떻게 이야기하는가? 당신이 가장 열정적으로 지지하는 신념을 효과적으로 전달할 방법을 찾았는가?

핵심 신념은 우리의 대화에서 드러날 뿐 아니라, **기도에서도 두드러질** 것이다. 가족과 함께 기도하든, 개인과 기도하든, 소그룹에서 기도하든, 교회 앞에서 기도하든, 우리는 깊이 뿌리내린 신념을 가지고 하나님께 나아갈 것이다. 이 신념은 우리가 교회를 위해, 사람들을 위해, 사명을 위해 기도하는 방식을 형성할 것이다. 우리의 신학은 우리의 감사에 영향을 미치고, 우리의 복음 비전은 우리의 간구를 결정할 것이다. 우리는 사명 선언문을 기도하는 것이 아니라, 우리의 사명 의식이 우리의 기도 내용을 결정한다.

핵심 신념은 또한 **열정을 만들어 낸다**. 진정한 열정은 성격보다는 신념에서 나온다. 우리는 우리를 사로잡은 것들에 열정을 가진다. 우리가 교회에 대한 열정을 전달하는 것은 교회가 하나님의 눈동자, 그분의 거룩한 나라, 그분의 신부라고 믿기 때문이다. 우리가 사명에 대한 열정을 전달하는 것은 모든 사람이 천국 아니면 지옥에 가도록 운명 지어져 있고, 제3의 선택은 없다고 확신하기 때문이다. 우리가 복음에 대해 열정을 가지는 것은 그것이 우리가 들어본 가장 놀라운 소식이며 우리의 삶을 극적으로 변화시켰다고 믿기 때문이다.

핵심 신념을 전달할 때, **이유를 말하는 것**도 중요하다. 강한 리더십의 핵심은 **무엇**과 **어떻게**뿐 아니라 **왜**를 표현하는 능력이다. '왜'는 동기를 부여한다. 예를 들어, 사람들에게 기도 모임에 오라고 촉구하는 것은 일정과 진행 방식을 말하는 것이지만, 사람들이 정말로 들어야 하는 것은 '왜' 그들이 와야 하는가다. 그래서 우리는 함께 기도하는 일이 주는 풍성한 격려, 그것이 하나님에 대한 우리의 완전한 의존을 표현하는 방식, 위대한 부흥이 종종 몇 사람의 기도로 시작되었다는 역사의 증언, 교회의 삶에서 하나님이 응답하신 기도 경험에 대해 이야기할 수 있다.

마찬가지로 교회의 예배, 음악, 아동 사역, 전도, 말씀 사역 및 교회의 신학과 복음 비전 등 모든 주요 요소에 대한 접근 방식에 대해 이유를 제시할 수 있어야 한다. 우리의 신념은 강력한 도전과 날카로운 질문을 견딜 수 있어야 한다. 우리는 장로들이 설정한 방향에 대해 모두를 설득하지는 못할지라도, 적어도 우리의 신념이 신중하게 고려되었고 잘 근거되어 있음을 보여 줄 수 있다.

사역 마인드의 모델

기업 모델과 성경적 장로직 모델 사이의 차이점 중 하나는 이사회 이사와 달리 장로들은 사역에 참여한다는 것이다. 그들은 먼 거리에서 양 무리를 관리하는 것이 아니라, 양들과 함께 초원에 있다. 그곳에서 그들은 사역 마인드를 본보일 훌륭한 기회를 갖게 된다.

장로들은 **말씀과 기도의 우선성을 본보여야 한다.** 장로들은 사역에 참여하면서, 사역을 위한 기도를 촉구함으로써 하나님을 의지하는 자세를 기르는 데 도움을 줄 수 있다. 또한, 모든 사역 분야에서 지혜를 위해 늘 성경을 찾고 말씀 중심의 사역을 격려함으로써 하나님 말씀에 대한 교회의 깊은 헌신을 강화할 수 있다.

장로들은 **헌신의 모델**이 되어 교회 사역에 열정적으로 참여하는 본을 보일 수 있다. 그들은 정시에 도착하고, 준비되어 있으며, 투자하고, 희생하고, 주인 의식을 가지고 사역 상황에 깊은 관심을 가진다. 그들의 헌신은 의무감에 의한 참여가 아니라, 자신이 하는 일을 사랑하는 자발적인 참여다. 그들이 진정으로 교회와 사람과 사역을 사랑한다는 것이 분명하다. 하지만 그들은 또한 경계를 본보여야 한다. 사람과 사역을 사랑할 때 경건한 경계를 무시하기 쉽다. 사람들과 너무 가까워지거나 집을 떠나 있는 시간이 너무 길어진다. 너무 많은 일을 하려 하거나 지나치게 많은 상황에 참여하려 한다. 경건한 장로들은 사역의 속도를 정하여, 깊이 관여한 사람이 잠시 멈추거나 추가적인 일을 거절하거나 가족이 더 필요로 할 때 그리고 자신의 역량을 넘어설 때 물러나는 것이 어떤 모습인지 보여 준다.

장로들은 또한 **팀 마인드**를 본보일 수 있다. 그들은 독불장군이 되어 자신의 방식대로 하지 않고 팀의 다른 구성원들을 존중하며, 사역의 목적을 명확히 하기 위해 구성원들과 협력한다. 그들은 상황에 대한 팀의 평가에 참여한다. 그들은 필요할 때 다른 팀원을 지원하고, 팀원들이 은사를 활용하도록 격려하며, 함께 기도한다. 그들은 팀의 모든 사람을 사랑하고 존중하는데, 그들의 은사나 헌신의 여부와는 상관없이 다만 그리스도 안의 연합에 기반을 두고 그렇게 한다. 그들은 다른 사역팀의 구성원들을 주 안에서 형제자매로 대한다. 이 모든 것을 하기 위해 팀 리더가 될 필요는 없다. 그들은 단지 훌륭한 팀 플레이어가 되는 것이 어떤 것인지 본을 보일 뿐이다.

그렇게 하면서 **장로들은 종의 마음을 본보인다.** 사역은 섬김이다. 사역은 우리의 은사를 사용해 주님과 다른 사람들을 섬기는 것이다. 그리스도 자신이 다락방에서 최고의 본을 보여 주셨다. 세계 기독교 운동을 시작할 지도자들과 함께 모인 주님은 삶을 뒤흔들 사실을 몇 가지 드러내려 하셨다. 그는 베드로가 곧 자신을 부인할 것이라는 믿을 수 없는 사실을 드러내실 것이었다. 그들 중 한 명이 자신을 배신할 것이라는 매우 충격적인 사실도 드러내실 것이었다. 그는 다가오는 자신의 죽음에 대해 그들을 준비시키시고, 그 밤에 나가 체포되실 것이었다. 예수님은 자기 백성의 죄를 위해 자신을 드리기 직전이셨다. 만약 그가 사적인 시간을 확보하거나 가까운 친구들의 배려와 동정을 받는 것이 정당한 순간이 있다면, 분명 그때였을 것이다. 그러나 그는 십자가로 나아가는 가장 가시적인 방법을 본보이심으로 궁극적인 자기희생의 행위를 준비하셨다. 그는 미천한 종의 일을 맡아 제자들의 발을 씻기며 의식적으로 그들에게 섬김의 본을 보여 주셨다.

그들의 주님인 그분이 그들을 위해 이런 일을 하셨다면, 그들도 마땅히 서로 그렇게 해야 했다. 역사상 가장 위대한 리더가 자신의 지위를 잊고, 자신의 존엄을 내려놓고, 자신을 낮추는 수치를 무릅쓰고, 개인적 필요를 제쳐 놓고 다른 사람을 사랑하셨다. 그는 다음 날 더 나아가셨지만, 자신의 죽음으로 구원받은 자들이 지속적으로 행하도록 부름받은 일을 바로 그 다락방에서 본보이셨다.

그러면 장로들은 어떻게 종의 마음을 본보일 수 있을까? 필요에 따라 섬기기 위해 직책, 지위, 명성을 잊으면 된다. 다른 이들을 축복하기 위해 내가 하지 않아도 되는 일들을 하는 것이다. 자격이 없는 사람들을 큰 존경과 경의로 대하는 것이다. 겸손하고, 은혜롭고, 친절하게 행동하는 것이다. 지위를 이용해 영향력을 행사하지 않는 것이다. 주위 사람들에게 복음의 사랑을 나타내기 위해 필요하면 큰 개인적 대가를 치르는 것이다. 청소하기 위해 남거나, 어려운 사람과 여유롭게 시간을 보내거나, 다른 교인들처럼 교회 일에 참여하거나, 자신의 위엄에 걸맞지 않다고 여겨질 수 있는 일을 맡는 것이다.

그런 종의 마음은 분위기를 만들어 준다. 한 친구가 어느 대회에서 처음 만난 사람과 대화했던 경험을 들을 적이 있다. 그 사람은 친구에게 무슨 일을 하는지 물었고, 두 사람은 가족, 사역, 관심사에 대해 이야기를 나누었다. 그리고 나서 내 친구도 물었다. "그럼 당신은 무슨 일을 하시나요?" 그 사람도 사역 일을 한다고 했다. 대화가 계속되면서 그가 시드니 성공회 교구의 대주교임이 밝혀졌다. 허세도 없고 뽐내는 것이 없었다. 다른 많은 사람과 함께 봉사하는 평범한 남자였다. 겸손했고 또한 강력했다. 그것은 내 친구에게, 그리고 그를 통해 내게 영향을 주었다.

이 글을 쓰면서 바울과 함께 외친다. "누가 이 일을 감당하리요"(고후 2:16). 아무리 훌륭한 장로라도 어림없다. 그래도 우리는 **진정한 영성을 본보일** 수 있다. 잘못을 인정하고, 용서를 구하며, 더 큰 거룩함을 갈망하고, 전혀 완전하지 않음을 스스럼없이 인정하는 것이 어떤 것인지 보여 줄 수 있다. 그래서 우리는 예수님을 따른다. 우리는 그의 은혜가 얼마나 필요한지, 주님이 죄인들에게 얼마나 자비로우신지 알고 있다. 무엇보다도 복음이 우리의 영적 열정을 불러일으킨다. 우리보다 복음이 더 필요한 사람은 없다.

일꾼 배가하기

장로의 현장 사역 중 또 한 가지는 사역에 동참하는 사람의 수를 배가하는 데 도움을 주는 것이다. 이것이 바로 바울이 한 일이었다. 그는 신약 성경에서 두드러진 인물이지만 혼자 있는 모습을 거의 찾아볼 수 없다. 그는 항상 사람들과 함께하면서 그들**에게** 봉사할 뿐 아니라 그들**과 함께** 사역했다. 그의 유명한 동료로는 실라, 바나바, 디모데, 디도가 있었다. 하지만 로마서 16상에 언급되는 것처럼 다른 사람도 많았다. 교회의 "일꾼"이자 "여러 사람…의 보호자"인 뵈뵈가 있었다(롬 16:1-2). 바울을 위해 목숨을 걸었던 동역자 브리스길라와 아굴라에게 문안한다. 그들은 자기 집을 가정 교회로 내놓았다. 마리아, 안드로니고, 우르바노, 드루보사, 드루배나, 버시와 같은 사람들도 있으며, 이들은 동료이자 전우이자 동역자였다.

바울은 복음의 일을 혼자 할 수 없었고, 하지 않았으며, 하려고 하지도 않았다. 그는 수많은 복음 일꾼을 훈련하고 모집하고 배치했다. 그 대상은 남성과 여성, 안수받은 자와 안수받지 않은 자, 전임 사역자와 파트타임 사역자, 온갖 은사를 가진 자와 기여를 한 자들이었다. 자신에게 배운 것을 다른 이들에게 전하라는 유명한 말을 디모데에게 하면서, 바울은 네 세대에 걸친 복음 일꾼들을 염두에 두고 있었다. 즉, 바울, 바울이 훈련시킨 디모데, 디모데가 자신이 배운 것을 부탁한 충성된 자, 그리고 그들이 가르칠 또 다른 사람들이었다(딤후 2:2).

모든 교회가 이와 같이 해야 하며, 따라서 장로들은 의도적으로 그 길을 이끌어야 한다. 우리는 많은 수의 적극적인 복음 일꾼을 찾아야 한다. 우리 중에서 목사, 장로, 설교자, 교회 개척자, 돌보는 이, 상담자, 여성 사역자, 청소년 및 어린이 사역자, 학생 사역자, 해외 선교사를 양성해야 한다.

우리가 많은 일꾼을 길러야 하는 이유를 예수님이 2,000년 전에 밝히셨다. "추수할 것은 많되 일꾼이 적으니"(마 9:37). 아직도 돌봐야 할 연약한 사람이 너무 많고, 복음을 들어야 할 구원받지 못한 사람이 너무 많으며, 교회가 세워져야 할 마을, 도시, 교외가 너무 많고, 10/40 창과 이슬람 세계에서 해야 할 일이 너무 많다. 지역 교회에도 일꾼들이 종종 부족하다. 우리는 더 많은 장로와 청소년 사역자, 목회적 돌봄 제공자, 지역 전도자가 필요하다.

이런 일꾼을 키우는 일은 누구의 책임인가? 멜버른의 신학대학 학장이었던 피터 애덤(Peter Adam)은 나 또한 여러 번 목격한 경험을 이야기한다. 한 목사가 그에게 전화를 걸어 "새로운 청소년 사역자(또는 아동 사역자 또는 부목사)를 찾고 있는데, 신학교에서 우리에게 보내 줄 수 있을까요?"라고 말하곤 했다. 그러면 애덤은 "그럼, 목사님은 우리에게 누구를 보내어 훈련하게 하셨나요?"라고 대답한다. 웬일인지 우리는 다른 교회가 우리에게 필요한 리더를 양성해 주기를 기대하는 것이다.

복음 일꾼을 키우는 일은 우리의 책임이다. 이것은 모든 교회의 임무이며, 특히 모든 장로의 임무다. 목사와 교사의 일 중 핵심은 성도들을 훈련해 사역을 할 수 있게 하는 부르심이다(엡 4:11-12). 우리는 단순히 사역을 하는 것이 아니라 사역을 배가해야 한다. 어떻게 하면 그렇게 할 수 있을까? 어떻게 하면 지역 교회와 그 너머를 위해 복음 일꾼의 무리를 길러 낼 수 있을까? 매우 기본적인 사항 다섯 가지가 도움이 될 것이다. 단, 이 사항들이 반복적으로 행해지고 교회 생활의 DNA에 포함되어야 한다. 이 다섯 가지는 모든 장로와 모든 교회의 실천에 깊이 뿌리내려야 한다.[4]

첫째, **많은 복음 일꾼을 보내 달라고 기도해야 한다**. 이것은 바로 예수님이 수확할 것은 많은데 일꾼이 부족함을 아신 후에 요구하신 행동이다. "추수할 일꾼들을 보내 주소서 하라"(마 9:38). 우리는 예배, 소그룹, 사역팀에서, 그리고 개인 기도의 시간에 추수할 밭과 복음 일꾼을 위해 계속해서 기도해야 한다. 장로들은 어디에 있든지 이런 기도를 지속적으로 이끌 수 있으며, 하나님이 복음의 긴급성을 사람들의 마음에 심어 주시기를, 사람들이 섬기도록 감동을 주시기를, 사람들 안에 리더십 열망을 일으켜 주시기를 요청할 수 있다. 우리는 하나님이 복음 일꾼을 위한 신실하고, 긴급하고, 끈질긴 기도에 귀 기울이시고 응답하시므로 기도한다.

둘째, **하나님의 세계적 복음 계획에 대해 가르쳐야 한다**.[5] 목사와 장로들은 끊임없이 땅끝까지 구원하시려는 하나님의 위대한 계획에 주목하도록 이끌어야 한다. 우리는 하나님이 하시는 일과 그 일에 우리가 참여하는 방법에 대해 거대한 비전을 제시할 수 있다.

셋째, **훈련을 통해 사람들을 준비시켜야 한다.** "훈련은 복음 성장의 엔진이다."[6] 더 많은 사람이 사역에 참여하게 하는 최선의 방법은 그들이 그렇게 하도록 훈련하여 준비시키는 것이다. 좋은 훈련은 항상 성경에 기초한다. 성경은 세상에서 가장 좋은 훈련 매뉴얼이므로 우리는 성경을 사용해 장로, 리더, 목회 돌봄자, 청소년 리더 등 모든 사역자를 훈련해야 한다. 성경은 사람들의 신념을 형성하고, 그들의 인격을 함양하며, "교훈과 책망과 바르게 함과 의로 교육하기에 유익"하여, 그들이 모든 선한 일을 위해 준비되게 한다(딤후 3:16).

훈련은 모델을 통해서도 이루어진다. 바울은 사역을 위해 디모데 및 다른 사람들을 훈련할 때, 그들이 자신의 생활 방식을 모방하도록 가르쳤다(참조. 고전 4:14-17; 10:32-11:1; 빌 3:17; 살전 1:4-7). 열두 제자는 거의 3년 동안 예수님의 가르침을 들었을 뿐 아니라 그분에게서 설교하고 가르치는 방법, 증언하고 섬기고 고통을 겪고 사랑하고 유혹에 저항하는 방법 등 수많은 실제적인 교훈을 배웠다.

지역 교회에서 가능한 한 이 모든 것을 복제할 필요가 있다. 우리는 자원봉사자들을 그저 불러 그들을 곤경에 빠뜨려서는 안 된다. 성도들이 섬김의 일을 할 수 있도록 준비시켜야 한다. 모델을 제시하고, 단기 강좌와 세미나를 제공하며, 그들의 사역에 대해 피드백을 제공함으로써 그들을 훈련해 교회 사역을 감당하게 할 수 있다. 그 사역이 교회의 성경 읽기든, 소그룹 인도든, 성경 공부 교안 작성이든, 새 신자 환영이나 심방이든, 젊은이 멘토링이든, 교회 사역에 참여하는 모든 사람을 훈련할 수 있다. 우리가 훈련하는 사람이 많을수록 평생 하나님을 섬기기 위해 나서는 사람들이 많아질 것이다.

넷째, 기도하고 가르치며 훈련하는 것 외에도, **멘토링으로 일꾼을 배가할 수 있다.** 모든 사람을 훈련해야 하지만, 소수를 멘토링하는 일에는 엄청난 가치와 강력한 성경적 근거가 있다. 여호수아가 오랫동안 모세와 함께하고, 엘리사가 엘리야와, 열두 제자가 예수님과, 디모데가 바울과 함께했던 것처럼, 후계자를 양성하는 최선의 방법은 잘 선발한 소수를 멘토링하는 것이다.

멘토링은 많은 교회에서 유행하는 말이기에 모든 문제를 해결하는 은밀한 해결책 또는 영적 엘리트의 전유물로 묘사될 수 있다. 그러나 실제로 멘토링의 본질은 매우 간단하다. 요령도 없고, 복잡하지도 않다. 멘토링의 핵심은 경험이 풍부하고 성숙한 신자가 다른 사람과 함께하면서 그가 성숙하고 사역적으로 성장하도록 하는 것이다. 참되고 진실한 우정 관계에서 멘토는 멘티에게 투자한다. 그들은 건강, 행복, 가족생활, 신학, 사역 문제, 시간 관리 및 개인 규율에 이르기까지 모든 것을 정직하게 나누고 대화한다. 그들은 함께 성경을 읽고 기도한다. 종종 함께 사역을 하고, 사역에 대해 조언한다. 그들의 상호 작용이 구조화되었든 비공식적이든, 빈번하든 가끔이든, 중요한 것은 삶이 삶에 미치는 영향이다.

마지막으로, 기도하고 가르치고 훈련하고 멘토링하는 것 외에도 **사역을 사람들에게 맡겨야 한다.** 그들이 섬기고 이끌게 해야 한다. 그래야 이론이 실천이 되고, 훈련이 행동이 된다. 새로 훈련받은 사역자와 리더들이 주도권을 잡고, 새로운 일을 시도하고, 결정을 내리고, 몇 가지 실수를 하도록 해야 한다. 사역을 다른 사람에게 맡기는 것에는 위험이 따르지만, 예수님이 승천하시면서 제자들에게 복음 사역을 맡기셨을 때의 위험에 비하면 턱없이 작다. 물론 그 위험은 성령의 능력으로 그들과 동행하시는 그분의 임재, 만유에 대한 그분의 주권적 통치, 그분의 말씀의 능력으로 완전히 경감되었다. 이와 동일한 위험 경감 전략은 여전히 유효하다.

장로들은 항상 이 다섯 가지를 할 수 있다. 우리가 참여하는 어떤 사역에서도 더 많은 복음 사역자를 위해 기도하고, 하나님의 복음 계획과 추수의 필요에 대해 공식적으로든 비공식적으로든 가르치고, 사역 지역의 사람들을 교육하고, 다른 사람을 멘토링하고, 사역 책임을 다른 이들에게 위임할 수 있다. 모든 장로가 다양한 교회 사역에서 지속적으로 이런 일을 한다면, 사역의 배가는 점점 더 교회 생활의 DNA가 될 것이다.

실현 가능성

현장 리더십의 전체 그림은 엄청난 일로 보일 수 있다. 하지만 한 장로가 모든 일을 혼자 하거나 같은 방식으로 하지 않는다. 해리, 게리, 래리, 배리를 기억하는가? 그들은 각기 달랐지만 모두 현장에서 훌륭한 일을 하고 있었다. 그들은 각각 자신의 방식으로 핵심 신념을 지속적으로 전달하고, 사역 마인드를 일관되게 본보이며, 많은 일꾼을 배가하는 데 끊임없이 도움을 주고 있었다.

그러면서 그들은 함께 만난다. 장로들이 만날 때는 어떤 일이 생길까? 마지막 장에서 그 주제로 넘어간다.

팀 토의

Q1 각 장로가 자신이 교회 생활 현장 어디에 참여하고 있는지, 그리고 가장 적절하게 배치되어 있다고 느끼는지 나누는 시간을 가지라.

Q2 교회의 핵심 신념을 전달할 기회를 가지는지 토의하라.

Q3 당신이 함께 섬기는 사람들에게 사역 마인드를 키워 주는 데 가장 유익했다고 생각하는 것이 있다면 나누어 보라.

Q4 당신은 복음 일꾼을 키우는 일에 어떻게 기여하고 있는가?

12

장로들이 회의할 때

장로직에 대한 연구는 장로 회의의 필요성뿐 아니라 이 회의를 즐겁고 효과적으로 만드는 방법을 고찰하는 것으로 마무리된다. 좋은 회의의 핵심은 신학적 신념, 복음 비전, 교회의 사명, 예배, 목회적 돌봄 등 이 책에서 다룬 모든 것에 대한 활발하고 솔직한 대화임을 알게 될 것이다. 교회 생활의 이 많은 분야에서 명확한 리더십을 가능하게 하기 위해, 우리는 도움이 될 수 있는 다양한 유형의 회의에 대해 논의하고, 의사 결정, 비밀 유지, 의사소통 등 실제적인 측면에 대해 이야기할 것이다.

우리 중 많은 사람은 회의에 대해 회의적이다. 회의는 지루하다. 시간 낭비다. 별로 이루는 일 없는 말 잔치다. 기껏해야 필요악이다. 그러나 필요하다는 점을 고려할 때, 좋은 회의는 짧은 회의다. 우리는 패트릭 렌치오니(Patrick Lencioni)의 책 『회의 때문에 죽겠다』(*Death by Meeting*)[1]라는 제목에 공감한다.

그럼에도 "회의는 실제 일이 이루어지는 곳"이라는 문구는 충격적이다. 이 문구는 크레이그 해밀턴의 책 『리더십의 지혜』(*Wisdom in Leadership*)에 나오는 장 제목인데 전적으로 옳은 말이다.[2] 교회 장로들에게 회의는 일의 핵심적인 부분이다. 필요악일 뿐 아니라 필수적인 선이다. 장로들은 목자, 감독, 리더, 청지기의 일을 하기 위해 회의를 해야 한다. 그들은 기도하고, 숙고하고, 의사 결정을 하고, 방향을 설정하기 위해 모인다. 여러 면에서 그들의 회의의 질이 리더십의 질을 결정하며, 이는 다시 교회 생활의 질을 결정한다.

그렇다면 어떻게 하면 길고 고통스러운 회의(취소되기 바라는 회의)에서 가치 있는 회의로 전환할 수 있을까? 이 장에서는 다섯 가지 필수 요소를 살펴보겠다. 이 다섯 가지 주제는 지금까지 고찰한 많은 것을 종합할 것이다. 장로들의 많은 업무와 책임이 회의에서 집결된다.

바른 마음 자세

이 책이 강조하는 하나는, 사도 바울이 정리한 장로의 자격은 장로로 임명되기 위해 뛰어넘어야 하는 장벽이 아니라, 교회의 리더십 역할을 하는 장로에게 필요한 필수적인 특성이라는 것이다. 이 진실이 가장 분명히 드러나는 곳이 장로들이 모이는 자리다. 장로는 회의에서 책망받을 일이 없고, 정신이 맑으며, 절제력이 있고, 존경받을 만하고, 폭력이 아닌 온유함을 가지고, 다투지 않으며, 교만하지 않고,

불순종했다고 비난받을 여지가 없고, 오만하지 않고, 선을 사랑하며, 올곧고, 거룩하고, 미쁜 말씀을 배운 대로 붙드는 사람이어야 한다.

불경건은 모임을 죽인다. 만약 한 장로가 고집이 세서 다른 사람의 말을 듣지 않거나 혀를 다스리지 못해 생각과 말을 신중하게 정리하지 못하고 즉흥적으로 공격적인 언사를 한다면, 그는 사랑, 기도, 존중, 지혜가 특징이어야 할 교회 지도자의 모습을 훼손할 것이다. 아래에서 보겠지만, 회의에 활발한 대화와 활기찬 토론이 필요하기는 해도 그 상호 작용의 자세는 지혜, 은혜, 겸손으로 특징지어져야 한다. 회의에서는 다른 사람의 이익을 우선하고 다른 장로들을 자신보다 더 나은 존재로 여겨 그리스도의 마음을 나타내야 한다(빌 2:3-4).

이것은 장로들이 서로 사랑해야 함을 의미한다. "너희가 서로 사랑하면 이로써 모든 사람이 너희가 내 제자인 줄 알리라"(요 13:35). 사랑이 모든 회의의 분위기를 결정해야 한다. 알렉산더 스트러크는 이렇게 말한다. "사랑이 없으면 장로들은 잘해야 서로를 단지 참아 주게되고, 최악의 경우에는 서로 방해한다. 사랑은 서로 차이에 대한 두려움을 극복하고, 서로를 더 잘 이해하며, 은혜롭게 의견을 달리하고, 방어적이지 않고 타인의 아이디어에 더 개방적이며, 더 잘 경청하고, 더 협력하고, 더 많은 위험을 감수하고, 덜 싸우고, 서로 의도치 않게 가한 상처를 용서하는 데 도움이 된다."[3]

우리는 장로회가 하나의 팀이며, 각자가 현장에서 서로 다른 역할을 하고 있음을 강조했다. 각 장로는 이 팀 회의에 각기 다른 시각과 기술을 가져오므로 우리는 서로의 기여를 감사하고 소중히 여길 필요가 있다. 이는 서로의 이야기에 귀를 기울여 자신의 생각이나 말을 정리하는 데 더딘 사람의 목소리도 가장 유창한 사람만큼이나 명확하게 들릴 수 있도록 해야 한다는 의미다. 우리는 자신과 다른 관점을 존중해야 하며, 회의 전에는 그렇게 분명하다고 여겼던 것이 우리의 생각 이상으로 근시안적일 가능성을 받아들여야 한다.

이 연합 정신의 기초는 함께 기도하는 자세다. 장로들이 은혜의 보좌 앞에 함께 무릎 꿇을 때 하나님과 자신과 교회에 대한 바른 마음을 갖게 된다. 기도의 행위에서 우리는 하나님의 은혜, 지혜, 능력이 필요함을 고백하고, 우리의 통찰과 예견의 부족을 인정한다. 기도가 회의를 시작하고 마치는 의식이 되어서는 안 된다. 기도는 함께 하나님의 얼굴을 간절히 구하는 것이어야 한다. 모든 장로는 하나님 앞에서 함께 목소리를 합해 기도해야 한다(참조. 행 4:24). 회의 시작 무렵 하나님의 인도를 간구하며 충분히 기도하는 것이, 회의를 마칠 때 이미 결정한 것을 축복해 달라며 급하게 기도하는 것보다 낫다. 기도는 그다음에 일어나는 모든 것에 대한 분위기를 설정하고, 교회의 진정한 지도자가 누구인지 상기시킨다.

활기차고 솔직한 대화

이런 마음 자세는 장로들 사이의 연합을 이끌어 내지만, 연합이 획일성을 의미해서는 안 되고, 팀워크가 집단 사고로 이어져서도 안 된다. 렌치오니는 회의가 지루한 이유는 갈등과 드라마가 부족하기 때문이라고 주장한다. 그는 사람들이 긴 영화를 기꺼이 감상하는 이유는 긴장과 해결이 있는 플롯 때문이라고 설명한다. 회의가 이와 같은 특징을 가진다면 우리는 이를 단순히 견디는 것이 아니라 즐길 수 있을 것이다.[4]

렌치오니의 글은 장로 회의가 아니라 비즈니스 회의에 대한 것이므로, 회의에서 "갈등을 찾으라"[5]는 그의 제안은 위험하다. 잭 에스와인이 관찰하듯이, "교회 회의와 비즈니스 회의는 사과와 오렌지다. 둘 다 중요한 역할을 하지만, 두 가지 다른 것을 나타낸다."[6] 그러나 바르게 진행된 회의의 성공 여부는 모든 사람이 모든 문제에 동의했는지가 아니다. 오히려 그리스도를 기쁘시게 하는 해결책을 찾는 과정에서 서로 의견을 달리할 수 있는 문제를 놓고 잠여자들이 씨름했는지에 따라 판단된다. 사랑과 연합에 대한 헌신 때문에 갈등을 피하려는 경향이 있을 수 있지만, 이 또한 진정한 리더십 제공을 회피하는 것을 의미할 수 있다. 우리는 다루기 어려운 문제에 대해 명확성을 주기보다는 평화를 유지하려고 하여 그 문제를 회피할 수 있다.

좋은 회의의 핵심은 활기찬 대화다. 본질적으로 이것이 회의다. 회의는 대화다. 장로들의 회의는 목사가 원하는 모든 것에 동의하는 예스맨들의 모임이 아니다. 또한 무한한 행정 문제의 안건을 다루는 단순한 비즈니스 회의도 아니다. 서로 사랑하고 주 예수님의 교회를 사랑하여 위임받은 양 무리에 대해 활발하게 대화하는 경건한 사람들의 모임이다.

바로 그래서 장로들의 회의가 지루하지 않아야 한다. 교회에 대해 함께 이야기하는 일은 지루하지 않다. 장로로서 우리는 이 책에서 다룬 모든 것에 대해 충분히 대화할 것이다.

- 서로에 대해 이야기하며, 우리의 은사, 기술, 강점, 소망, 바람, 꿈, 약점, 고난, 실패에 대해 의논한다.
- 신학에 대해 대화하며, 큰 문제와 작은 문제를 구별하고 복음의 명확성을 위해 노력한다.
- 상한 세상에 사랑, 은혜, 희망, 기쁨, 복음의 긴급성을 반영하는 교회를 만들기 위해 교회의 복음 비전을 숙고한다.
- 발생하는 모든 사건을 감독하며 교회의 구조에 대해 논의한다.
- 교회의 전도와 아웃리치를 발전시킬 방법을 놓고 씨름한다.
- 말씀과 예배 사역에 대해 이야기하며, 양 무리를 먹일 방법과 하나님과 만나는 방법을 숙고한다.
- 하나님의 양 무리 가운데 있는 개별 양들에 대해 대화하며, 그들이 그들 삶에서 어떤 지점에 있는지, 그들이 직면한 문제는 무엇인지, 그들이 어떻게 성장하고 타락하는지, 그들을 잘 돌보고 제자 훈련하기 위해 할 수 있는 일은 무엇인지에 대해 기뻐하고 고뇌한다.
- 각자 교회 생활의 다양한 분야에 참여하며 복음 일꾼을 양성하기 위해 노력하면서, 우리가 현장에서 하는 일에 대해 나눈다.

이런 것이 훌륭한 대화다. 이 대화는 사람에 관한 것이고, 사람은 지루하지 않다. 이 대화는 교회, 복음, 신학에 관한 것으로, 매우 중요하다. 때로 우리가 다르게 생각하고 최선의 방법을 놓고 씨름할 때 갈등이 생길 수 있다. 갈등을 피하지 않지만, 갈등을 찾을 필요는 없다. 우리가 찾아야 할 것은 의미 있는 대화로, 피상적인 것을 넘어 중요한 것에 대해 마음에서 우러나오는 이야기를 나누는 것이다. 우리는 각자의 깊은 희망, 두려움, 통찰력을 이끌어 내기 위해 열심히 노력할 것이며, 이를 통해 대화는 다양한 관점으로 풍부해질 것이다.

이런 생동감 있고 정직한 대화에서 결정과 행동이 흘러나올 것이다.

전반적 구조

논의할 것이 많으므로 계획이 필요하다. 계획은 종종 모든 문제를 하나의 강력한 회의에 몰아넣어 만든 집약된 안건으로, 회의가 길어지고 지루해질 뿐 아니라 비효율적이고 실망스럽게 만든다. 렌치오니에 따르면 "너무 많은 조직이 오직 한 종류의 정례 회의만 한다. … 사람들이 두세 시간 동안 모여서 전략에서 기법까지, 행정에서 문화까지 모든 것에 대해 무작위로 논의한다. 어떤 주제가 적합한지가 명확하지 않기 때문에 다양한 논의를 위한 명확한 환경도 없다."[7] 렌치오니의 해법은 목적, 형식, 시기를 달리하는 여러 종류의 회의를 하라는 것이다.

렌치오니는 자신이 다루는 비즈니스 맥락에서 네 종류의 회의를 추천한다. 첫째는 매일 점검 회의로, 직원들이 서서 5분 동안 그날 있을 일을 간단히 나눈다. 나는 개혁신학대학에 이를 도입해, 매주 초에 30분 동안 모여 차례로 돌아가며 그 주에 있을 일에 대해 말하고 서로를 위해 기도하는 시간을 가졌다. 자원봉사자 형태인 장로들의 팀에는 이런 회의가 없을 수 있지만, 각자가 하는 일에 대해 정기적으로 나누는 일은 중요하다.

둘째, 렌치오니는 "주례 전술 회의"[8]를 말한다. 이 정례 회의는 당면한 문제에 초점을 맞춘다. 중요한 정보 업데이트가 있지만, 그가 제시하는 근본적인 아이디어는 이 회의에 사전 계획된 의제가 없다는 것이다. 의제는 현재 일어나는 일과 다룰 필요가 있는 것을 중심으로 회의 중에 결정된다. 처음에 제기된 문제들 중 몇 가지 주요 사항을 논의한다. 즉각적인 주의가 필요한 것에 대한 즉각적인 해결책을 찾는 것이다. 이 제안 역시 비즈니스팀의 역동을 반영한 것이지만, 장로 회의에 대한 몇 가지 아이디어를 제공해 준다. 신속한 결정이 필요한 당면 문제들이 있다. 장로들은 이런 문제를 정기적으로 그리고 신속하게 다루는 공간을 마련해 행정 절차가 천천히 돌아가지 않도록 해야 한다.

다음은 "월례 전략 회의"[9]가 있다. 여기서 가장 중요한 대화가 이루어진다. 렌치오니는 이런 회의의 주제를 미리 정하고 주제당 약 두 시간을 배정해 충분한 대화 시간을 확보할 것을 권한다. 그러므로 핵심은 이 회의에서 과도한 계획을 하지 않는 것이다. 빽빽한 의제는 명확한 사고를 가능하게 하는 자유로운 대화를 방해한다. 장로들은 이런 대화를 위한 준비가 잘되어 있어야 하고, 의미 있는 대화에 도움이 되도록 자료나 보고서 등을 미리 배포해야 한다. 신학, 복음 비전, 사역 효과, 대표 사역의 중요한 문제들이 이 회의에 적합하다.

하지만 더 소중한 회의가 하나 더 있다. "분기별 외부 평가"[10]다. 렌치오니는 이렇게 설명한다. "사무실을 벗어나는 목적은 참석자들을 즐겁게 하려는 것이 아니라, 그들이 일상적인 일의 방해와 개입에서 잠시 물러나게 하려는 것이다."[11] 장로들에게는 이 회의가 분기마다 이루어지지 않을 수도 있고 밖으로 나가지 않을 수도 있지만, 전반적인 사명과 복음 비전, 가치, 문화에 대한 평가를 위해 계획된 수련회를 하면 크게 유익하다. 이때는 다음 해를 계획하고, 꿈꾸고 기도하며, 궤도 밖에서 생각하고, 교회 안 하나님의 사역에 대해 더 깊이 숙고하는 시간이다. 또한 이 회의는 장로팀 자체와 그 기능에 대한 평가를 하는 데 이상적이기도 하다.

이 네 가지 회의 유형은 지역 교회의 장로팀에 맞추어 조정할 필요가 있다. 렌치오니의 접근 방식의 큰 가치는 회의마다 다룰 이슈를 구분해 각 회의에 목적, 명확성, 적절한 시간을 할당하는 데 있다.

장로들이 다루어야 할 모든 문제를 고려할 때, 잠정적인 회의 일정은 다음과 같을 수 있다.

사람과 기도에 초점을 맞춘 목회 회의

이런 회의의 주요 요소는 다음과 같다.

- 장로의 현직 훈련. 장로들은 임무를 더 잘 준비할 수 있도록 책을 읽거나, 공부를 하거나, 다른 자료를 사용하는 시간을 보낼 수 있다.
- 교회, 교인, 잃어버린 영혼, 새로운 사람 등을 위한 기도
- 장로/목사가 개인과 팀으로 맡은 업무를 살피면서 개인적인 반성을 하며 서로의 책임을 다지고 격려하는 시간이다. 이때는 목사의 초점과 장로의 직무 기술서를 검토하는 시간이다.
- 목회적 문제들, 특정 목회적 관심사를 위한 시간 배분, 교인과 권징 문제, 교회의 돌봄 사역 감독

주요 사역 분야에 중점을 둔 사역 회의

이런 회의의 주요 요소는 다음과 같다.

- 신속한 대응이 필요한 교회의 일들
- 대표 사역(선교 및 전도, 말씀과 예배, 돌봄과 제자 훈련) 감독
- 사역 리더들의 현황 보고와 필요한 조언 및 감독 제공
- 사역 리더십 및 인사 문제
- 교단 문제 및 업무 보고(행정, 재정, 서신)

평가와 전략에 초점을 둔 기획 회의

이런 회의의 주요 요소는 다음과 같다.

- 주요 신학적 이슈 검토
- 교회의 사명, 복음 비전, 가치 및 문화 평가
- 주요 변화 또는 중요한 새 사업 논의
- 전략적 방향 재설정
- 교회 구조와 직원 및 장로팀 평가
- 측정 지표 및 수치 평가
- 재정 및 사업 계획 검토

각 회의 유형의 빈도는 교회의 규모에 따라 결정된다. 장로들의 회의 시간을 융통성 있게 조정하면 사역과 가족을 위해 필요한 저녁 시간을 빼앗는 것을 피할 수 있다. 일부 회의는 온라인으로, 또는 조찬으로, 또는 주일 늦은 오후에, 때로는 수련회 중에 열릴 수 있다.

적합한 방식

어떤 구조와 빈도를 채택하든 장로들의 회의는 교회 목자들의 회의에 적합한 방식으로 운영되어야 한다. 앞서 보았듯이, 이런 회의에는 업무 처리가 포함되지만, 주된 목적은 업무 처리가 아니다. 위기와 긴급한 필요를 다루기는 하지만, 문제에 대응하는 일이 주가 되지 않아야 한다. 효율적이어야 하지만, 효율성이 주된 목표는 아니다. 이 회의는 경건한 사람들이 교회에 명확한 리더십을 제공하려는 회의다.

그렇다면 이 목표를 이루는 데 적합한 방법은 무엇일까? 몇 가지 문제가 나타난다.

적절성과 질서

회의는 잘 이끌어져야 한다. 유능한 의장이라면 명확한 회의 안건이 제시되고 영적인 초점이 회의 내내 유지되도록 해야 한다. 교회 전체의 일은 영적인 것으로, 재정이나 전략에 대한 논의도 포함된다. 잭 에스와인은 회의를 시작할 때마다 장로들이 왜 그곳에 있는지, 목자로서 그들의 소명이 무엇인지를 반복 설명하는 일을 실천한다.[12] 복음이 실제로 주도하도록 하기 위해, 매번 교회와 사역에 대한 복음적 관점을 다시 살펴보는 것이 그 시간을 잘 사용하는 일이다.

좋은 의장은 회의가 원활하게 진행되게 하고 모든 목소리가 들리게 한다. 장로들은 일반적으로 여러 가지 일로 바쁜 사람들이므로, 회의는 제시간에 시작하고 끝나야 한다. 오랫동안 나는 밤늦게까지 회의하는 장로팀과 고군분투하느라 다음 날 산뜻하게 일어날 능력을 잃었다. 새 장로팀에 합류했을 때 한 장로가 오전 3시부터 일을 시작해야 했는데, 이것은 축복이었다. 그는 저녁 9시 30분에는 회의실을 떠나야 한다고 했고, 덕분에 회의는 이전보다 훨씬 일찍 끝났다.

또한 모든 생각과 논의를 기록하지 않지만 모든 결정 사항과 취해야 할 행동을 기록한, 명확한 회의록을 작성하는 것도 중요하다.

이 시간을 최대한 활용하려면 장로들이 잘 준비하고 참석해야 한다. 나는 장로 회의를 준비하는 데 많은 시간이 걸리는 것에 거듭 놀란다.

읽어야 할 문서, 깊이 고민해야 할 문제, 기도해야 할 일들이 있다. 지혜롭게 이야기하려면 잘 준비해야 한다.

관계

교회에서 관계는 매우 중요하므로 교회의 축소판인 장로들은 서로 건강한 관계를 증진할 시간을 만들어야 한다. 장로팀이 장로들을 위한 소그룹으로 대체될 필요는 없지만, 교회가 키우고자 하는 종류의 '서로'를 구현하게 될 것이다. 함께 말씀을 읽고, 함께 공부하고, 상황을 공유하고, 서로를 위해 기도하는 시간은 팀 리더십의 일부다. 장로들의 회의는 장로들이 교회 생활의 나머지 부분에서 특정 방식으로 생각하고 말하고 행동하도록 효과적으로 훈련시켜, 선도자들에게 속도를 정해 준다.

여성의 지혜

보완주의를 따르는 교회는 남성이 이끌지만, 그들이 지혜롭다면 여성의 지혜를 활용할 것이다. 불행하게도 일부 보완주의 교회에서는 남성과 여성의 역할이 그리 보완적이지 않다. 너무 자주, 보완주의는 남성이 사역하고 여성은 커피를 준비하거나 아이들을 돌보는 것을 의미한다. 이런 방식은 여성을 경시하는 것이며 교회의 삶을 빈약하게 만든다. 나는 집에서 교회와 관련된 모든 문제에 대해 아내에게 의견을 구한다. 우리는 설교, 예배, 사람들, 사역, 비밀이 아닌 목회 문제, 내게 닥친 딜레마, 약속과 우선순위 등에 대해 이야기한다. 아내의 통찰과 관점, 직관과 기도를 통한 숙고는 내게 거듭 큰 도움이 되었다. 나는 아내의 도움이 필요하고, 아내도 내 도움이 필요하다. 이것이 보완주의의 부부생활 방식이다. 그리고 이것이 보완주의 교회가 일하는 방식이다. 장로들은 교회를 이끌면서 여성의 은사와 지혜를 활용할 방법을 찾아내야 한다.[13]

의사 결정

어떤 사람들은 모든 의사 결정에 만장일치의 중요성을 강력히 주장하고, 다른 이들은 합의 결정을, 또 다른 이들은 다수결 표결을 지지한다.[14] 사도행전 15장에서 사도들과 장로들이 그들 자신과 성령에게 "옳은 줄 [안다]"고 할 수 있는 결정에 이르는 모습을 본다. 그러나 그들이 여러 지도자의 보고와 관점, 성경 교육을 들은 후 어떻게 그 결정에 이르게 되었는지는 알려져 있지 않다. 투표를 했을까? 만장일치였을까? 분명한 합의였을까? 우리는 알 수 없지만, 그들은 한목소리와 연합된 결정으로 회의를 마쳤다.

그것이 가장 중요하다. 장로들은 모두가 지지할 수 있는 결정을 내릴 수 있어야 한다. 그들 모두 어떤 결정이 최선이라고 생각하지 않을 수 있지만, 결국 모두 그 결정을 지지하기로 동의하는 지점에 도달한다. 만약 모든 결정이 합의나 만장일치로 이루어져야 한다고 기대한다면, 두 가지 위험이 있다. 첫째는, 다수가 가는 방향을 진정으로 확신하지 못하는 사람들은 연합을 위해 동의해야 한다는 압박받고 점점 소외되거나 무시당하거나 강요받는 기분을 느낀다는 것이다. 또는 한

명의 장로가 광범위하게 동의된 분야에서 팀 전체가 앞으로 나아가는 것을 반복적으로 방해할 수 있다. 장로가 자신에게 거부권을 행사할 힘이 있다고 인식하는 것은 건강하지 않다.

장로들은 명확한 문제들은 만장일치로 처리할 것이다. 대부분의 결정은 모든 사람이 고개를 끄덕이는 것으로 신속하게 합의 처리될 수 있다. 그러나 일부 논의는 진행됨에 따라 모든 사람이 동일한 입장이 아님이 분명해질 수 있다. 이때는 모든 관점을 듣고 가장 주저하는 사람도 발언할 수 있도록 충분한 시간을 주어야 한다. 한 사람의 불확실함 때문에 모든 사람이 멈추어야 할 수 있고, 그러면 늘 하던 대로 의사 결정이 이루어지지 않을 수 있다. 또는 결정을 내리기 전에 좀 더 시간이 필요하다고 느낄 수도 있다.

혹은 아무리 많은 시간과 노력을 들여도 경건한 사람들이 서로 의견을 달리할 수 있다. 성경과 교회 역사에서도 그랬다. 그런 경우에는 특정 선택에 대한 명백한 과반수 찬성을 확보하기 위해 투표가 필요할 수 있다. 동의, 재청, 다수결 투표를 포함한 의회의 절차가 적절할 수 있지만, 어떤 상황에서는 그렇게 하는 것이 신중하지 않을 수 있다. 만약 중요한 문제라면, 단순한 과반수가 아닌 실질적인 과반수를 찾는 것이 현명하다.

일단 결정이 내려지면 팀의 결정을 모두가 존중해야 한다. 진 게츠는 장로들이 내린 결정에 대해, 일부 장로가 반대표를 던졌더라도 전적인 지지를 구하고, 장로들의 다수 의견을 지지해 달라고 요청하는 것에 대해 이야기한다.[15] 과연 이는 양심적으로 가능할까? 제비를 뽑을 때처럼, 하나님이 그분 백성이 투표할 때도 주권자이심을 믿고(잠 16:33) 우리 자신의 관점이 아니라 많은 조언자의 지혜를 따른다면, 우리가 선택한 것이 아닐지라도 하나님 보시기에 기쁜 곳으로 우리를 인도하실 것을 믿을 수 있다. 유일한 주의 사항은 아무도 자신의 양심에 반하여 말하거나 행동하도록 강요받아서는 안 된다는 것이다. 따라서 한 장로가 개인적으로 동의하지 않더라도 결정을 따르기로 합의했다면 팀은 그가 어려운 위치에 처하지 않도록 주의해야 하며, 그 역시 장로들의 지혜를 저해하지 않도록 노력해야 한다. 이런 역동성이 작동하려면 모든 사람의 경건한 성품이 필수적이다.

폭넓은 참여

장로팀이 최고 리더이지만, 그들이 유일한 리더는 아니다. 결과에 영향받을 사람들이나 문제에 대해 특별한 통찰을 지닌 사람들을 토의에 참여시키면 더 나은 결정을 내릴 수 있다. 장로들은 이 결정에 누가 참여해야 하는지를 끊임없이 질문해야 한다. 때로 그 대상은 전체 회중일 수 있으며, 이는 회중 교회가 아닐 경우에도 마찬가지다. 회중의 관점이 교회의 운영 방식에 필수적이라는 지혜가 적용될 수 있다. 다른 경우에는 핵심 직원, 사역 리더, 지역 전문가(신학자, 변호사, 심리학자, 아동 전문가 등)가 될 수 있고, 또는 지혜롭고 성숙한 여성을 초대해 의견을 청하고 의사 결정을 돕게 할 수도 있다. 상의 없이 결정 사항을 강요하는 상명하달 방식의 리더십은 성경적 원칙에 어긋나며 대개 향후 더 많은 지장을 초래한다. 지혜로운 리더들은 자신이 모든 지식이나 지혜를 갖고 있지 않음을 알고, 의논을 많이 한다.

과도한 개입 금지

교회의 장로팀에게는 상존하는 유혹이 있는데, 그것은 교회 생활의 세부 사항에까지 개입하려는 것이다. 작은 교회일 경우 더 그렇다. 장로들이 실무, 행정, 업무 문제의 세부 사항까지 개입한다. 카펫 색상이나 커피 브랜드를 놓고 수 시간 논쟁을 하는 식이다. 이렇게 되면 장로들은 소중한 시간과 집중력을 빼앗길 뿐 아니라, 다른 사람들이 섬기고 은사를 사용할 기회도 빼앗게 된다. 문제는 다른 사람들에게 일을 맡기는 위임이 아니라, 가능한 한 많은 사람의 은사를 활용해 주님을 위한 사역을 강화하는 사역 배가다. 사람들이나 팀들이 (행정 관리든 어린이 사역 인도든 소그룹 관리든) 주요 사역 책임을 발전시키면, 장로들은 그들에게 선택하고 방향을 설정하며 문제를 처리하고 성공을 즐길 수 있는 진정한 권한을 위임해야 하고, 이와 함께 최고 리더는 지원, 명확한 큰 그림, 책임을 제공해야 한다.

기밀 유지

장로들의 대화는 종종 비밀스러운 성격을 띤다. 특정 사안에 대한 장로들의 다양한 의견, 목회 문제에 대한 대화, 특정 구성원의 개인 상황, 특정 사역의 어려운 문제, 장로들의 문제 대처 방식 등은 회의장 밖으로 알려져서는 안 된다. 그러나 특정 사안이 비밀인지, 그리고 얼마나 긴요한 비밀인지 판단할 필요가 있다. 장로들이 다루는 모든 문제를 비밀로 여기는 것은 순진할 뿐 아니라 도움이 되지도 않는다. 비밀에는 여러 수준이 있다. 다음의 연속선을 참고하면 도움이 될 것이다.

- **1단계** 일부 문제는 기밀이 아니며 회중과 **공유해야 한다.** 교회에 그것들을 알려 주지 않는 것은 직무 유기다.
- **2단계** 일부 문제는 기밀이 아니며 회중과 **공유할 수 있다.** 장로들은 이 문제를 교회에 알리는 것이 현명할지 결정해야 한다. 일반적으로는 소통이 부족한 것보다 과도한 소통이 훨씬 좋다. 가능한 한 많은 내용을 교인들에게 설명하는 것이 좋다. 또한 많은 교인이 중요한 문제에 대해 의견을 제시하고 기도하는 것도 가치가 있다.
- **3단계** 일부 문제는 **필요에 따라** 알린다. 이 정보는 전체 교회에는 필요하지 않지만, 특정 개인(예. 사역 리더나 자녀의 부모)에게는 알려야 할 정보일 수 있다. 핵심 인물들이 알지 못하게 하는 것은 사랑이 없거나 무책임한 일이다.
- **4단계** 장로들은 **세부 사항이 기밀인** 문제를 다룰 수도 있다. 이 경우 장로들이 어떤 문제를 논의하고 있음을 교회와 공유할 수 있지만, 세부 사항은 공개하지 않는다. 여기에는 장로들이 문제를 다루는 동안 기도할 내용이 포함될 수 있다.
- **5단계** 어떤 문제는 **대부분 기밀**일 수 있다. 이런 것은 회중과 공유되어서는 안 되지만, 장로들은 아내나 멘토와 공유해 의견, 관

점, 지원을 요청할 수 있다. 장로들은 기밀을 공유하는 사람에게 말할 내용에 대해 재량을 가진다. 당연히 공유하는 사람은 전적으로 신뢰할 수 있어야 하며, 정보 공유를 통해 과중한 부담을 주지 않도록 주의해야 한다. 나는 때로 아내와 공유할 수 있는 것도 말하지 않았다. 말할 경우 아내가 그 문제에 대해 나보다 더 걱정하거나, 누군가에 대한 아내의 생각에 부정적인 영향을 미치거나, 또는 모든 사람이 알게 될 때까지 아내가 알지 못하는 것이 교회에 더 나은 메시지를 전달할 수 있기 때문이다. 그러나 다른 경우에는, 아내의 사랑과 기도와 지혜가 내가 장로로서 고민하고 있는 문제에 큰 도움이 되었다.

- **6단계** 마지막으로, **고도의 기밀** 사항이 있다. 이런 상황은 그 성격이 매우 민감하기 때문에 장로들 외에는 알려져서는 안 된다.

하나의 문제가 이런 여러 단계에 걸쳐 있을 수 있다. 일부 측면은 회중에게 알려도 되고, 일부는 신뢰할 수 있는 사람에게 적합하며, 일부는 고도 기밀일 수 있다. 고도의 기밀 범주에 속할 사항은 상대적으로 적다. 그러므로 리더들은 그 범주에 대해 매우 분명해야 한다. 모든 것을 고도의 기밀로 취급하면 기밀보다는 비밀로 느껴진다. 기밀은 신뢰를 쌓고, 비밀은 의심을 낳는다.

따라서 장로들은 교회의 모든 일반적인 문제는 특별한 이유가 없는 한 1-3단계라고 가정해야 한다. 장로들은 가능한 한 많은 소통과 투명성을 추구해야 한다. 반면 개인과 관련된 모든 목회적 문제는 5단계 또는 6단계라고 가정해야 한다. 장로들이 6단계 문제를 처리할 때는 분명히 확인해야 한다.

효과적인 후속 조치

나는 골프 스윙에서 팔로스루 동작이 얼마나 큰 차이를 만드는지에 항상 놀란다. 공을 친 이후에 일어나는 일은 별로 중요하지 않다고 생각할 수 있지만, 실제로는 엄청난 차이가 있다. 회의와 의사 결정도 마찬가지다. 회의에서 가장 중요한 요소는 그다음에 일어나는 일이다. 의사 결정을 하거나 훌륭한 논의를 하는 것도 중요하지만, 이런 대화와 선택은 교회의 복지를 위한 것이다. 교회가 그로부터 유익을 얻어야 한다.

가장 기본적인 수준의 후속 조치는 각 장로에게 할당된 일을 수행하는 것이다. 의사록에 주요 일들을 요약해 장로들이 결정 내용을 소홀히 하지 않도록 하는 것이 좋다. 여기에는 누군가를 심방하거나, 특정 팀과 소통하거나, 문서를 읽고 처리하거나, 전문가에게 조언을 구하거나, 교회를 위한 소통을 준비하는 작업이 포함될 수 있다.

명확한 리더십은 탁월한 소통을 요구한다. 장로들이 교회의 내부 운영, 진행 중인 주요 논의 사항, 임박한 의사 결정, 다루고 있는 문제, 그들이 잘 알고 있는 필요 등 많은 것을 알고 있기에 자기만의 세상에서 살기 쉽다. 그러나 교인 대부분은 이런 것을 거의 알지 못하기 때문에, 장로들이 알거나 다루고 있는지 궁금해할 수 있다. 나는 장로로서 몇 년을 봉사한 후 잠시 쉬는 시간을 가졌다. 그러자 금세 교회 생활의 핵심에서 분리된 느낌이 들었다. 무슨 일이 일어나고 있는지 모르겠고, 때로는 어떤 일이 있는지 궁금했다. 모든 결정에 관여하지 않는 것에 꽤 만족했지만, 장로들이 어떤 문제를 다루고 있는지를 거의 모르기에 만족할 수 없었다. 물론 일부 문제는 기밀 사항이었겠지만, 앞서 언급한 것처럼 많은 문제는 기밀이 아니다.

소통은 반복을 요구한다. 최근에 "말할 필요도 없는 말을 해야 한다"는 말을 들었다. 정말 사실이다. 우리는 사람들이 이미 알고 있는 것을 말하고 또 말해야 한다. 그래야만 문화를 형성하고 핵심 메시지를 사람들의 마음에 깊이 남길 수 있다. 우리는 왜 이렇게 행동하는지, 왜 이 문제를 강조하는지, 왜 다른 방식에는 관심을 덜 기울이는지 반복해서 설명할 필요가 있다.

복수의 소통 방식을 활용해야 한다. 교회 뉴스레터와 회람 이메일이 유용할 수 있지만 대다수는 읽지 않는다고 가정해야 한다. 젊은 세대에게는 소셜 미디어가 유용할 수 있다. 주일 공지 사항은 특히 중요하지만 많은 수의 교인이 매주 참석하지 않기 때문에 여러 주에 걸쳐 반복할 필요가 있다. 소그룹, 사역 리더, 기도 이메일과 같은 교회의 네트워크를 통한 정보 전파가 도움이 된다. 교회의 사명과 가치처럼 매우 중요한 문제는 예배 인도, 설교, 기도 방식에 강조점이 담기게 하면, 소통이 교회 생활의 일부분이 된다.

사역을 즐기라

회의는 정말 중요하다. 그리고 회의는 놀랍게도 즐거울 수 있다. 회의에서 교회의 최고 리더들은 함께 생각하고, 기도하고, 활기찬 대화에 참여하는 친교를 나눈다. 그들이 이렇게 하는 것은 자기들에게 맡겨진 양 무리를 돌보고 교회 생활에 분명한 방향, 즉 복음의 소리에 공명하여 하나님께 영광이 되기에 유익한 방향을 양 무리에게 제시하기 위해서다.

장로들의 사역은 이미 보았듯이 풍성하고 다양하다. 그것은 하나님의 백성을 섬김으로 궁극적으로 주님을 섬기는 지역 교회 리더십의 사역이다. 그들은 신학적 신념, 사명과 복음 비전, 가치와 문화, 구조, 전략, 사역 실천에 명확성을 제공하여, 교회가 하나님의 은혜로 번성할 수 있게 한다.

장로직은 결코 쉬운 소명이 아니다. 그래서 혼자가 아니라 팀으로 일하는 것이 중요하다. 우리는 서로를 필요로 하고, 교회는 단순히 바쁜 개인이나 스타 목사가 아닌 강력한 리더십 팀을 필요로 한다. 한 단체로서 장로들은 교회에 주신 하나님의 선물이며, 명확한 리더십을 제공할 수 있는 은사와 능력을 지닌 신실한 복수의 리더를 교회에 공급한다.

그리스도께서는 장로들을 자신의 양 무리의 감독자와 목자로 임명하시면서 그들의 일이 짐이 아닌 기쁨이 되기를 원하신다(히 13:17). 우리가 우리의 임무를 더 명확히 보고 이를 성취하기 위해 팀으로 더 연합하여 일할수록, 우리는 더 많이 그 일을 즐길 수 있을 것이다.

팀 토의 ───────────────────────────

Q1 장로 회의를 즐기는지 솔직하게 토의하라. 어떻게 하면 회의가 더 즐거워질까?

Q2 회의 중 대인 관계의 역동을 생각해 보라. 서로를 향한 사랑, 함께하는 기도, 의사 결정 접근 방식을 어떻게 평가하는가?

Q3 장로로서 논의 중인 사항들에 대해 교회와 어떻게 소통하고 있는가? 과소 또는 과대 소통하는 경향이 있는가?

Q4 활발한 대화, 긴급한 필요의 처리, 장기 계획, 사역 감독, 목회적 문제에 대한 대화 등을 허용하는 다양한 종류의 회의가 제대로 마련되어 있는가? 회의 구조를 개선할 수 있을까?

참고 문헌

Adam, Peter. "Is Your Church Raising Up People for Gospel and Bible Ministry? If Not, Why Not?" The Gospel Coalition Australia. May 18, 2021. https://au.thegospelcoalition.org/article/is−your−church−raising−up−people−for−gospel−and−bible−ministry−if−not−why−not/. Accessed July 6, 2023.

Adkins, Todd. *Developing Your Leadership Pipeline*. Nashville, TN: LifeWay Leadership, 2016.

Anyabwile, Thabiti M. *Finding Faithful Elders and Deacons*. Wheaton, IL: Crossway, 2012.

Baxter, Richard. *The Reformed Pastor*. Edited by William Brown. 5th abr. ed. Puritan Paperbacks. 1829. Reprint, Edinburgh: Banner of Truth, 1974.

Beale, G. K. *The Book of Revelation: A Commentary on the Greek Text*. New International Greek Testament Commentary. Grand Rapids: Eerdmans, 2013.

Beynon, Graham, and Jane Tooher. *Embracing Complementarianism: Turning Biblical Convictions into Positive Church Culture*. Charlotte, NC: Good Book Company, 2022.

Borthwick, Paul. *Western Christians in Global Mission: What's the Role of the North American Church?* Downers Grove, IL: IVP Books, 2012.

Bridges, Charles. *The Christian Ministry: With an Inquiry into the Causes of Its Inefficiency*. 6th ed. London: Banner of Truth, 1967.

Brown, Mark R., ed. *Order in the Offices: Essays Defining the Role of Church Officers*. Duncansville, PA: Classic Presbyterian Government Resources, 1993.

Bruce, Alexander Balmain. *The Training of the Twelve*. 4th ed. Grand Rapids: Kregel, 1971.

Bruckner, James K. *Exodus*. New International Bible Commentary 2. Peabody, MA:

Hendrickson, 2008.

Bucer, Martin. *Concerning the True Care of Souls*. Translated by Peter Beale. Edinburgh and Carlisle, PA: Banner of Truth, 2009.

Carson, D. A. "Some Reflections on Pastoral Leadership." *Themelios* 40, no. 2 (2015): 195–97.

————, ed. *Worship by the Book*. Grand Rapids: Zondervan, 2002.

Chapell, Bryan. *Christ-Centered Worship: Letting the Gospel Shape Our Practice*. Grand Rapids: Baker, 2009.

Clowney, Edmund P. *The Church*. Contours of Christian Theology. Leicester, England: Inter-Varsity Press, 1995.

Coekin, Richard. *Gospel DNA: 21 Ministry Values for Growing Churches*. Charlotte, NC: Good Book Company, 2017.

Cruse, Jonathan Landry. *What Happens When We Worship*. Grand Rapids: Reformation Heritage Books, 2020.

Danker, Frederick W., ed. *A Greek-English Lexicon of the New Testament and Other Early Christian Literature*. 3rd ed. Chicago: University of Chicago Press, 2000.

DeYoung, Kevin, and Greg Gilbert. *What Is the Mission of the Church? Making Sense of Social Justice, Shalom, and the Great Commission*. Wheaton, IL: Crossway, 2011.

Dickson, David. *The Elder and His Work*. Reprint, Dallas: Presbyterian Heritage Publications, 1990.

Dipple, Bruce. *Becoming Global: Integrating Global Mission and Your Local Church*. Croydon, Australia: Sydney Missionary and Bible College, 2011.

Douma, Leo. *Christ's Under-Shepherds*. Australian College of Theology Monograph

Series. Eugene, OR: Wipf and Stock, 2016.

Duguid, Iain M. *Numbers: God's Presence in the Wilderness*. Preaching the Word. Wheaton, IL: Crossway, 2006.

Duncan, J. Ligon. *Does God Care How We Worship?* Phillipsburg, NJ: P&R Publishing, 2020.

"Eldership Module." The Way. https://thewaydiscipleship.com/program/. Enns, Peter. *Exodus*. NIV Application Commentary. Grand Rapids: Zondervan, 2000.

Eswine, Zack. *The Imperfect Pastor: Discovering Joy in Our Limitations through a Daily Apprenticeship with Jesus*. Wheaton, IL: Crossway, 2015.

Eyres, Lawrence R. *The Elders of the Church*. Nutley, NJ: Presbyterian and Reformed, 1975.

"The Form of Presbyterial Church-Government and of Ordination of Ministers." In *The Confession of Faith*, 395-416. Glasgow: Free Presbyterian Publications, 1973.

Getz, Gene A. *Elders and Leaders: God's Plan for Leading the Church: A Biblical, Historical, and Cultural Perspective*. Chicago: Moody, 2003.

───── . *Sharpening the Focus of the Church*. Wheaton, IL: Victor, 1984.

Goheen, Michael W. *A Light to the Nations: The Missional Church and the Biblical Story*. Grand Rapids: Baker, 2011.

The Gospel Coalition Australia. Foundation Documents: "Theological Vision for Ministry." https://au.thegospelcoalition.org/about/foundation-documents/#theological-vision-for-ministry. Accessed November 17, 2021.

The Gospel Coalition USA. Foundation Documents: "Theological Vision for Ministry." https://www.thegospelcoalition.org/about/foundation-documents/#theological-vision-for-ministry. Accessed November 17, 2021.

Goswell, Gregory. *A Study Commentary on Ezra-Nehemiah*. Darlington, England: EP Books, 2013.

Hamilton, Craig. *Wisdom in Leadership Development: Creating a Pipeline to Grow Leaders and Make More Disciples*. Sydney: Matthias Media, 2021.

───── . *Wisdom in Leadership: The How and Why of Leading the People You Serve*. Sydney: Matthias Media, 2015.

Harney, Kevin. *Organic Outreach for Churches: Infusing Evangelistic Passion into Our Congregation*. Grand Rapids: Zondervan, 2011.

Harvey, David T. *The Plurality Principle: How to Build and Maintain a Thriving Church Leadership Team*. Wheaton, IL: Crossway, 2021.

Jagelman, Ian. *The L Factor: Identifying and Developing Christian Leaders*. Adelaide, Australia: Openbook, 2005.

Keller, Timothy. *Center Church: Doing Balanced, Gospel-Centered Ministry in Your City*.

Grand Rapids: Zondervan, 2012.

—————— . *Leadership and Church Size Dynamics: How Strategy Changes with Growth*. New York: Redeemer City to City, 2010.

—————— . "Reformed Worship in the Global City." In *Worship by the Book*, edited by D. A. Carson, 193–249. Grand Rapids: Zondervan, 2002.

Knight, George W. "Two Offices (Elders/Bishops and Deacons) and Two Orders of Elders (Preaching/Teaching Elders and Ruling Elders): A New Testament Study." *Presbyterian* 11, no. 1 (1985): 1–12.

Laniak, Timothy S. *Shepherds after My Own Heart: Pastoral Traditions and Leadership in the Bible*. New Studies in Biblical Theology 20. Downers Grove, IL: InterVarsity Press, 2006.

Lencioni, Patrick M. *Death by Meeting: A Leadership Fable*. San Francisco: Jossey–Bass, 2004.

Letham, Robert. *Systematic Theology*. Wheaton, IL: Crossway, 2019.

Mackay, John L. *Exodus*. Fearn, Scotland: Christian Focus, 2001.

Malphurs, Aubrey. *Advanced Strategic Planning: A New Model for Church and Ministry Leaders*. Grand Rapids: Baker, 2005.

—————— . *Being Leaders: The Nature of Authentic Christian Leadership*. Grand Rapids: Baker, 2003.

—————— . *A New Kind of Church: Understanding Models of Ministry for the 21st Century*. Grand Rapids: Baker, 2007.

Marshall, Colin, and Tony Payne. *The Trellis and the Vine: The Ministry Mind-Shift That Changes Everything*. Sydney: Matthias Media, 2009.

—————— . *The Vine Project: Shaping Your Ministry Culture around Disciple-Making*. Sydney: Matthias Media, 2016.

Marshall, Sarah–Jane, and Joe Warton. *Fruitfulness on the Frontline: Discussion Guide*. London: LICC, 2014.

Maxwell, John C. *The 5 Levels of Leadership: Proven Steps to Maximise Your Potential*. New York: Center Street, 2011.

McAlpine, Stephen. *Being the Bad Guys: How to Live for Jesus in a World That Says You Shouldn't*. Charlotte, NC: Good Book Company, 2021.

McLaren, Brian D. *The Church on the Other Side: Doing Ministry in the Postmodern Matrix*. Grand Rapids: Andrews University Press, 2000.

Miller, C. John. *Outgrowing the Ingrown Church*. Grand Rapids: Zondervan, 1986.

Mohler, R. Albert. *The Conviction to Lead: 25 Principles for Leadership That Matters*. Bloomington, MN: Bethany House, 2012.

Morgan, Tony. *The Unstuck Church: Equipping Churches to Experience Sustained Health*.

Nashville, TN: Thomas Nelson, 2017.

Murray, Iain. "Ruling Elders—A Sketch of a Controversy." In *Order in the Offices: Essays Defining the Role of Church Officers*, edited by Mark R. Brown, 157–70. Duncansville, PA: Classic Presbyterian Government Resources, 1993.

Needham, Nick. "Worship through the Ages." In *Give Praise to God: A Vision for Reforming Worship*, edited by Philip Graham Ryken, Derek Thomas, and J. Ligon Duncan, 375–411. Phillipsburg, NJ: P&R Publishing, 2003.

Newton, Phil A., and Matt Schmucker. *Elders in the Life of the Church: Rediscovering the Biblical Model for Church Leadership*. Grand Rapids: Kregel, 2014.

Ogden, Greg, and Dan Meyer. *Leadership Essentials: Shaping Vision, Multiplying Influence, Defining Character*. Downers Grove, IL: IVP Connect, 2007.

Old, Hughes Oliphant. *The Patristic Roots of Reformed Worship*. American ed. Black Mountain, NC: Worship Press, 2004.

Ortlund, Gavin. *Finding the Right Hills to Die On: The Case for Theological Triage*. Wheaton, IL: Crossway, 2020.

Osborne, Grant R. *Revelation*. Baker Exegetical Commentary on the New Testament. Grand Rapids: Baker, 2002.

Oswald, Roy M. "How to Minister Effectively in Family, Pastoral, Program, and Corporate Sized Churches." *Action Information* 17, no. 2 (March–April 1991); 17, no. 3 (May–June 1991). Reprint, http://eacdiocese.org/HowTo%20Minister%20 Effectively.pdf.

Patzia, Arthur G. *The Emergence of the Church: Context, Growth, Leadership and Worship*. London: Inter–Varsity Press, 2001.

Perkins, William. *The Art of Prophesying; with The Calling of the Ministry*. Puritan Paperbacks. Edinburgh: Banner of Truth, 1996.

Peterson, David. *Engaging with God: A Biblical Theology of Worship*. Leicester, England: Apollos, 1992.

Peterson, Eugene H. *The Contemplative Pastor: Returning to the Art of Spiritual Direction*. Grand Rapids: Eerdmans, 1989.

Piper, John. *Let the Nations Be Glad! The Supremacy of God in Missions*. 3rd ed. Grand Rapids: Baker, 2010.

Pope, Randy. *The Intentional Church: Moving from Church Success to Community Transformation*. Chicago: Moody, 2006.

Raiter, Michael, and Rob Smith. *Songs of the Saints: Enriching Our Singing by Learning from the Songs of Scripture*. Sydney: Matthias Media, 2017.

Rayburn, Robert S. "Ministers, Elders, and Deacons." In *Order in the Offices: Essays Defining the Role of Church Officers*, edited by Mark R. Brown, 219–34. Duncansville,

PA: Classic Presbyterian Government Resources, 1993.

Reeder, Harry L., with David Swavely. *From Embers to a Flame: How God Can Revitalize Your Church*. Phillipsburg, NJ: P&R Publishing, 2004.

Rinne, Jeramie. *Church Elders: How to Shepherd God's People like Jesus*. Wheaton, IL: Crossway, 2014.

Ryken, Philip Graham. *Exodus: Saved for God's Glory*. Preaching the Word. Wheaton, IL: Crossway, 2016.

South Barwon Christian Reformed Church (Australia). "Our Values." https://www. southbarwon.org.au/im—new/our—values. Accessed May 8, 2022.

Strauch, Alexander. *Biblical Eldership: An Urgent Call to Restore Biblical Church Leadership*. 3rd ed. Littleton, CO: Lewis and Roth, 1995.

——————. *Meetings That Work: A Guide to Effective Elders' Meetings*. Littleton, CO: Lewis and Roth, 2001.

Taylor, J. B. "Elder." In *New Bible Dictionary*, edited by D. R. W. Wood, I. H. Marshall, A. R. Millard, J. I. Packer, and D. J. Wiseman, 305—6. 3rd ed. Downers Grove, IL: InterVarsity Press, 1996.

Te Awe Awe—Bevan, Brigitte Robin. "Te Reo o Ngā Kaumātua Ѡ Voice of the Elders." MPhil thesis, Massey University (Palmerston North, New Zealand), 2013.

Thune, Robert H. *Gospel Eldership: Equipping a New Generation of Servant Leaders*. Greensboro, NC: New Growth Press, 2016.

Tripp, Paul David. *Dangerous Calling: Confronting the Unique Challenges of Pastoral Ministry*. Wheaton, IL: Crossway, 2012.

Trueman, Carl R. *The Creedal Imperative*. Wheaton, IL: Crossway, 2012.

Van Dam, Cornelis. *The Elder: Today's Ministry Rooted in All of Scripture*. Explorations in Biblical Theology. Phillipsburg, NJ: P&R Publishing, 2009.

Warren, Richard. *The Purpose Driven Church: Growth without Compromising Your Message and Mission*. Grand Rapids: Zondervan, 1995.

Wenham, Gordon J. *Numbers: An Introduction and Commentary*. Tyndale Old Testament Commentaries 4. Downers Grove, IL: InterVarsity Press, 2008.

Witmer, Timothy Z. *The Shepherd Leader: Achieving Effective Shepherding in Your Church*. Phillipsburg, NJ: P&R Publishing, 2010.

주

들어가며

1) 장로직에 대한 종합적 성경 연구는 Alexander Strauch, *Biblical Eldership: An Urgent Call to Restore Biblical Church Leadership*, 3rd ed. (Littleton, CO: Lewis and Roth, 1995)을 보라. 이 외의 유익한 책으로는 다음이 있다. Lawrence R. Eyres, *The Elders of the Church* (Nutley, NJ: Presbyterian and Reformed, 1975); Gene A. Getz, *Elders and Leaders: God's Plan for Leading the Church: A Biblical, Historical, and Cultural Perspective* (Chicago: Moody, 2003); Cornelis Van Dam, *The Elder: Today's Ministry Rooted in All of Scripture, Explorations in Biblical Theology* (Phillipsburg, NJ: P&R Publishing, 2009); Timothy Z. Witmer, *The Shepherd Leader: Achieving Effective Shepherding in Your Church* (Phillipsburg, NJ: P&R Publishing, 2010); Thabiti M. Anyabwile, *Finding Faithful Elders and Deacons* (Wheaton, IL: Crossway, 2012); Phil A. Newton and Matt Schmucker, *Elders in the Life of the Church: Rediscovering the Biblical Model for Church Leadership* (Grand Rapids: Kregel, 2014); Jeramie Rinne, *Church Elders: How to Shepherd God's People like Jesus* (Wheaton, IL: Crossway, 2014); Robert H. Thune, *Gospel Eldership: Equipping a New Generation of Servant Leaders* (Greensboro, NC: New Growth Press, 2016); and David T. Harvey, *The Plurality Principle: How to Build and Maintain a Thriving Church Leadership Team* (Wheaton, IL: Crossway, 2021). 1870년대 이후의 고전은 David Dickson, *The Elder and His Work* (repr., Dallas: Presbyterian Heritage Publications, 1990)이다.

2) D. A. Carson은 이렇게 말한다. "작금의 책과 논문은 목사/장로/감독에 관해 4가지에 초점을 맞추는 경향이 있다. (a) 장로의 자격에 관한 성경의 목록 ⋯ (b) 근래에는 장로의 복수성을 다루는 책과 논문들이 쏟아져 나왔다. ⋯ (c) 여성이 목사/장로/감독이 될 수 있는가에 엄청난 에너지를 쏟고 있다. ⋯ (d) '방법론' 유형: 장로 선발과 훈련 방법, 잠재적 장

로 발굴의 중요성(예. 딤후 2:2) 등." 이어서 그는 이렇게 덧붙인다. "그러나 감독이라는 단어가 주는 특별한 뉘앙스에 대해서는 거의 관심을 두지 않는다." D. A. Carson, "Some Reflections on Pastoral Leadership," *Themelios* 40, no. 2 (2015): 196.

3) Zack Eswine, *The Imperfect Pastor: Discovering Joy in Our Limitations through a Daily Apprenticeship with Jesus* (Wheaton, IL: Crossway, 2015), 26.

4) Eswine, 42.

5) Craig Hamilton, *Wisdom in Leadership: The How and Why of Leading the People You Serve* (Sydney: Matthias Media, 2015), 29.

1. 성경이 말하는 장로직

1) Brigitte Robin Te Awe Awe-Bevan, "Te Reo o Ngā Kaumātua / Voice of the Elders" (MPhil thesis, Massey University [Palmerston North, New Zealand], 2013), 79.

2) Alexander Strauch, *Biblical Eldership: An Urgent Call to Restore Biblical Church Leadership*, 3rd ed. (Littleton, CO: Lewis and Roth, 1995), 122.

3) Strauch, 122.

4) Philip Ryken은 임명된 사람들이 장로였을 것으로 추정하며, 후에 그들을 이스라엘의 칠십 장로와 동일시한다. Philip Graham Ryken, *Exodus: Saved for God's Glory*, Preaching the Word (Wheaton, IL: Crossway, 2016), 484-85, 778. James Bruckner는 주저 없이 그들이 출애굽기 18장에서 임명된 사람들이라고 한다. James K. Bruckner, *Exodus*, New International Bible Commentary 2 (Peabody, MA: Hendrickson, 2008), 225. Peter Enns는 나중에 언급된 칠십 장로가 이때 선택된 사람들일 가능성이 있지만, 모세를 돕도록 선택된 사람들과 관련하여 '칠십'이라는 숫자가 언급되지 않았

음을 지적한다. Peter Enns, *Exodus*, NIV Application Commentary (Grand Rapids: Zondervan, 2000), 488. John Mackay는 그렇게 동일시하지 않는다. John L. Mackay, *Exodus* (Fearn, Scotland: Christian Focus, 2001), 318-20, 416.

5) 참조. Gordon J. Wenham, *Numbers: An Introduction and Commentary*, Tyndale Old Testament Commentaries 4 (Downers Grove, IL: InterVarsity Press, 2008), 122.

6) Iain M. Duguid, *Numbers: God's Presence in the Wilderness*, Preaching the Word (Wheaton, IL: Crossway, 2006), 154.

7) Duguid, 154.

8) 참조. Cornelis Van Dam, *The Elder: Today's Ministry Rooted in All of Scripture*, Explorations in Biblical Theology (Phillipsburg, NJ: P&R Publishing, 2009), 31-32.

9) Strauch, *Biblical Eldership*, 122.

10) 삼상 4:3; 8:4; 15:30; 16:4; 삼하 3:17; 5:3; 12:17; 17:4, 15; 19:11도 참조하라.

11) 왕상 8:1, 3; 20:7-8; 21:8, 11; 왕하 6:32(2회); 10:1, 5; 23:1; 대상 11:3; 15:25; 21:16; 대하 5:2, 4; 34:29을 참조하라.

12) 에스라 5:5, 9; 6:7, 8, 14에 나오는 히브리어 *śāb*는 회색 머리인 사람을 가리킨다. '장로'를 가리키는 데 흔히 사용되는 *zāqēn*은 두 번 사용되었다(10:8, 14).

13) 참조. Gregory Goswell, *A Study Commentary on Ezra-Nehemiah* (Darlington, England: EP Books, 2013), 114-15.

14) 구약의 장로직을 더 상세하게 다룬 책으로는 Van Dam, *The Elder*, 41-95을 참조하라.

15) Getz는 "하나님이 기독교 지도자들에게 점차 많은 책임을 주어 이전의 계시와 경험에 기초해 의사 결정을 하게 하심에 따라 점진적 변화가 일어난다"고 말한다. Getz, *Elders and Leaders*, 74.

16) Strauch, *Biblical Eldership*, 181.

17) 연관된 본문 전체에 대한 방대한 연구는 다음 책을 보라. Strauch, *Biblical Eldership*, 121-273.

18) 계 4:4, 10; 5:5, 6, 8, 11, 14; 7:11, 13; 11:16; 14:3; 19:4.

19) G. K. Beale, *The Book of Revelation: A Commentary on the Greek Text*, New International Greek Testament Commentary (Grand Rapids: Eerdmans, 2013), 322.

20) Beale, 322.

21) J. B. Taylor, "Elder," in *New Bible Dictionary*, ed. D. R. W. Wood, I. H. Marshall, A. R. Millard, J. I. Packer, and D. J. Wiseman, 3rd ed. (Downers Grove, IL: InterVarsity Press, 1996), 305-6.

22) Strauch, *Biblical Eldership*, 123.

23) Phil A. Newton and Matt Schmucker, *Elders in the Life of the Church: Rediscovering the Biblical Model for Church Leadership* (Grand Rapids: Kregel, 2014), 50.

2. 최고 리더

1) Alexander Strauch, *Biblical Eldership: An Urgent Call to Restore Biblical Church Leadership*, 3rd ed. (Littleton, CO: Lewis and Roth, 1995), 125.

2) Frederick W. Danker, ed., *A Greek-English Lexicon of the New Testament and Other Early Christian Literature*, 3rd ed. (Chicago: University of Chicago Press, 2000), 862.

3) D. A. Carson, "Some Reflections on Pastoral Leadership," *Themelios* 40, no. 2 (2015): 196.

4) Danker, *Greek-English Lexicon*, 842.

5) Strauch, *Biblical Eldership*, 16.

6) Timothy S. Laniak, *Shepherds after My Own Heart: Pastoral Traditions and Leadership in the Bible*, New Studies in Biblical Theology 20 (Downers Grove, IL: InterVarsity Press, 2006), 248.

7) 참조. Laniak, 58-74.

8) Richard Coekin, *Gospel DNA: 21 Ministry Values for Growing Churches* (Charlotte, NC: Good Book Company, 2017), 105-7.

9) Timothy Z. Witmer, *The Shepherd Leader: Achieving Effective Shepherding in Your Church* (Phillipsburg, NJ: P&R Publishing, 2010), 102.

10) Witmer, 103.

11) Witmer, 104 (원글의 강조).

12) Witmer, 104.

13) Danker, *Greek-English Lexicon*, 379.

14) Strauch, *Biblical Eldership*, 148.

15) 참조. Strauch, 177-78.

16) Robert Letham, *Systematic Theology* (Wheaton, IL: Crossway, 2019), 806에서 인용함.

17) 참조. "The Form of Presbyterial Church-Government and of Ordination of Ministers," in *The Confession of Faith* (Glasgow: Free Presbyterian Publications, 1973), 399-403.

18) 참고로 벨직 신앙 고백 30조는 "사역자, 즉 목사는 하나님의 말씀을 선포하고 성례전을 집전한다. 또한 장로와 집사들도 목사와 함께 교회 회의를 형성한다"고 되어 있다.

19) 이 논쟁을 다양한 각도에서 다룬 중요한 논문 시리즈는 Mark R. Brown, ed., *Order in the Offices: Essays Defining the Role of Church Officers* (Duncansville, PA: Classic Presbyterian Government Resources, 1993)이다. Iain Murray는 "Ruling Elders-A Sketch of a Controversy," 157-70에서 이 논쟁에 대한 흥미로운 역사적 고찰을 제공한다; Robert S. Rayburn은 "Ministers, Elders, and Deacons," 219-34에서 신약의 장로가 구약의 장로직을 계속한 것인 반면 사역자(ministers)는 레위기의 가르침과 성례직에 기반한 직분을 수행한다는 것을 근거로 세 직분 관점을 주장한다. 레위 직분에 대한 이런 호소는 웨스트민스터 총회 교회 정치 형태도 존재한다. 참조. "Form of Presbyterial

Church-Government and of Ordination of Ministers," 399-401. 이 관점에 대해서는 Cornelis Van Dam, *The Elder: Today's Ministry Rooted in All of Scripture, Explorations in Biblical Theology* (Phillipsburg, NJ: P&R Publishing, 2009), 104-15를 참조하라. 두 직분 옹호론은 George W. Knight, "Two Offices (Elders/Bishops and Deacons) 과 Two Orders of Elders (Preaching/Teaching Elders and Ruling Elders): A New Testament Study," *Presbyterian* 11, no. 1 (1985): 1-12을 보라.

20) 참조. 롬 12:8; 딤전 3:4-5, 12; 5:17; 딛 3:8, 14; 살전 5:12.

21) 참조. Danker, *Greek-English Lexicon*, 870.

22) Strauch는 이 절을 번역할 때, '다스리다'는 단어는 더 강하고 '보살피다'는 너무 약한 것 같다고 지적한다. *Biblical Eldership*, 208.

23) Strauch, 231.

24) Greg Ogden and Dan Meyer, *Leadership Essentials: Shaping Vision, Multiplying Influence, Defining Character* (Downers Grove, IL: IVP Connect, 2007), 9.

25) Ian Jagelman, *The L Factor: Identifying and Developing Christian Leaders* (Adelaide, Australia: Openbook, 2005), 11.

26) Harry L. Reeder with David Swavely, *From Embers to a Flame: How God Can Revitalize Your Church* (Phillipsburg, NJ: P&R Publishing, 2004), 119.

27) John Maxwell이 제시한 리더십의 5단계는 유명하다. 가장 낮은 단계는 "지위" 리더십으로, 사람들은 의무 때문에 따른다. 당신이 그 지위에 있기에 사람들은 당신이 말하는 것을 해야 한다. 다음 단계는 "관계" 리더십으로, 사람들은 당신과의 긍정적인 관계에 기초해 당신에게 리더십을 허용했기 때문에 따른다. 세 번째 단계는 "성과" 리더십으로, 리더들은 일을 해낸다는 평판을 확보했기 때문에 영향력을 가진다. 그들은 성취의식과 높은 도덕성을 가지고 있어서 사람들이 즐거이 따른다. 다음 단계는 "인재 개발" 리더십으로, 리더는 다른 사람들이 리더가 될 수 있게 해 주며, 그들이 리더를 배가할 수 있도록 많은 투자를 한다. 마지막 단계는 "구루" 리더십으로 재능 있는 리더는 다른 사람들이 4단계 리더가 될 수 있도록 엄청난 투자를 한다. John C Maxwell, *The 5 Levels of Leadership: Proven Steps to Maximise Your Potential* (New York: Center Street, 2011)을 참조하라.

28) Robert H. Thune, *Gospel Eldership: Equipping a New Generation of Servant Leaders* (Greensboro, NC: New Growth Press, 2016), 70.

3. 팀으로 발휘하는 리더십

1) Alexander Strauch, *Biblical Eldership: An Urgent Call to Restore Biblical Church Leadership*, 3rd ed. (Littleton, CO: Lewis and Roth, 1995), 45.

2) David T. Harvey, *The Plurality Principle: How to Build and Maintain a Thriving Church Leadership Team* (Wheaton, IL: Crossway, 2021), 45.

3) 사실 사도단에는 어떤 내부 구조가 있었던 것 같다. 신약 성경에는 네 번 사도들의 목록이

나오는데(마 10:2-4; 막 3:16-19; 눅 6:14-16; 행 1:13-14), 항상 베드로의 이름이 제일 먼저 나오며 앞에 나오는 이름 넷이 동일하다. 물론 이름의 순서는 달라진다. 그리고 마지막의 네 이름도 순서는 변하지만 동일하다. 다만 가룟 유다의 이름은 늘 마지막에 나온다. Alexander Balmain Bruce, *The Training of the Twelve*, 4th ed. (Grand Rapids: Kregel, 1971)을 참조하라.

4) 참조. Gene A. Getz, *Elders and Leaders: God's Plan for Leading the Church: A Biblical, Historical, and Cultural Perspective* (Chicago: Moody, 2003), 217-23; Strauch, *Biblical Eldership*, 45-47.

5) Strauch, *Biblical Eldership*, 45-47.

6) Harvey, *Plurality Principle*, 41.

7) Harvey, 57

8) Harvey는 수석 목사가 팀의 수호자, 행동 촉진자, 문화 조정자, 의사소통 주도자, 파트너십 연결자가 될 것을 제안한다. Harvey, 56-67을 보라.

9) Harvey, 65.

10) Strauch, *Biblical Eldership*, 16; p. 31도 참조하라.

11) Jeramie Rinne, *Church Elders: How to Shepherd God's People like Jesus* (Wheaton, IL: Crossway, 2014), 36.

12) Rinne, 37.

13) Paul David Tripp, *Dangerous Calling: Confronting the Unique Challenges of Pastoral Ministry* (Wheaton, IL: Crossway, 2012), 69-82.

14) Tripp, 70.

15) Phil A. Newton and Matt Schmucker, *Elders in the Life of the Church: Rediscovering the Biblical Model for Church Leadership* (Grand Rapids: Kregel, 2014), 205.

16) Newton and Schmucker, 205.

17) Newton and Schmucker, 206.

18) **직원**은 교회에 정식으로 고용된 모든 사람을 의미하며, 이는 부목사, 관리 직원, 청소년 사역자 등과 같은 사람들이다.

4. 새로운 리더 양성하기

1) 디모데전서 3:1-7과 디도서 1:6-9에 나오는 자질 목록을 요약한 좋은 표는 Gene A. Getz, *Elders and Leaders: God's Plan for Leading the Church: A Biblical, Historical, and Cultural Perspective* (Chicago: Moody, 2003), 157-58을 보라.

2) 장로의 특성은 Robert H. Thune의 책 *Gospel Eldership: Equipping a New Generation of Servant Leaders* (Greensboro, NC: New Growth Press, 2016)에서 광범위하게 논의된다. 디모데서와 디도서의 주요 신약 본문은 Alexander Strauch의 책 *Biblical Eldership: An Urgent Call to Restore Biblical Church Leadership*, 3rd ed. (Littleton, CO: Lewis

and Roth, 1995), 181-238에서 포괄적으로 논의된다.

3) 이 단계들은 Todd Adkins의 책 *Developing Your Leadership Pipeline* (Nashville, TN: LifeWay Leadership, 2016)과 Ian Jagelman의 *The L Factor: Identifying and Developing Christian Leaders* (Adelaide, Australia: Openbook, 2005) 48-58을 기초로 한 것이다. Jagelman의 다섯 단계는 "행동하기", "감독", "시스템 리더십", "전략적 계획", "전체 그림" 이다. 의도적 파이프라인을 통한 리더십 개발의 완전한 모델은 Craig Hamilton, *Wisdom in Leadership Development: Creating a Pipeline to Grow Leaders and Make More Disciples* (Sydney: Matthias Media, 2021)에 제시되어 있다.

4) The Way의 "Eldership Module"은 "바른 비전으로 이끌기", "교리와 삶 지키기", "교회의 목자 되기" 등 10분 길이의 비디오 16편으로 구성되어 있다. https://thewaydiscipleship. com/program/.

5) Zack Eswine, *The Imperfect Pastor: Discovering Joy in Our Limitations through a Daily Apprenticeship with Jesus* (Wheaton, IL: Crossway, 2015), 232-36.

6) Eswine, 235.

5. 신학이 명확한 리더십

1) Timothy Keller, *Center Church: Doing Balanced, Gospel-Centered Ministry in Your City* (Grand Rapids: Zondervan, 2012), 16-22.

2) Keller, 17.

3) Carl R. Trueman, *The Creedal Imperative* (Wheaton, IL: Crossway, 2012), 74.

4) Thabiti M. Anyabwile, *Finding Faithful Elders and Deacons* (Wheaton, IL: Crossway, 2012), 85.

5) Alexander Strauch, *Biblical Eldership: An Urgent Call to Restore Biblical Church Leadership*, 3rd ed. (Littleton, CO: Lewis and Roth, 1995), 79.

6) Strauch, 80.

7) 이 범주는 신학자들이 사용해 온 세 가지 역사적 용어에 기초한 것이다. 신학자들은 교회의 '에세'(*esse*, being)와 '베네세'(*bene esse*, well-being)로 구분해 왔다. 에세는 교회의 본질, 즉 교회의 존재에 필수적인 것을 말하며, 베네세는 교회의 복지를 의미한다. 여기에 우리는 아디아포라(*adiaphora*)라는 용어를 추가할 수 있는데, 즉 구원과 무관한 문제이거나 논쟁의 여지가 있는 문제를 가리킨다. 이와 유사한 네 가지 분류에 대해서는 Gavin Ortlund, *Finding the Right Hills to Die On: The Case for Theological Triage* (Wheaton, IL: Crossway, 2020), 19을 보라.

8) Ortlund, 94 (원글의 강조).

9) Richard Baxter, *The Reformed Pastor*, ed. William Brown, 5th abr. ed., Puritan Paperbacks (1829; repr., Edinburgh: Banner of Truth, 1974), 157.

10) Baxter, 157.

11) Baxter, 162.

12) Ortlund, *Finding the Right Hills to Die On*, 36.

13) Anyabwile, *Finding Faithful Elders and Deacons*, 87.

14) Timothy Z. Witmer, *The Shepherd Leader: Achieving Effective Shepherding in Your Church* (Phillipsburg, NJ: P&R Publishing, 2010), 110.

15) Jeramie Rinne, *Church Elders: How to Shepherd God's People like Jesus* (Wheaton, IL: Crossway, 2014), 52.

16) Rinne, 53.

17) Trueman, *Creedal Imperative*, 172.

18) Rinne, *Church Elders*, 53.

6. 복음 비전을 품은 리더십

1) 참조. Timothy Keller, *Center Church: Doing Balanced, Gospel-Centered Ministry in Your City* (Grand Rapids: Zondervan, 2012), 18–19.

2) Aubrey Malphurs, *Advanced Strategic Planning: A New Model for Church and Ministry Leaders* (Grand Rapids: Baker, 2005), 100.

3) Kevin DeYoung and Greg Gilbert, *What Is the Mission of the Church? Making Sense of Social Justice, Shalom, and the Great Commission* (Wheaton, IL: Crossway, 2011), 241.

4) Edmund P. Clowney, *The Church*, Contours of Christian Theology (Leicester, England: Inter-Varsity Press, 1995), 117 (원글의 강조).

5) The Gospel Coalition Australia, Foundation Documents: "Theological Vision for Ministry," https://au.thegospelcoalition.org/about/foundation-documents/#theological-vision-for-ministry, 2021년 11월 17일 접속.

6) Stephen McAlpine, *Being the Bad Guys: How to Live for Jesus in a World That Says You Shouldn't* (Charlotte, NC: Good Book Company, 2021), 91.

7) McAlpine, 115 (원글의 강조).

8) 예를 들어, 미국복음연합(The Gospel Coalition USA)은 5가지 분야, 즉 "능력 있는 공동 예배", "효과적 전도", "반문화 공동체", "신앙과 행위 통합", "공의와 사랑 실천"만을 제시한다. 참조. https://www.thegospelcoalition.org/about/foundation-documents/#theological-vision-for-ministry, 2022년 5월 9일 접속.

9) Malphurs, *Advanced Strategic Planning*, 100.

10) Aubrey Malphurs는 의식적 가치와 무의식적 가치, 공유 가치와 비공유 가치, 실체 가치와 열망 가치, 단일 가치와 다중 가치로 구분한다. Aubrey Malphurs, *A New Kind of Church: Understanding Models of Ministry for the 21st Century* (Grand Rapids: Baker, 2007), 171–72을 보라.

11) South Barwon Christian Reformed Church (Australia), "Our Values," https://www.

southbarwon.org.au/im-new/our-values, 2022년 5월 8일 접속.

12) Colin Marshall and Tony Payne, *The Vine Project: Shaping Your Ministry Culture around Disciple-Making* (Sydney: Matthias Media, 2016), 27

13) Marshall and Payne, 31-32.

14) Marshall and Payne, 32.

7. 효과적 구조를 가진 리더십

1) Aubrey Malphurs, *A New Kind of Church: Understanding Models of Ministry for the 21st Century* (Grand Rapids: Baker, 2007), 77.

2) Malphurs, 85.

3) Gene A. Getz, *Sharpening the Focus of the Church* (Wheaton, IL: Victor, 1984), 131.

4) Gene A. Getz, *Elders and Leaders: God's Plan for Leading the Church: A Biblical, Historical, and Cultural Perspective* (Chicago: Moody, 2003), 27.

5) Timothy Keller, *Center Church: Doing Balanced, Gospel-Centered Ministry in Your City* (Grand Rapids: Zondervan, 2012), 344.

6) 참조. Colin Marshall and Tony Payne, *The Trellis and the Vine: The Ministry Mind-Shift That Changes Everything* (Sydney: Matthias Media, 2009).

7) Marshall and Payne, chap. 2.

8) Jeramie Rinne, *Church Elders: How to Shepherd God's People like Jesus* (Wheaton, IL: Crossway, 2014), 42.

9) Rinne, 42.

10) Keller, *Center Church*, 339.

11) Keller, 341.

12) Keller, 341.

13) Keller, 342.

14) 참고, Arthur G. Patzia, *The Emergence of the Church: Context, Growth, Leadership and Worship* (London: Inter-Varsity Press, 2001), 127-28.

15) 요한일서도 에베소의 상황을 반영했을 수 있다.

16) G. K. Beale, *The Book of Revelation: A Commentary on the Greek Text*, New International Greek Testament Commentary (Grand Rapids: Eerdmans, 2013), 230.

17) Beale, 231.

18) Grant R. Osborne, *Revelation*, Baker Exegetical Commentary on the New Testament (Grand Rapids: Baker, 2002), 119.

19) Malphurs는 이 단계를 탄생, 성장, 정체, 쇠퇴, 죽음의 단계로 정리한다. Aubrey Malphurs, *Advanced Strategic Planning: A New Model for Church and Ministry Leaders* (Grand Rapids: Baker, 2005), 9을 보라. Tony Morgan은 7단계(시작, 모멘텀, 전략적

성장, 지속적 건강, 유지, 보존, 연명)로 요약한다. Tony Morgan, *The Unstuck Church: Equipping Churches to Experience Sustained Health* (Nashville, TN: Thomas Nelson, 2017)를 보라.

20) Morgan, *Unstuck Church*, 8.

21) Morgan, 9.

22) Craig Hamilton, *Wisdom in Leadership: The How and Why of Leading the People You Serve* (Sydney: Matthias Media, 2015), 408.

23) Timothy Keller, *Leadership and Church Size Dynamics: How Strategy Changes with Growth* (New York: Redeemer City to City, 2010), 1.

24) Keller, 1.

25) 각 규모에 대한 설명은 주로 Keller, *Leadership and hurch Size Dynamics*와 Roy M. Oswald, "How to Minister Effectively in Family, Pastoral, Program, and Corporate Sized Churches," *Action Information* 17, no. 2 (March–April 1991): 1–7, and 17, no. 3 (May–June 1991): 5–7, repr., http://eacdiocese.org/HowTo%20Minister%20 Effectively.pdf에 제시된 내용을 반영한 것이다. 그러나 이 두 자료는 범주를 약간 다르게 구분하고 또한 이름도 다르다. Oswald는 특히 '사역자'를 염두에 두고, 규모가 사역자에게 미치는 영향을 평가한다.

26) NCLS가 2016년 실행한 미발행 조사. 참조. https://www.ncls.org.au/.

27) 종교 데이터 아카이브 협회에서 2012년 실행한 조사. http://www.thearda.com/ ConQS/qs_295.asp, 2020년 6월 10일 접속.

28) Keller, *Leadership and Church Size Dynamics*, 6.

29) NCLS가 2016년 실행한 미발행 조사.

30) "The State of the Church 2016," Barna Group, 2016, 4.

31) Keller, *Leadership and Church Size Dynamics*, 8.

32) Oswald, "How to Minister Effectively in Family, Pastoral, Program, and Corporate Sized Churches," http://eacdiocese.org/HowTo%20Minister%20Effectively.pdf, 7.

33) Brian D. McLaren, *The Church on the Other Side: Doing Ministry in the Postmodern Matrix* (Grand Rapids: Andrews University Press, 2000), 101.

34) 이는 Gene Getz가 추천하는 모델이다. 참조. Gene A. Getz, *Elders and Leaders: God's Plan for Leading the Church: A Biblical, Historical, and Cultural Perspective* (Chicago: Moody, 2003), 302–3.

35) 이것은 애틀랜타의 초대형 교회 Perimeter Church의 방식으로, 담임 목사 Randy Pope 는 9명의 다스리는 장로로 구성된 '장로 사역팀'(EMT)과 함께 일했다. 그러면서 "우리는 목사, 교사, 제자 훈련가를 아무리 많이 두어도 지나치지 않기 때문에" "자격이 있고 섬기기 원하는 사람을 가능한 한 많이" 장로로 임명했다. 장로 사역팀은 이런 대규모 장로 풀에서 선발되었다. 참조. Randy Pope, *The Intentional Church: Moving from Church Success to Community Transformation* (Chicago: Moody, 2006), 118.

36) Getz, *Elders and Leaders*, 211-15과 Alexander Strauch, *Biblical Eldership: An Urgent Call to Restore Biblical Church Leadership*, 3rd ed. (Littleton, CO: Lewis and Roth, 1995), 142-43 모두 이 문제를 논의하며, 1세기 도시 전체의 교회가 어떻게 구성되었는지 우리가 단순히 알 수 없다는 결론을 내린다. Malphurs 역시 상황이 불분명하다고 말하지만, 그 불분명함을 근거로 장로가 각 가정 교회의 목사이며, 복수 장로는 각 가정 교회가 아니라 전 도시 차원에서만 존재해야 한다고 강력히 주장한다. Aubrey Malphurs, *Being Leaders: The Nature of Authentic Christian Leadership* (Grand Rapids: Baker, 2003), 22-25을 참조하라. 각 가정 교회의 장로가 '목사'와 동일하다는 그의 강력한 주장은 증거가 시사하는 것보다 더 단정적으로 공백을 메운다.

37) Richard Warren, *The Purpose Driven Church: Growth without Compromising Your Message and Mission* (Grand Rapids: Zondervan, 1995), 103-7.

8. 선교 리더십: 지역과 세계를 향한 복음 전파

1) 이 비유는 필자가 오래전에 들은 예화를 확장한 것으로, 출처는 현재 알 수 없다.

2) John Piper, *Let the Nations Be Glad! The Supremacy of God in Missions*, 3rd ed. (Grand Rapids: Baker, 2010), 15.

3) C. John Miller, *Outgrowing the Ingrown Church* (Grand Rapids: Zondervan, 1986), 29. (원글의 강조).

4) Miller, 27-36.

5) 참조. 시 65:5; 98:3; 사 52:10; 행 13:47.

6) Bruce Dipple, *Becoming Global: Integrating Global Mission and Your Local Church* (Croydon, Australia: Sydney Missionary and Bible College, 2011), 12.

7) Paul Borthwick, *Western Christians in Global Mission: What's the Role of the North American Church?* (Downers Grove, IL: IVP Books, 2012), 36.

8) 아시아선교협회(Asia Mission Association)에 의하면, 이 수치는 한국세계선교협의회(KWMA) 사무총장 조용중 박사가 제공한 것이다. http://www.asiamissions.net/regional-report-korea-world-missions-association-and-the-pandemic-covid-19/, 2020년 12월 18일 접속.

9) 참조. Dipple, *Becoming Global*, 11.

10) Dipple, 31.

11) 10/40 창은 북위 10도에서 40도 사이에 위치하며, 모로코에서 일본까지 펼쳐져 있는 지역을 가리키는 용어다. 이 지역에는 북아프리카, 중동, 아시아의 상당 부분이 포함되며, 세계 인구의 3분의 2가 거주하고 있다. 또한 무슬림, 힌두교도, 불교도 대다수, 세계에서 가장 가난한 사람 10분의 8, 그리고 가장 적게 복음화된 나라들과 미전도 집단 다수가 모여 있다. 참조. https://pray1040.com/10-40-window/, 2023년 11월 27일 접속.

12) Michael W. Goheen, *A Light to the Nations: The Missional Church and the Biblical*

Story (Grand Rapids: Baker, 2011), 201–26.

13) Goheen, 215.

14) Goheen, 216.

15) Goheen, 216.

16) Sarah-Jane Marshall and Joe Warton, *Fruitfulness on the Frontline: Discussion Guide* (London: LICC, 2014), 4. 이 스터디 가이드는 Mark Greene의 DVD 교육 과정 및 기타 교재와 함께 제공된다.

17) Marshall and Warton, 7.

18) 참조. Stephen McAlpine, *Being the Bad Guys: How to Live for Jesus in a World That Says You Shouldn't* (Charlotte, NC: Good Book Company, 2021).

19) Kevin Harney, *Organic Outreach for Churches: Infusing Evangelistic Passion into Our Congregation* (Grand Rapids: Zondervan, 2011), 30.

20) Harney, 88.

21) Harney, 89.

22) 이런 사람을 임명하는 일은, 바울이 성도를 준비시켜 사역하게 하는 사람으로 "목사와 교사"와 함께 "복음 전하는 자"를 포함시킨 것을 신실하게 반영한 것일 수 있다. 참조. 엡 4:11–12.

23) Harney, *Organic Outreach for Churches*, 100.

9. 주일 리더십: 말씀과 예배

1) John Piper, *Let the Nations Be Glad! The Supremacy of God in Missions*, 3rd ed. (Grand Rapids: Baker, 2010), 15.

2) Colin Marshall and Tony Payne, *The Vine Project: Shaping Your Ministry Culture around Disciple-Making* (Sydney: Matthias Media, 2016), 205–6.

3) Marshall and Payne, 206.

4) 이 주장은 David Peterson이 제시한 훌륭한 연구, *Engaging with God: A Biblical Theology of Worship* (Leicester, England: Apollos, 1992), 특히 194–215쪽에 기초한다.

5) D. A. Carson, ed., *Worship by the Book* (Grand Rapids: Zondervan, 2002), 46.

6) J. Ligon Duncan, *Does God Care How We Worship?* (Phillipsburg, NJ: P&R Publishing, 2020), 77–82.

7) 참조. Hughes Oliphant Old, *The Patristic Roots of Reformed Worship*, American ed. (Black Mountain, NC: Worship Press, 2004), 88–95.

8) 웨스트민스터 공동 예배 지침은 동일한 요소를 제시하며, 웨스트민스터 신앙 고백은 "감사함으로 드리는 기도는 경건한 예배의 특별한 한 부분으로, 하나님이 모든 사람에게 요구하는 것"이며, "경외하는 마음으로 성경을 읽는 일, 바른 설교, 하나님께 대한 순종과 이해와 믿음과 경외 가운데 양심적으로 말씀 듣기, 감사하는 마음으로 부르는 시편 찬송, 또한 그

리스도께서 제정하신 성례전의 바른 집행과 합당한 수용이 하나님께 대한 일반적인 예배의 일부"(웨스트민스터 신앙 고백 21.3, 21.5)라고 한다.

9) Bryan Chapell, *Christ-Centered Worship: Letting the Gospel Shape Our Practice* (Grand Rapids: Baker, 2009), 99.

10) 참조. Jonathan Landry Cruse, *What Happens When We Worship* (Grand Rapids: Reformation Heritage Books, 2020), 47–56.

11) 참조. Chapell, *Christ-Centered Worship*, 85–101.

12) Eugene H. Peterson, *The Contemplative Pastor: Returning to the Art of Spiritual Direction* (Grand Rapids: Eerdmans, 1989), 17–23.

13) Michael Raiter and Rob Smith, *Songs of the Saints: Enriching Our Singing by Learning from the Songs of Scripture* (Sydney: Matthias Media, 2017), 72–73.

14) 참조. Nick Needham, "Worship through the Ages," in *Give Praise to God: A Vision for Reforming Worship*, ed. Philip Graham Ryken, Derek Thomas, and J. Ligon Duncan (Phillipsburg, NJ: P&R Publishing, 2003), 392. Needham은 이렇게 쓴다. "서방 예배에서 악기가 사용된 사례는 8세기에 등장하는데, 757년 프랑크 왕국의 왕 페핀이 파리 북부 콩피에뉴에 있는 생코르네유 교회에 오르간을 기증했기 때문이다. 8세기 이후로 가끔씩 하프, 바이올린, 시터(cither, 기타류의 현악기—역주)가 서방의 일부 악보 필사본에 나타난다. 900년에서 1100년 사이에는 오르간이 서방의 수도원과 대성당 교회에 흔한 특징이 된다."

15) Richard Baxter, *The Reformed Pastor*, ed. William Brown, 5th abr. ed., Puritan Paperbacks (1829; repr., Edinburgh: Banner of Truth, 1974), 61.

16) 참조. Timothy Keller, "Reformed Worship in the Global City," in *Worship by the Book*, ed. D. A. Carson (Grand Rapids: Zondervan, 2002), 223–25.

17) Needham, "Worship through the Ages," 407.

10. 목자 리더십: 돌봄과 제자 훈련

1) Martin Bucer, *Concerning the True Care of Souls*, trans. Peter Beale (Edinburgh and Carlisle, PA: Banner of Truth, 2009), 69–73.

2) William Perkins, *The Art of Prophesying; with The Calling of the Ministry*, Puritan Paperbacks (Edinburgh: Banner of Truth, 1996), 56–63.

3) Charles Bridges, *The Christian Ministry: With an Inquiry into the Causes of Its Inefficiency*, 6th ed. (London: Banner of Truth, 1967), 361–82.

4) 심방의 장단점에 대한 요약은 Timothy Z. Witmer, *The Shepherd Leader: Achieving Effective Shepherding in Your Church* (Phillipsburg, NJ: P&R Publishing, 2010), 125–27; Leo Douma, *Christ's Under-Shepherds*, Australian College of Theology Monograph Series (Eugene, OR: Wipf and Stock, 2016), 17–25을 참조하라.

5) Marshall and Payne은 소그룹이 제자 훈련에 중심을 둔 '복음팀'이 될 수 있는 방법을 논의한다. 참조. Colin Marshall and Tony Payne, *The Vine Project: Shaping Your Ministry Culture around Disciple-Making* (Sydney: Matthias Media, 2016), 347-55.

6) Witmer는 통화의 유용성을 강력하게 옹호하면서도 이 방법의 적절성은 인구 집단에 따라 다르다고 말한다. 많은 젊은이가 휴대 전화를 '전화 통화'를 제외한 모든 일에 사용하기 때문이다. *Shepherd Leader*, 128-32을 보라.

11. 현장을 이끄는 장로

1) R. Albert Mohler, *The Conviction to Lead: 25 Principles for Leadership That Matters* (Bloomington, MN: Bethany House, 2012), 21.

2) Mohler, 24.

3) Mohler, 95.

4) 다음에 소개할 내용은 이 주제에 대한 Peter Adam의 글과 강의에서 도움을 얻었다. Peter Adam, "Is Your Church Raising Up People for Gospel and Bible Ministry? If Not, Why Not?," 참조. The Gospel Coalition Australia, May 18, 2021, https://au.thegospelcoalition.org/article/is-your-church-raising-up-people-for-gospel-and-bible-ministry-if-not-why-not/, 2023년 7월 6일 접속.

5) 앞서 언급한 Peter Adam의 글 참조.

6) Colin Marshall and Tony Payne, *The Trellis and the Vine: The Ministry Mind-Shift That Changes Everything* (Sydney: Matthias Media, 2009), 90.

12. 장로들이 회의할 때

1) Patrick M. Lencioni, *Death by Meeting: A Leadership Fable* (San Francisco: Jossey-Bass, 2004).

2) Craig Hamilton, *Wisdom in Leadership: The How and Why of Leading the People You Serve* (Sydney: Matthias Media, 2015), 387.

3) Alexander Strauch, *Meetings That Work: A Guide to Effective Elders' Meetings* (Littleton, CO: Lewis and Roth, 2001), 22.

4) Lencioni, *Death by Meeting*, 226-28.

5) Lencioni, 230.

6) Zack Eswine, *The Imperfect Pastor: Discovering Joy in Our Limitations through a Daily Apprenticeship with Jesus* (Wheaton, IL: Crossway, 2015), 230.

7) Lencioni, *Death by Meeting*, 224.

8) Lencioni, 237.

9) Lencioni, 241.

10) Lencioni, 244.

11) Lencioni, 247

12) Eswine, *Imperfect Pastor*, 229-31.

13) 이 문제를 살피는 데 유익한 책은 Graham Beynon and Jane Tooher, *Embracing Complementarianism: Turning Biblical Convictions into Positive Church Culture* (Charlotte, NC: Good Book Company, 2022)이다.

14) Craig Hamilton는 만장일치와 합의를 다음과 같이 구별한다. "합의는 토의가 진행되는 동안 회의실 안의 대다수가 한 방안이 앞으로 나아갈 가장 좋은 안이라고 충분히 확신하게 되는 것을 의미한다." 일부는 다른 방안을 선호하더라도 모든 사람이 그 방안을 따를 준비가 되어 있는 것이다. 참조. *Wisdom in Leadership*, 439.

15) Gene A. Getz, *Elders and Leaders: God's Plan for Leading the Church: A Biblical, Historical, and Cultural Perspective* (Chicago: Moody, 2003), 308.

THE ELDER-LED CHURCH

사명선언문

너희가 흠이 없고 순전하여······세상에서 그들 가운데 빛들로
나타내며 생명의 말씀을 밝혀 _ 빌 2:15-16

1. 생명을 담겠습니다

만드는 책에 주님 주신 생명을 담겠습니다.
그 책으로 복음을 선포하겠습니다.

2. 말씀을 밝히겠습니다

생명의 근본은 말씀입니다.
말씀을 밝혀 성도와 교회의 성장을 돕겠습니다.

3. 빛이 되겠습니다

시대와 영혼의 어두움을 밝혀 주님 앞으로 이끄는
빛이 되는 책을 만들겠습니다.

4. 순전히 행하겠습니다

책을 만들고 전하는 일과 경영하는 일에 부끄러움이 없는
정직함으로 행하겠습니다.

5. 끝까지 전파하겠습니다

모든 사람에게, 땅 끝까지, 주님 오시는 그날까지
복음을 전하는 사명을 다하겠습니다.

서점 안내

광화문점 서울시 종로구 새문안로 69 구세군회관 1층
02)737-2288 / 02)737-4623(F)

강남점 서울시 서초구 신반포로 177 반포쇼핑타운 3동 2층
02)595-1211 / 02)595-3549(F)

구로점 서울시 동작구 시흥대로 602, 3층 302호
02)858-8744 / 02)838-0653(F)

노원점 서울시 노원구 동일로 1366 삼봉빌딩 지하 1층
02)938-7979 / 02)3391-6169(F)

일산점 경기도 고양시 일산서구 중앙로 1391 레이크타운 지하 1층
031)916-8787 / 031)916-8788(F)

의정부점 경기도 의정부시 청사로47번길 12 성산타워 3층
031)845-0600 / 031)852-6930(F)

인터넷서점 www.lifebook.co.kr